아름다움과 악

4권

헤겔의 미학과 신정론

손호현

한들출판사

아름다움과 악 제4권 헤겔의 미학과 신정론

지은이   손호현
펴낸이   정덕주
펴낸곳   한들출판사
         서울시 종로구 연지동 136-46 기독교회관 710호
         등록 제2-1470호 1992

발행일   2009년 7월 10일 초판 1쇄 발행

E-Mail   handl2006@hanmail.net
홈페이지 www.ehandl.com
전화   편집부 741-4068~69
         영업부 741-4070 FAX 741-4066

ISBN 978-89-8349-483-2 94230
ISBN 978-89-8349-479-5 94230 (세트)

* 잘못된 책은 바꾸어 드립니다.

머리말

　아름다움은 악을 극복하는가? 얼마 전 이창동 감독의 영화 「밀양」은 신의 섭리와 인간의 고통 사이의 화해될 수 없는 상처를 집요하게 다루었다. 원래 이청준의 소설 《벌레 이야기》를 원작으로 만든 것이다. 소설에서 알암이라는 소년은 자신이 다니던 학원 원장에게 경제적 이유에서 살해당하게 된다. 공황상태에 빠졌던 엄마는 새롭게 가지게 된 기독교 신앙의 힘으로 다행히 정상적인 모습으로 되돌아온다. 아들을 죽인 살인범을 어렵게 용서하리라 마음먹고 사형을 앞둔 그를 교도소로 찾아갔을 때, 엄마는 그가 이미 기독교인이 되어 자신의 죄를 하나님으로부터 용서받았다고 말하는 것을 듣는다. 그녀는 절망한다. 자신이 아직 용서하지 않았는데 하나님이 이미 살인자를 용서했다는 것이다. "나는 새삼스레 그를 용서할 수도 없었고, 그럴 필요도 없었어요. 하지만 나보다 누가 먼저 용서합니까. 내가 그를 아직 용서하지 않았는데 어느 누가 나 먼저 그를 용서하느냔 말이에요. 그의 죄가 나밖에 누구에게서 먼저 용서될 수 있어요? 그럴 권리는 주님에게도 있을 수 없어요. 그런데 주님께선 내게서 그걸 빼앗아가 버리신 거예요. 나는 주님에게 그를 용서할 기회

마저 빼앗기고 만 거란 말이에요. 내가 어떻게 다시 그를 용서합니까. … 아내의 심장은 주님의 섭리와 자기 '인간' 사이에서 두 갈래로 무참히 찢겨 나가고 있었다." 소설에서의 결말은 영화와는 달리 알암이 엄마가 자살하는 것으로 끝난다. 도스토예프스키는 아름다움이 하나님과 악마가 인간의 마음을 두고 싸우는 전쟁터라고 《카라마조프의 형제들》에서 말한다. 그러나 신문과 방송을 통해 보는 우리의 지극히 산문적인 일상에서는 악마적 아름다움만이 그 어둡고 장엄한 위엄을 자랑하고 있는 듯하다. 하나님은 이제 부재하는 아름다움인가? 아름다움은 악을 극복하는가?

《아름다움과 악》제1권은 신학과 미학 사이의 대화로서 '신학적 미학'(神學的 美學)이 가능한가라는 물음을 묻고 있다. 1장은 폰 발타자와 리차드 빌라데서의 신학적 미학과 폴 틸리히와 유동식의 예술신학을 분석한 후에 그러한 대화가 철학적 차원의 기초신학적 미학, 교리적 차원의 조직신학적 미학, 행동적 차원의 실천신학적 미학이라는 세 가지 차원에서 가능하다고 제안한다. 2장은 이러한 신학적 미학의 일반적 가능성을 아름다움이 악을 극복한다고 보는 '미학적 신정론'(美學的 神正論)은 가능한가라는 물음을 통해 보다 구체화시키고 있다. 그런 의미에서 나머지 세 권의 책이 제공하는 아우구스티누스, 화이트헤드, 그리고 헤겔의 신학적 미학과 미학적 신정론 분석을 이해하는데 1장과 2장은 중요한 방법론적 토대를 제공한다. 3장은 중세의 서방 교회에서 성당 벽에 그려진 성화가 글을 모르는 가난한 자의 성서라고 옹호한 그레고리우스 1세의 기독교 예술교육론을 실천신학적 미학의 예로 분석한다. 4장은 보이지 않는 하나님의 로고스가 성육신을 통해 눈에 보이는 하나님의 이콘이 되셨다는 중세 동방교회의 이콘의 신학을 일종의 조직신학적 미학으로서 제시한다. 5장은 몰트만의 놀이의 신학을 기초신학적 미학과 조직신학적 미학을 동시에 결합한 다중차원적 접근의 예로서 연구한다. 6장은 한국적 문화신학의 방법론으로 예술신학을 제시한 유동식의 사상을 조직신학적 미학의 예로서 살펴볼 것이다.

제2권은 기독교 신학의 아버지라고도 할 수 있는 아우구스티누스(Aurelius Augustinus)의 미학과 신학, 미학과 신정론을 분석한다. 악에 대한 그의 신학적 순례의 길을 시대 순으로 저작들을 통해 더듬어보면서, 자유의지(自由意志, free will)의 도덕적 신정론이 그의 대표적인 입장이라는 통상적인 해석을 비판적으로 반대하면서 그것조차도 포괄하는 보다 근본적인 조화(調和, harmony)의 미학적 신정론이 존재하였다고 제안할 것이다. 여기서 악을 극복하는 아름다움의 논리는 추함과 아름다움이 함께 조화를 이루고, 그렇기에 섭리의 전체적인 아름다움을 위해서는 인간 자유의 상처라는 악조차도 필요하다는 대조적 조화의 논리이다. 하나님의 아름다운 "우주 만들기 신정론"(cosmos-making, cosmogenetic theodicy)이라고 필자가 부르는 아우구스티누스의 입장은 전체 우주의 풍경을 한층 돋보이게 하는 미학적 효과를 위해서 천사와 악마, 현재의 인간 육체와 부활한 인간 육체, 괴물민족과 정상민족, 아담의 첫 번째 자유와 부활 후의 두 번째 자유, 구원받은 자와 유기된 자, 천국과 지옥, 그리고 궁극적으로는 선과 악이라는 대조를 예술가 하나님이 사용하신다고 본다. 인간이 이러한 섭리의 조화를 세계에서 발견하지 못하는 이유는 그가 천사적인 존재로 선재하던 때의 범죄로 인해 추락해서 시간이라는 거대한 우주적 직물(織物) 여기저기에 조그만 헝겊조각처럼 꿰매어져 더 이상 전체의 아름다움을 볼 수 없게 되었기 때문이라는 것이다. 하지만 시간의 끝에 도래하는 영원한 안식일에는 하나님의 우주 만들기 과정에서는 지옥조차도 그 아름다움을 가진다는 것을 보게 될 것이라고 한다. 마지막으로 이러한 지옥의 아름다움에 대한 비평가들의 논의도 살펴보게 될 것이다.

제3권은 과정신학의 창시자인 화이트헤드(A. N. Whitehead)의 미학과 모험(冒險, adventure)의 미학적 신정론을 연구한다. 수학적 아름다움과 가을적 아름다움에 기초한 그의 이중적 미학이론을 먼저 살펴본 후에, 여기에 기초하여 그의 미학적 신정론이 지닌 세 가지 논리를 구체적으로 분석하게 된다. 첫째는 모험의 선택이다. 태초에 하나님은 우주를 아메바와 같이 저속한 형태의 사소한 조화에 그대로 남겨둘지, 혹은 위험한 모험을 통해 보다 높고 진화된 미학적 완성을 향해 아름다움의 유혹을 제공할지의 선택 상황에서 후자를 선택하셨다. 이 때문에 발생하게 될 악의 가능성에도 불구하고, 우주의 목적론적 구조는 아름다움의 생산을 지향하게 되었다는 것이다. 둘째는 보편적 자유의 창조성이다. 화이트헤드는 전통적으로 하나님에게만 돌려졌던 자기 원인자(causa sui)의 칭호를 인간만이 아니라 자연의 모든 존재에게도 적용함으로써 창조성의 형이상학적 민주화를 가져오게 된다. 이는 고전적인 자유의지 신정론을 존재론적으로 확장시킨 것으로 이해될 수 있다. 셋째, 시간의 산물로 실현된 자유로운 창조의 가치는 하나님의 기억 혹은 존재 속에서 객체적인 영원불멸성을 획득하게 된다. 가을적 아름다움이 다시 수학적 아름다움으로 전환되는 것이다. 이러한 과정을 통해 하나님의 존재는 미학적 확장의 진보를 한다. 아우구스티누스의 "우주-만들기 신정론"과는 정반대의 논리로서, 화이트헤드는 모든 현실적 존재들의 "하나님-만들기 신정론"(God-making, theogenetic theodicy)이라는 것을 제시하는 것이다. 악이 극복되는 이유는 우주가 아니라 하나님이 아름답게 만들어지기 때문이라는 것이다.

제4권은 하이데거가 서구 형이상학의 완성자라고 부른 헤겔(G. W. F. Hegel)의 미학과 테오드라마(theo-drama)의 미학적 신정론을 연구한다. 필자는 헤겔의 신정론이 아우구스티누스의 "우주-만들기 신정론"과 화이트헤드의 "하나님-만들기 신정론"을 하나의 영(靈)의 테오드라마라고 하는 "존재신학-만들기 신정론"(ontotheological making, ontotheogenetic theodicy)을 통해 구조적으로 중재하는 가능성을 조심스럽게 살펴보고자 한다. 아름다운 우주 만들기와 아름다운 하나님 만들기는 둘이 아니라 하나의 존재신학적 만들기 과정의 두 얼굴일 수 있는 것이다. 이러한 중재의 필요성은 기독교 신정론이 두 가지 필수불가결한 요소를 요구한다고 보기 때문이다. 첫째는 철저한 유일신론의 원칙이다. 악은 모든 존재하는 것들의 최종적 기원으로서 하나님의 형이상학적 궁극성을 훼손시키지 않는 방식으로 설명되어져야 한다. 둘째는 휴머니즘의 원칙이다. 인간의 행동이 단지 하나님의 섭리의 플롯을 그림자처럼 기계적으로 반복하는 것이 아니라, 우주의 과정에 그것이 방향성을 잃게 만들지 않는 한도 내에서 무언가 중요한 공헌을 할 수 있다는 사실을 통해 인간 존재의 품위와 가치가 옹호되어야 하는 것이다. 이처럼 섭리와 창조성, 드라마의 정해진 플롯과 배우의 자유로운 행동, 조화의 아름다움과 모험의 아름다움이 영의 역동적이면서도 구조화된 즉흥성에 기초한 테오드라마의 아름다움이 지닌 필수불가결한 두 측면으로 해석될 수 있는지를 보고자 한다. 헤겔의 존재신학(onto-theo-logy)이란 존재(on), 신(theos), 학(logos)이 공동으로 연출해 나가는 포괄적 삼위일체 혹은 세계적 삼위일체를 가리키며, 이러한 존재-신-학의 사회적 무한성의 전체를 그는 하나님이라고 부르는 것이다. 물론 헤겔의 신정론이 실제적으로 이들을 성공적으로 중재할 수 있는지의 여부는 여전히 질문으로 남게 될 것이다.

《아름다움과 악》에서 우리는 악을 극복하는 아름다움의 세 가지 "만들기" 방식을 생각해보고자 한다. 세계를 구원하는 아름다움이 이중에서 어떤 것인지 우리는 알지 못한다. 혹은 이중에는 없을 수도 있을 것이다. 신정론은 대답하기 위해서라기보다는 묻기 위해서 존재한다. 하지만 이제 분명한 것은 아름다움이 결핍된 신학은 결코 아무도 설득하지 못할 것이라는 사실이다. 아름다움의 깊이를 결핍하는 신학은 이미 기독교 신학의 중심적 영역을 벗어나 있다. 발타자가 말한 것처럼 "아름다움과 그리스도 사이의 사건의 유비"(analogia eventus pulchri et Christi)가 있었기에, 신학은 "아름다움의 유비"(analogia pulchri)라는 좁은 다리를 건너야 하는 것이다(《주님의 영광》vol. 1, 61-65).

이 책들이 출판될 수 있도록 연구비를 보조해주신 한국학술진흥재단에 감사드린다. 그리고 전문적인 학술서적임에도 관심을 가지고 기꺼이 출판에 동의해 주신 한들출판사의 정덕주 목사님에게도 감사를 드린다.

마지막으로 사유의 길에 들어서도록 이끌어주신 선생님들, 나를 있게 해주신 부모님, 그리고 가족에서의 부재를 견디어준 처와 산유와 인우에게 감사드린다.

아름다움과 악

《1권》
신학적 미학 서설

1장 신학적 미학: 세 가지 차원들 ·················· 15
  I. 신학적 미학의 의미 / 17
    1. 미학 / 18
    2. 발타자와 빌라데서의 신학적 미학 / 21
    3. 틸리히와 유동식의 예술신학 / 27
  II. 신학적 미학의 세 가지 차원들 / 33
    1. 기초신학적 미학 / 39
    2. 조직신학적 미학 / 57
    3. 실천신학적 미학 / 65

2장 아름다움은 악을 극복하는가: 미학과 신정론 ·················· 71
  I. 신정론 담론의 공동체 / 75
  II. 신정론 변증의 목적 / 79
  III. 신정론 성공의 척도 /85
  IV. 미학적 신정론 / 96

3장 그림은 가난한 자의 성서인가: 서방 교회의 예술교육론 ·················· 109
  I. 그레고리우스 I세와 "가난한 자의 성서" / 111
  II. 종교개혁과 칼빈의 반(反)예술교육론 / 122
  III. 신학적 예술교육론을 향하여 / 128

4장 이콘의 신학: 동방 교회의 성상파괴 논쟁 ········· 135
    I. 성서와 이콘 / 137
    II. 반이콘 신학들과 이콘의 신학들 / 139
    III. 동방 정교회 성상파괴논쟁의 역사적 전개 / 146
    IV. 이콘의 승리: 성상파괴논쟁의 신학적 분석 / 148
        1. 성서와 전통 / 148
        2. 기독론 / 151
        3. 성만찬 / 154
    V. 계시와 예술 / 155

5장 몰트만의 놀이의 신학 ········· 159
    I. 놀이의 현실 전복성: 노동의 인간에서 놀이의 인간으로 / 163
    II. 놀이의 창조론: 왜 하나님은 세계를 창조하셨는가? / 170
    III. 놀이의 기독론: 왜 하나님은 인간이 되셨는가? / 174
    IV. 놀이의 종말론: 역사의 궁극적 목적은 무엇인가? / 178
    V. 놀이의 신론: 하나님은 아름다우신가? / 180

6장 한 멋진 삶의 풍경화: 유동식의 예술신학 연구 ········· 187
    I. 한국 최초의 예술신학자 유동식 / 187
    II. 서양의 논리적·과학적 마음 바탕,
       동양의 예술적·미학적 마음 바탕 / 191
    III. 예술 기독론과 기독 예술론 / 195
    IV. 삼위일체 하나님과 한·멋·삶 / 201
    V. 최초의 예술가 하나님 / 204
    VI. 예수와 예술 / 206
    VII. 행위예술로서의 성례전 / 209
    VIII. 악에 대항하는 저항의 힘으로서의 예술 / 211
    IX. 나오는 말: 성령의 피리가 되어 / 214
참고문헌 / 216

《2권》
아우구스티누스의 미학과 신정론

I부 선악의 풍경 ··· 17

  1. 마니교도 수사학자 아우구스티누스: 악으로부터의 순례 / 21
  2. 《아름다움과 적합성에 관하여》(380): 고대 미학론이 끼친 영향들 / 22
  3. 카시키아쿰의 피정과 행복한 책읽기: 플로티누스 / 29
  4. 《아카데미우스 학파를 반박하며》(386-387):
     필로소피아와 필로칼리아 / 38
  5. 《질서에 관하여》(386-387): 아름다움은 악을 필요로 한다 / 41
  6. 개종 후 초기 저작들: 신앙의 미학 / 54
  7. 《음악에 관하여》(387-391): 음악의 6단계 사다리 / 74
  8. 《자유의지론》(388-396): 악의 저자는 하나님인가 인간인가 / 90
  9. 《고백록》(397-401): 아름다운 지옥 / 110
  10. 《신국론》(413-427): 그리스도의 아름다움과 칸티쿰 그라두움 / 119

II부 지옥의 아름다움 ··· 139

  11. 아우구스티누스 미학의 해석자들:
     영적 아름다움과 성례전적 아름다움 / 141
  12. 데이비드 그리핀: 아무도 자유로울 수 없는 우주 / 144
  13. 폴 리쾨르와 존 힉: 도덕적 하나님과 미학적 하나님 / 149
  14. 도스토예프스키와 아돌프 폰 하르낙:
     미학적 낙관주의를 거부하는 죄 없는 공포들 / 159
  15. 한스 우어스 폰 발타자: 악의 도덕적 우연성과 미학적 필연성 / 163
  16. 아서 러브조이: 풍부함의 미학 비판 / 166
  17. 아름다울 수 없는 지옥 / 168

18. 사적 에필로그 / 175

약어표 / 14

참고문헌 / 179

【3권】
화이트헤드의 미학과 신정론

1장 서론: 아름다움의 전진 15

2장 화이트헤드의 미학: 수학적 아름다움과 가을적 아름다움 29
    I. 형이상학으로서의 미학: 철학, 과학, 미학 / 32
    II. 미학으로 본 선악의 풍경 / 52
        1.《과정과 실재》의 미학적 상황 / 53
        2.《관념의 모험》의 미학적 상황 / 59

3장 화이트헤드의 신정론 91
    I.《과학과 근대세계》에서의 신정론 / 92
    II.《형성과정에 있는 종교》에서의 신정론 / 97
    III.《과정과 실재》에서의 신정론 / 110
        1. 신정론 I 혹은 형이상학적 일원론의 거부 / 111
        2. 신정론 II 혹은 존재론적 자유의지 신정론 / 124
        3. 신정론 III 혹은 객체적 불멸성 / 128

4장 화이트헤드의 비평가들 147
    I. 심판대에 선 전능자: 신정론은 일원론의 문제인가 / 148
       아니면 힘의 문제인가
    II. 나는 과연 살아남는가: 개인의 개별적인 삶 속에서의 / 154

악의 극복
　　Ⅲ. 주사위를 던지는 하나님: 우주 전체 속에서의 악의 극복 / 169
　　Ⅳ. 아름다움의 복음: 악에 대한 균형 잡기와 승리 / 177

5장 결론 181
　　Ⅰ. 일곱 가지 명제들을 통한 요약 / 181
　　Ⅱ. 사적 에필로그 / 191
참고문헌 / 201

《4권》
헤겔의 미학과 신정론

들어가는 말 / 15

1장 헤겔의 악 개념 분석 19
　　Ⅰ. 실제적 악이 아닌 자연적 악 / 19
　　Ⅱ. 허영 혹은 아이러니로서의 도덕적 악 / 25
　　Ⅲ. 자기중심성으로서의 사변적 악 / 30
　　Ⅳ. 악의 기원과 테오고니 / 42

2장 헤겔의 신정론 53
　　Ⅰ. 철학 혹은 학문으로서의 신정론 / 56
　　Ⅱ. 역사로서의 신정론 / 70
　　Ⅲ. 존재신학으로서의 신정론 / 82

3장 헤겔의 신학적 미학 105
　　Ⅰ. 철학의 미학적 토대 / 108

Ⅱ. 역사의 이콘으로서의 예술 / 123
　　Ⅲ. 테오드라마의 미학적 신정론 / 131

4장 헤겔의 비평가들 155

5장 아름다움과 악, 그 결론에 어정쩡하게 서서 171

참고문헌 / 204

들어가는 말

  철학의 시인이 있다면 헤겔(G. W. F. Hegel, 1770-1831)도 거기에 속할 것이다. 헤겔은 개념으로 시를 써내려간 철학자이다. 그의 딱딱하고 논리적인 문장 아래에는 고뇌하는 시인이 뱉어내는 응축된 창조성의 자유와 영감이 박동하고 있다. 헤겔의 미네르바의 올빼미가 오직 사유의 황혼에 날아올라서 마침내 "미학"(美學)을 만들어냈다는 발타자의 말에는 어쩌면 조롱 이상의 깊은 직관이 들어있는 듯하다.[1] 1788년 튀빙겐 신학교에 입학하며 시작된 시인 횔더린과, 그리고 자신보다 다섯 살이나 어린 셸링과의 우정은 헤겔 안에 있던 철학자 시인을 수면으로 끌어내는데 깊은 영향을 주었다. 학생 시절 그들과의 교류는 헤겔로 하여금 예술만이 종교와 철학 사이에 벌어진 틈을 메울 수 있다는 미학적 이상을 가지게 하는 역할을 하였는지도 모른다. 어쩌면 이 셋은 기숙사에서 당시 합리주의 신학의 죽은 시체 위에 인간으로 고통받는 아름다운 신이라는 낭만주의 신학의 씨앗을 뿌리고자 같이 모의하였을 것이다. 셸링의

---

1) Hans Urs von Balthasar, *The Glory of the Lord, vol. 5: The Realm of Metaphysics in the Modern Age* (San Francisco: Ignatius Press, 1991), 587.

다음과 같은 진술은 그 시절 그들이 꿈꾸었던 하나님이 무엇이었는지를 간접적으로 보여주고 있다. "창조는 궁극적인 목적을 가지는가? 만약 그러하다면, 왜 그것은 당장 이루어지지 않은 것인가? 왜 처음부터 완성은 이루어지지 않은 것인가? 이러한 질문들에는 오직 하나의 대답만이 존재할 뿐이다. 하나님은 단지 존재가 아니라, '생명'이기 때문이다. 모든 생명은 '운명'을 가지며, 고통과 되어짐에 종속된다. 바로 여기에 하나님은 자신의 자유 의지로서 하나님 자신을 종속시킨 것이다.⋯인간으로 고통받는 신이라는 개념 없이는, 과거의 모든 신비주의와 영적 종교에 공통적이던 이러한 개념 없이는, 역사는 완전히 이해불가능한 것으로 남게 된다."[2] 헤겔은 자신의 철학적 체계를 이처럼 역사 안에서 인간으로 고통받는 신의 일종의 자서전(自敍傳)이라고 여겼다. 이러한 헤겔에 대한 해석은 영미권이 보다 평면적이고 무신론적 휴머니즘의 경향을 보이는 반면, 독일과 프랑스에서는 헤겔의 보다 유신론적 신학이 섬세하게 긍정된다. 우리는 이 책에서 한편으로 휴머니즘과 모더니즘의 오류처럼 헤겔이 신성을 인간성에 환원시켰다고 보지 않을 뿐 아니라, 다른 한편으로 전통적 고전신학의 오류처럼 하나님이 단지 인간을 역사의 인형으로 사용한다고 여기지도 않았다고 본다. 대신 우리는 위에서 언급한 예술을 통한 종교와 철학, 섭리와 자유, 플롯과 행동의 중재라는 관점에서 신학자 헤겔이 제시하는 악에 대한 대답을 특히 그의 미학과의 관계에서 살펴보고자 한다.

우리는 앞의 《아름다움과 악》 제3권을 다음과 같은 마리땡의 한탄 섞인 진술로 마감하였었다. "등장인물들은 시계공 하나님의 미리 설정된 계획을 실행에 옮기는 자유를 박탈당한 피조물이거나, 혹은 무력한 하나님의 연약한 계획을 끊임없이 망쳐놓고 방황하는 피조물일 뿐이다."[3] 이러한 소설이나 드라마의 깊이의 부재는 부분적으로는 어쩌면 우리 시대

---

[2] Arthur O. Lovejoy, *The Great Chain of Being* (Cambridge, Massachusetts: Harvard University Press, 1936), 318에 재인용되고 있다. Schellings Werke (1907), III, 499 참조.

신정론의 이론적 빈곤과도 유사하다. 고전적인 라이프니츠류의 신정론에서는 하나님이 부여하는 섭리의 플롯은 존재하지만 자유의 중요한 행동은 빈곤하게 결핍되고 있다. 여기서 인간이란 행동할 수 있는 자유가 전혀 없거나 혹은 정해진 행동만을 하는 최소한의 자유를 지닌, 라이프니츠의 표현을 빌리자면 일종의 "영적인 로보트"와도 같기 때문이다.[4] 반면 과정 신정론에서는 중요한 행동은 존재하지만 이것을 통합하는 포괄적인 플롯은 부재하는 듯하다. 어쩌면 플롯의 필요성은 창조적 행동의 미학적 확장이 지니는 궁극성에 의해 대체되는지도 모른다. 라이프니츠의 시계공 하나님이 역사를 권태로운 예술로 만든다고 한다면, 과정신학의 하나님은 역사를 비극적으로 방황하게 만들 수도 있어 보인다. 섭리와 자유, 희극과 비극, 플롯과 행동이 신정론이라는 시소의 단지 서로 다른 끝에 서있는 제로섬 게임이 되지 않는 또 다른 제3의 가능성은 없는 것일까? 역사의 드라마적 플롯이 미리 정해져서 단지 수행되는 고정된 계획이 아니라 배우들 개개인의 행동에 의해 창조적으로 항상 재해석되어야만 하는 어떤 심층 구조일 수는 없으며, 행동이란 단지 자발적이고 우연적인 방황이 아니라 창조성의 구조화된 표현일 수는 없는 것일까? 과연 헤겔은 이러한 '플롯 신정론'과 '행동 신정론' 외에 제3의 신정론의 가능성을 제공하는 것일까?

1장은 이러한 논의를 시작하기 위해 악에 대한 헤겔의 개념을 먼저 분석한다. 여기서 악이란 자신의 자연적 즉각성에 고착되거나, 혹은 소외와 분리의 고정된 대립을 절대화하는 두 가지 형태의 '자기중심성'이라는 구조적 분석이 제공된다. 나아가 세계의 "무로부터의 창조"(*creatio ex nihilo*)는 결국 "하나님으로부터의 창조"(*creatio ex Deo*)이기 때문에,

---

3) Jacques Maritain, *Creative Intuition in Art and Poetry* (New York: Pantheon Books, 1953), 138.

4) G. W. Leibniz, *Theodicy: Essays on the Goodness of God, the Freedom of Man and the Origin of Evil,* ed. Austin Farrer and trans. E. M. Huggard (Chicago and La Salle, Illinois: Open Court, 1990), 151.

악의 기원론적 분석은 단지 인간발생학적(anthropogonic) 설명에 머무는 것이 아니라 신발생학적(theogonic) 설명으로 나아가야 한다는 헤겔의 주장을 살펴볼 것이다. 2장은 헤겔의 신정론을 세 가지 차원에서 나누어 분석한다. 곧 그 형식(form)에 있어서 헤겔의 신정론은 철학 혹은 학문의 형식을 가지며, 그 변증의 자리(locus)는 세계의 역사이며, 그 실체적인 논리(logic)는 존재신학이라는 해석을 필자는 제안할 것이다. 3장은 이러한 철학, 역사, 존재신학이라는 세 차원을 헤겔의 미학의 관점에서 재조명한다. 철학적 사유는 사실 미학적인 계시의 토대를 가질 수밖에 없으며, 예술은 역사의 응축된 이콘으로 기능하며, 존재신학의 논리는 하나님과 세계가 공동으로 연출해나가는 일종의 테오드라마(theo-drama)라고 하는 헤겔의 신정론에 대한 미학적 해석이 제공될 것이다. 4장은 발타자와 윌리엄 데즈몬드와 같은 몇몇 비평가들의 평가를 살펴보며, 헤겔의 입장을 분석철학의 네 신정론에 대한 척도의 관점에서 평가할 것이다. 마지막 5장은 이 책의 결론이면서 《아름다움과 악》 시리즈 전체의 결론이기도 하다. 여기서 신학적 미학과 미학적 신정론에 대한 이제까지의 논의들의 요약이 제공되며, 또한 악을 극복하는 아름다움이라는 화두에 대한 필자의 깊은 신념과 함께 주저하는 망설임의 이유가 설명될 것이다.

1장 헤겔의 악 개념 분석

I. 실제적 악이 아닌 자연적 악

   문서로 확인되는 헤겔의 최초의 악에 대한 사유는 1787년 8월에 스투트가르트(Stuttgart)에서 17세 학생의 신분으로 쓴 에세이 「그리스인들과 로마인들의 종교에 관하여」(*Über die Religion der Griechen und Römer*)인 듯하다. 이 글에서 그는 이른바 신의 처벌로서의 자연적 악 혹은 물리적 악이란 존재하지 않는다는 신념을 드러내고 있다. 불운한 사건들과 자연적 재해는 자신들의 부주의한 언행에 대한 신의 형벌이라고 믿던 그리스인들과 로마인들의 통속적인 종교적 견해에 대해 그는 다음과 같이 신랄하게 비판적으로 쓰고 있다. "이 사람들은 자연적 악이 실제적 악이 아니라는 사실을, 행복과 불행이 자신들에게 달려 있다는 사실을, 그리고 신이 결코 자신의 피조물을 상처주기 위해 불행을 가져오지는 않는다는 사실을 알지 못했다. 또한 그들은 인간의 선물로서 지고한 존재의 마음을 돌릴 수도 없으며, 인간이 그의 풍성함과 힘과 영광을 증가시키거나 감소시킬 수 없다는 사실도 생각하지 못했."[1] 그리스인들과 로마인들은 이런 측면에서는 계몽되지 못하였고 단지 풍부한 상상력을 지녔을 뿐이라는 것이다. 자연적 악이란 실제로 존재하지 않는다. 신은 그러한 재난을 처벌의 도구로서 사용하지도 않는다. 그리고 마술이나 희생제사와 같은 인간의 노력으로 신의 마음을 조작할 수 있다고 생각하는 것도 순진한 종교적 상상력이라고 소년 헤겔은 생각하였다.

헤겔은 나중에 이러한 신념을 보다 발전시킨다. 1802년 7월 한 철학 잡지에 실린 「신앙과 지식」(*Glauben und Wissen*)에서 그는 인간의 구원이 단지 자연 재해들의 발생이 중지되는 것으로 이루어질 수 없음을 분명히 한다. 이른바 자연적 악이란 자연적 방식으로는 결코 극복될 수 없다는 것이다. 물론 혹독한 날씨, 배고픔과 비참함, 홍수, 태풍, 화산폭발, 지진, 질병과 전염병은 자연의 비이성적인 성격을 드러내는 듯하고, 선인과 악인을 무차별적으로 공격함으로써 인간의 삶이 수고한 모든 노동의 결과와 도덕적 감정을 파괴하여 버리는 듯하다. 자연(自然)과 이성(理性)은 여기서 완전히 서로가 서로에게서 분리되어 대치하고 있는 듯이 보인다. 그래서 칸트와 피히테로 상징되는 도덕신학은 자연 속에 내재하는 우연성과 변덕으로서의 물리적 악 혹은 재난이 더 이상 존재하지 않을 수도 있는 또 다른 세계, 자연의 힘들이 인간의 생명을 다치지 않게 되는 또 다른 도덕적 질서의 세계를 염원하게 된다. 특히 자연적 재해로서의 물리적 악에 대해 피히테가 희망하듯, "그것은 지금처럼 영원히 남아있어서는 안 된다."[2] 하지만 헤겔은 피히테의 주관성의 철학이 주장하는 자연의 우연성과 변덕으로서의 "물리적 악"(the physical bad, *das Übel*)이란 기독교 종교가 자연의 한 필연성으로 사유하였던 "악"(evil, *das Böse*)의 차원에 도달하지 못한 것으로 본다. 기독교뿐만 아니

---

1) H. S. Harris, *Hegel's Development: Toward the Sunlight*, 1770-1801 (Oxford: Oxford University Press, 1972), 32에 인용되고 있다.
2) G. W. F. Hegel, *Faith & Knowledge,* trans. Walter Cerf and H. S. Harris (Albany: State University of New York Press, 1977), 179.

라 플라톤조차도 자연을 이성으로부터 이렇게 완전히 분리시키지는 않았다. "그것은 더 이상 플라톤이 이 세계에 대해 말한 진리, 하나님의 이성이 이 세계를 축복받은 신(a blessed god)으로 탄생시켰다는 것을 인식하지 못한다."[3] 헤겔은 자연적 재해를 비난하는 이러한 주관성에 기초한 도덕적 분개를 "종교적 감상주의"만큼이나 나쁜 "도덕적 감상주의"라고 평가한다.[4] 전통적으로 종교적 감상주의는 하나님의 지혜를 옹호하기 위해 자연 속에 내재하는 좋고 유용한 것들만을 강조하였다. 예를 들어 이른바 종교적으로 경건한 이는 포도나무가 인간이 마시는 와인을 만들기 위해 창조되었다고 생각할 뿐 아니라, 코르크 나무가 존재하는 이유도 와인병에 사용할 마개를 만들기 위해서라고 생각하는 식이다.[5] 반면, 도덕적 감상주의는 반대로 자연 속에 내재하는 추하고 소용없는 것들만을 강조한다. 화산이나 지진 같은 것들은 인간의 생존을 위해 앞으로 도래할 새로운 도덕적 질서의 세계에는 존재하지 말아야 한다는 식이다. 하지만 헤겔에 따르면 그러한 바램은 이 세계를 위해 이 세계 안에 "진실로 현존하는 실제적 구원"이라기보다는 또 다른 세계에로 "무한히 지연된, 따라서 결코 실현될 수 없는 구원"이다.[6] 사실 세계에 대한 도덕적 관점이란 그것의 목표와 그 목표의 실현불가능성 사이에 놓은 모순을 피할 수 없다. 도덕적 관점은 도덕성과 행복 사이의 조화가 세계의 궁극적 목적이라는 것을 증명하기를 원한다. 하지만 이러한 목표는 성취되어서는 안 되고 무한히 연기되는 과제로서만 남아야 한다. 만약 의무와 행복 사이의 조화가 성취된다면, 그 결과는 바로 자연적인 만족에 대항하는 투쟁으로서의 도덕성 자체를 폐기할 것이기 때문이다. 도

---

3) Hegel, *Faith & Knowledge*, 180. 플라톤의 *Timaeus*, 34b 참고.
4) Hegel, *Faith & Knowledge*, 180.
5) G. W. F. Hegel, *The Encyclopaedia Logic: Part I of the Encyclopaedia of Philosophical Sciences with the Zus????tze*, trans. T. F. Geraets, W. A. Suchting, and H. S. Harris (Indianapolis and Cambridge: Hackett Publishing Company, Inc., 1991), 282 (205절 추가 부분).
6) Hegel, *Faith & Knowledge*, 180.

덕적 의식은 그 자신의 생존을 위해 항상 불행하게 남아야만 하는 것이다. 헤겔의 말처럼 "이러한 과정의 완성은 무한하게 먼 미래에로 연기되고 투사되어야 한다. 만약 그것이 실제로 발생한다면, 그것은 도덕적 의식을 제거하고 말 것이기 때문이다."[7]

도덕적 감상주의와 종교적 감상주의는 둘 다 동일하게 주관성의 철학 일반의 한계를 보여준다. 그것은 자연의 신성한 숲을 단지 인간의 유용성만을 위한 도구로 전락시킨다. 자연은 종교적 감상주의가 주장하듯 유용한 목재를 가져다줄 뿐이거나, 도덕적 감상주의가 주장하듯 홍수를 가져다줄 뿐이다. 이 두 관점 모두에서 세계는 도구성의 존재로서 하나님을 상실하고 있다. 헤겔은 칸트와 피히테의 도덕신학에 대항하여 어떤 의미에서는 전통적으로 자연신학 혹은 물리신학(physicotheology)이라고 불리던 것을 다시 재구성하고자 한다. 즉 세계는 그 자체 안에서 곧 그 자체의 본질 안에서 구원받아야 하는 것이지, 또 다른 미래 세계에로의 연기를 통해서 구원받을 수 없는 것이다.

> 이상적인 도덕적 세계 질서에서는 화산 등이 스스로 다 타버려 지금처럼 그렇게 항상 남아있지는 않게 되거나, 태풍이 더 온순하게 되거나, 질병들이 보다 덜 고통스럽게 되거나, 늪이나 정글에서 나오는 독기가 개선이 되거나 하는 등등과는 전혀 또 다른 방식으로 세계는 그 자신 안에서(in itself) 재구성되고 구원되고 신성화되어야 한다. 따라서 오직 제한적인 인식, 경험주의적 통찰, 이기주의적 목적의 선택에 있어서만 세계는 비신성한 것으로 여겨질 뿐이다.[8]

만약 신정론의 목표가 화산, 태풍, 질병 등등을 이론적으로나마 제거하는 것이라고 생각한다면 그것은 잘못된 오해일 뿐이다. 구원된 세계 속에서도 그러한 것들은 인간을 위해서 사라지지는 않을 것이며 지금처

---

7) G. W. F. Hegel, *Phenomenology of Spirit*, trans. A. V. Miller (Oxford: Oxford UP, 1977), 368 (603절).
8) Hegel, *Faith & Knowledge*, 181.

럼 그대로 남을 것이다. 따라서 이른바 자연적 악이란 구속의 세계에서도 자연적 요소로 그대로 남거나, 혹은 그것은 새로운 사변적 인식에 의해 실제적 악이 아닌 것으로 드러날 것이다. 변하는 것은 없을 것이다. 하지만 변화가 있다면, 자연은 도구적 유용성의 관점으로부터는 구원을 받을 것이다. 그러한 도구적 관계는 자연 속에 내재한다기보다는 자기를 절대화하는 인간의 사적인 자기 이해에 의해 외부적으로 부여되었던 것일 뿐이다. 나쁜 것은 지진과 같이 어떤 자연적 사물이나 "우연적 사실"이 아니라, 한 존재가 다른 존재를 자신과는 분리된 도구로 사용하고 버리는 "나쁜 관계 자체"이며 "영원한 것으로부터의 분리"이다; 그리고 "분리의 반대는 영원한 것과 하나가 되는 것 뿐이다."[9] 우리는 나중에 악과 구원에 대한 헤겔의 사변철학적 관점을 살펴보게 될 것이다.[10] 여기서는 오직 인간이 자신의 "이기주의적 목적의 선택"을 할 때에만 자연적 악도 또한 존재하게 된다고 헤겔이 보았던 것을 확인하는 것으로 충분할 것이다. 만약 이러한 인간의 주관적 관점을 중심으로 한 선택을 한다면, 자연적 악의 극복이란 예를 들어 리스본 지진으로 죽은 이들이 천국이나 혹은 또 다른 세계에서 물리적으로 회복되는 것이 될 것이다.

하지만 이것은 헤겔이 악의 극복으로 생각하는 것이 아니다. 신정론은 자연적인 마술이 아니다. "이미 일어난 일에 대해 다시 되돌림이란 감각적 방식으로 이루어질 수는 없다. 오직 영적인 방식이나 내면적으로, 이미 일어난 일이 되돌려질 수 있을 뿐이다."[11] 해리스(H. S. Harris)

---

9) Hegel, *Faith & Knowledge*, 182.
10) "세계는 그 자신의 본질 안에서 신성화"되고, 구원은 "영원한 것과 하나가 되는 것"이라는 헤겔의 구원론에 대해, 예쉬크는 이러한 헤겔의 사변철학적 사유를 "내재적 삼위일체와 경세적 삼위일체의 통합"(the union of the immanent and economic trinities)이라고 간략하고도 적절하게 요약하고 있다. Walter Jaeschke, *Reason in Religion: The Foundations of Hegel's Philosophy of Religion*, trans. by J. Michael Steward and Peter C. Hodgson (Berkeley: University of California Press, 1990), 131을 보라.
11) G. W. F. Hegel, *Lectures on the Philosophy of Religion: Volume 3, The Consummate Religion*, ed. Peter C. Hodgson (Berkeley: University of California

는 이를 "사유를 통한 구원"(salvation through thought)이라고 표현하기도 한다.[12] 그는 1802년경의 헤겔이 자신을 철학의 정신 혹은 영을 지키는 플라톤주의의 병사로 여겼다고 제안하며, 다음과 같은 헤겔의 진술을 그러한 구원관의 예로 인용한다.

> 모든 하나하나의 개인은 세계가 전개되어가는 절대적 필연성의 사슬에서 눈이 먼 고리들이다. 오직 개인이 거대한 필연성이 나아가는 방향을 인식하고, 이러한 인식을 통해 그 필연성의 형태를 불러낼 수 있는 마술의 주문을 배울 때, 그는 엄청나게도 기나긴 이 사슬에 대한 지배권을 획득할 수 있는 것이다. 이러한 인식은 수천 년 동안 세계를 다스렸던 고통과 대립의 모든 에너지를 자신 안에 담을 수 있어야만 하고, 그것들의 모든 발전 형태들을 또한 그렇게 담을 수 있어야만 한다. 이러한 인식은 오직 철학만이 줄 수 있다.[13]

자연의 물리적 변화가 아니라 철학의 인식이 구원한다는 것이다. 인식을 통해 이 세계는 그 자신의 본질 안에서 신성화되어야 하는 것이다. 이 세계가 싫다고 버리고 다른 세계를 염원한다면, 그것도 구원일 수는 있으나 이 세계의 구원은 아니다. 헤겔은 이 세계를 오직 다른 세계를 통해 정당화하는 이전의 모든 대체만족적 신정론에 대해 비판적이다.

Press, 1985), 337.
12) H. S. Harris, Hegel's Development: Night Thoughts (Jena 1801-1806), (Oxford: Clarendon Press, 1983), 179-183, 202 참조.
13) G. W. F. Hegel, *System of Ethical Life and First Philosophy of Spirit,* trans. by H. S. Harris and T. M. Knox (Albany: State University of New York, 1979), 185-186. Harris, Hegel's Development, 182-183에 재인용되고 있다.

II. 허영 혹은 아이러니로서의 도덕적 악

헤겔은 1821년 저술한 《법철학》(*Naturrecht und Staatswissenschaft im Grundrisse and Grundlinien der Philosophie des Rechts*)에서 도덕적 악에 대한 분석을 제공하고 있다. 그에 따르면, 악의 기원의 문제는 다음과 같은 보다 명확한 형식으로 제시될 수 있다: "어떻게 부정적인 것이 긍정적인 것 속으로 들어올 수 있는가?"[14] 이미 앞에서 자연적 악에 대한 그의 사유에서 보았듯, 헤겔은 선재하는 물질과 같은 것이 악의 기원이 될 수 있다는 그리스적 방법을 거부한다. 오히려 자연적 현상들을 악의 요소로 보는 것은 인간 의지의 자기 중심성과 관련이 있다고 여겼다. 반면 절대적으로 긍정적인 하나님이 세계를 창조하였으며, 그러한 하나님이 단지 수동적으로 외부로부터 오는 악을 허락하였다는 종교적 이야기도 아직 충분히 악의 기원을 사유하고 있지는 못하다고 본다. 긍정적인 것과 부정적인 것이 서로의 안에서 발견되지 못하고 있기 때문이다. 악의 기원의 문제는 어떻게 부정적인 것으로서의 악이 긍정적인 것으로서의 하나님의 피조세계 안에서 일어나는가 하는 것이기 때문이다. 여기서 긍정적인 선의 바깥이란 없다. 그렇다면 악은 어디서 오는가? 헤겔은 긍정적인 것 안에서의 부정적인 것의 발생이라는 악의 기원의 난제를 대답하기 위해 바로 의지 자체의 문제에 집중한다.

인간은 유아나 교육받지 못한 사람의 예에서처럼 자연적 단계에서 그 삶을 시작한다. 자연적 의지는 욕망, 충동, 경향 등을 가리키는 것으로 이것 자체는 아직 악이 아니다. 하지만 자아가 자신을 자연적인 존재일 뿐만 아니라 영적인 존재라는 것을 서서히 발견하게 될 때, 거기에서 자유가 탄생하는 동시에 악의 가능성도 또한 주어지게 되는 것이다. 유아에게는 악에 대한 의식이 없지만, 또한 자유의 의식도 없는 것이다.

---

14) G.W.F. Hegel, *Philosophy of Right*, trans. by T. M. Knox (Oxford: The Clarendon Press, 1952), 255 (139절, 추가 부분).

자유에 대한 인식이 없다면 악의 가능성도 없는 것이다.

> 일반적으로 악의 기원은 자유의 신비, 곧 사변적 의미에서의 자유에서 발견된다. 이러한 신비에 의해 필연성의 자유는 의지의 단순히 자연적인 수준에서 벗어나서, 그러한 수준과는 대조가 되는 어떤 내향적인 것이 된다. 의지의 자연적인 수준은 자기 모순으로, 다시 말해 이러한 대립 안에서 자신과 병립될 수 없는 것으로 존재하게 되고, 따라서 바로 이러한 의지의 구체성이 나중에 자신을 악하게 만들게 된다.[15]

악의 기원은 자유의 의지와 관련이 있다. 욕망, 충동, 경향 등의 자연적 의지에서 신비롭게도 보다 본질적인 의지로서 자유가 탄생하게 되고, 이러한 의지의 이중성은 악의 기원을 가능케 한다는 것이다. 녹스(T. M. Knox)는 이를 자유 의지의 "형식"과 "내용" 사이의 충돌로 해석한다.[16] 곧 인간은 새롭게 발견한 자유의 의지와 의식적 양심으로 인해 형식의 측면에서는 이전의 자연적 의지와 분리되고자 하지만, 여전히 그러한 의지도 자연적 기원으로 인해 그 내용을 욕망과 충동 등에 의해 제공받게 되는 경우가 있다는 것이다. 헤겔에 따르면, "자연적인 것은 선하지도 악하지도 않으며 본질적으로 무고하다는 것은 의심할 수 없는 진실이다. 하지만 그것이 자유롭고 또한 자신이 자유롭다는 것을 아는 의지에 접하게 될 때, 자연적인 것은 자유롭지 못함의 속성을 획득하게 되고 따라서 악하게 되는 것이다. 인간이 자연적인 것을 의식적으로 의지할 때, 그것은 더 이상 단지 자연적인 것이 아니라 의지의 개념으로서의 선에 반대되는 부정적인 것이 된다."[17] 다시 말해, 자연적인 욕망 자체는 악이 아니고 단지 순진함일 뿐이다. 그러한 욕망으로부터 자신이 자유롭다는 내적인 성찰 자체도 아직 악이 아니다. 악은 이 둘의 결합에서 발생한

---

15) Hegel, *Philosophy of Right*, 92-93 (139절).
16) Hegel, *Philosophy of Right*, 342.
17) Hegel, *Philosophy of Right*, 256 (139절, 추가 부분).

다. 형식적으로는 자유로운 의지가 여전히 그 자신의 내용으로 자연적 의지가 욕망하던 것을 욕망할 때 악이 생겨나는 것이다. 자유 의식의 성장은 반드시 필요하나, 그러한 것이 또한 악의 가능성을 가져오는 것이다. 그래서 헤겔에 따르면 자연적인 요소들에 대한 의존에서 벗어나서 자기 자신 스스로를 위해 존재하고 자신을 위해 알고 결정하는 의식의 확실성에서 도덕성(道德性)과 악(惡)이 둘 다 그들의 공통된 뿌리를 가진다는 것이다. 도덕성과 악의 공통된 기원은 바로 "자신을 만물의 근거로 보는 추상적인 자기-확실성(abstract self-certainty)"이다.[18] 자신의 의식이 보편적인 것, 곧 도덕적 선의 개념을 자기 행동의 구체적 원칙으로 만들 때에 그러한 자신의 의식은 도덕적으로 선하다. 하지만 보편적인 것보다 위에 자기 의지의 사적인 구체성을 둘 때에 그것은 잠재적으로 악하게 된다. 자신의 의식이 보편적인 것을 자신의 자의적 선택으로 축소시켜버리고, 대신 자신의 사적인 구체성을 행동의 원칙으로 삼을 때에 악하게 될 가능성을 가지는 것이다. 요컨대 자연으로부터 성장한 자유의 의식이 아직 보편성을 향해 나아가기보다는 자신의 사적 자유 의식을 절대화시킬 때 도덕적 악이 발생할 수 있다는 것이다. 헤겔은 이러한 도덕적 악의 기원으로서의 자기 의식의 공허한 사적 집착을 "허영"(vanity, *Eitelkeit*)이라 부른다.[19] 의식의 공허함 혹은 허영이란 자신의 주관성을 개념의 보편성 위에 두는 것을 가리킨다. 허영으로서의 도덕적 악은 여러 형태를 가진다. 오직 부분적으로만 선할 뿐인 자신의 주관적 목표를 마치 어떤 보편적인 것처럼 타인에게 강요하는 것을 가리켜 헤겔은 "위선"이라고 부른다. 반면 그것을 단지 타인이 아니라 자기 자신에게 강요하는 것은 위선을 넘어서서 "주체성이 절대적임을 주장하는

---

18) Hegel, *Philosophy of Right*, 255 (139절, 추가 부분).
19) Hegel, *Philosophy of Right*, 92 (139절). 아쉽게도 여기서 녹스는 악의 기원으로서의 "허영(Eitelkeit) 속의 자기 의식"이라는 헤겔의 139절 독일어 원문을 단지 "자기 의식"으로 번역하였다. 자기 의식 그 자체가 문제가 아니라 그것이 자기 중심성이라는 공허한 허영에 빠질 때 악하게 된다는 핵심 논지가 여기 전제되고 있는 것이다.

단계"라고 보며, 이를 가리켜 아이러니(irony, *Ironie*)라고 한다.[20]

보다 구체적으로 말해, 헤겔은 여섯 가지 형태의 도덕적 악을 순차적으로 나열하고 있으며 그 가장 마지막 형태를 아이러니라고 보았다: (1) 양심의 가책을 가지며 행동하는 것, (2) 위선, (3) 개연론, (4) 의지의 선함은 그 의지가 선을 의지하는 것에 있다는 견해, (5) 사적인 확신에 의한 행동의 정당화, (6) 아이러니. 첫째로, "양심의 가책을 가지며 행동하는 것"이란 개인이 자신의 사적인 바램을 행동으로 실현시키지만, 그러한 것이 도덕성의 보편적 원칙에 부합하지 않는다는 것을 아는 것을 가리킨다. 둘째로, "위선"이란 양심의 가책을 가지며 행동하는 것을 추가적으로 더 정당화시켜, 그러한 악을 선이라고 위장하는 것을 가리킨다. 셋째로, "개연론"(probabilism)이란 행동의 주체가 자신의 행동의 타당한 이유 하나만이라도 제시할 수 있다면 비록 그 반대되는 이유들이 훨씬 타당하고 많을 지라도 도덕적으로 양심의 가책을 느끼지 않고 그러한 행동을 용인할 수 있다는 이론을 가리킨다. 넷째로, "의지의 선함은 그 의지가 선을 의지하는 것에 있다는 견해"는 단지 선한 의도가 행동의 정당성에 대한 충분한 변증이 된다는 입장이다. 그 극단적인 예로는 목적이 수단을 정당화한다는 악명높은 견해가 있다. 다섯째로, "사적인 확신"에 의한 행동의 정당화는 개인의 사적인 견해를 의무와 권리의 잣대 혹은 척도로서 고양시키는 것이다. 개인의 사적인 확신이 어떤 행동을 옳고 도덕적으로 선한 행동으로 만든다는 입장이다. 여섯째, 마지막으로 "아이러니"는 주관주의(subjectivism)의 최종적 형태로서 개인의 사적인 의지와 보편적인 도덕법칙 사이의 완벽한 일치를 가장할 뿐만 아니라, 오히려 주관성 자체를 도덕법칙의 주인으로 만들고 진리와 권리와 의무의 재판관으로서 만들어 버린다. 헤겔에 따르면, 아이러니는 "주관성의 허영"(*die* subjektive *Eitelkeit*) 혹은 "자기의 고독한 자기숭배"(a solitary worship of itself)에 지나지 않으며, 그러한 아이러니는 철저히 악하다.[21]

---

20) Hegel, *Philosophy of Right*, 94 (139절).

도덕적 악이란 자연에서 형식적으로 분리된 자유로운 의식이 아직 보편성의 내용을 획득하지 못하고 대신에 자신의 사적인 의식을 점증적으로 절대화시키는 주관주의에 기초한다.

이러한 측면에서 우리는 아우구스티누스, 야콥 뵈메, 그리고 헤겔 사이에 깊은 공명이 존재하는 것을 발견하게 된다. 아우구스티누스는 자연적 악과 형이상학적 악 둘 다의 뿌리를 "교만"(superbia)이라고 하는 도덕적 악에서 발견한다. 이에 반해 헤겔은 자연적 악과 도덕적 악에 대한 형이상학적 해석을 제공할 뿐만 아니라, 그 해석의 핵심적 개념으로서 유한한 정신 혹은 유한한 영의 "허영"과 자기중심성을 제안한다. 헤겔이 단지 자연적 악과 도덕적 악을 무시하고 형이상학적 악에만 집중했다는 말은 아니다. 그는 무엇이 자연적 악과 도덕적 악을 가능하게 만드는가에 대한 형이상학적이고 사변철학적인 해석, 즉 그것들에 대한 구조적 분석을 제공하고 있는 것이다. 요컨대 주관성의 허영으로서의 도덕적 악이란 자기중심성으로서의 형이상학적 악이 보여주는 한 구체적 예증이라는 것이다. 악에 대한 실체적(實體的) 분석과 구조적(構造的) 분석이 다른 것은 전자가 악을 물질, 뱀, 사탄과 같은 어떤 실체적 존재(ens)에서 찾는데 반해, 후자는 이러한 존재의 존재 양식(modus entis)에서 찾는다는 점이다. 그리고 헤겔의 악에 대한 구조적 분석의 핵심에는 정신 혹은 영의 자기 중심적 존재 양식이 있다. 이러한 악의 형이상학적 이해에는 야콥 뵈메(Jacob Böhme)의 영향이 있은 듯하다. "세계 내의 악의 기원이라는 유명한 질문은 악이 단지 불쾌하고 고통스러운 것을 의미한다고 이해되는 한에 있어서는, 이러한 실천적 감정의 형식적 차원에서 제기된다. 악은 존재하는 것(Sein)과 존재해야 하는 것(Sollen) 사이의 공존불가능성이다.···생명 없는 존재에서는 악이나 고통이 없다.···반면 생명 속에는, 그리고 더군다나 정신 속에는, 이러한 내적인 구분이 현존

---

21) 녹스는 여기서의 "die subjektive Eitelkeit"를 "a subjective void"라고 번역하고 있다. 그가 번역한 Philosophy of Right, 103 (140절) 참조. 또한 Hegel, Phenomenology of Spirit, 396-397 (654절) 참조.

하며 여기에서 존재해야 하는 것(Sollen)이 발생하게 된다. 그리고 이러한 부정성, 주관성 혹은 주체성, 자아, 자유가 바로 악과 고통의 원리들이다. 야콥 뵈메는 자아성(egoity, Ichheit)을 고통과 고뇌로 보았을 뿐만 아니라, 자연과 정신의 근거로도 보았다."[22] 도덕적 악의 기원으로서의 허영은 야콥 뵈메가 자연과 정신의 근거로 보았던 자아성 혹은 자기 중심성의 한 형이상학적 예증이며, 이러한 자아성이 악의 기원인 동시에 또한 생명의 본질을 이루는 것이다. 따라서 악이란 고정된 어떤 존재라기보다는 영 혹은 정신의 삶과 생명에 있어서의 한 순간적인 존재 양식이다. 생명은 성장하는 과정으로 존재한다. 이러한 생명의 성장은 존재와 당위의 이중적 차원을 가질 수밖에 없다. 영의 성장 과정에 있어 자기 중심성으로서의 악은 필연적일 수밖에 없을 뿐아니라, 또한 극복될 수밖에 없는 것이다. "정신 혹은 영의 성장에 있어서, 이러한 허영(vanity, Eitelkeit)은 자신의 주관성과 자신의 내적 모순에 대한 가장 극단적인 몰입으로 자기 자신을 포기하고 내어줄 뿐만 아니라, 그 전환점에 있어서 자기 자신을 악으로 포기하고 내어준다."[23] 유한한 정신 혹은 영의 허영, 자아성, 자기 중심성이라는 존재 양식이 악이라는 헤겔의 사변철학적 악 이해를 밑에서 보다 상세히 살펴보도록 하자.

III. 자기 중심성으로서의 사변적 악

악에 대한 헤겔의 사변철학적 접근은 지극히 난해할 뿐만 아니라 농

---

22) G. W. F. Hegel, *Philosophy of Mind, Being Part Three of the Encyclopaedia of the Philosophical Sciences* (1830), trans. William Wallace, **together** with the Zusatze in Boumann's text (1845), trans. A. V. Miller (Oxford: Clarendon Press, 1971), 232 (472절).

23) "Diese Eitelkeit wird sich in der Entwicklung des Geistes selbst als seine höchste Vertiefung in seine Subjektivität und innerster Widerspruch und damit Wendepunkt, als das Böse, ergeben." 헤겔의 *Philosophy of Mind*, 23 (386절).

축적이다. 우리는 여기서 구조적(structural) 접근과 기원론적(aetio-logical) 접근을 병행하고자 한다. 구조적 접근은 헤겔이 악을 어떻게 정의내리고 있는지를 살펴볼 것이고, 기원론적 접근은 그러한 악이 어떻게 발생하게 되는지 그 기원에 집중하고자 한다. 먼저《정신현상학》(*Phänomenologie des Geistes*)에 대한 자신의 해석에서, 하지슨(Peter C. Hodgson)은 악의 존재론적 지위에 대한 매우 집약적이면서도 핵심을 찌르는 구조적 분석을 제시하고 있다.

> 악은 두 가지 형태를 띠는 듯하다. 한편으로 악은 자기 자신으로의 침잠이며, 자기중심적이 되는 것, 달리 말해서 [정신의 전개 과정의] 첫 번째 단계에서 두 번째 단계로의 전환을 실패하는 것을 가리킨다. 하지만 다른 한편으로 악은 두 번째 단계에서의 고착, 분리와 소외를 잔치처럼 즐기는 것, 다시 자기 자신으로의 귀환에 실패하는 것이다. 이 두 경우 모두에 있어서 악은 영이 되는 것에 미치지 못하는 것, 영성화(spiritualization)에 실패하는 것을 가리킨다.[24]

하나님의 신성한 생명, 삶, 혹은 역사에 대한 헤겔의 변증법에 있어서, 악이란 즉각성(immediacy)의 첫 번째 단계에 고착되는 것이나 혹은 소외(estrangement)의 두 번째 단계에 고착되는 것이다. 이 두 형태의 악 모두는 사실 동일한 구조적 본성을 공유하고 있다. 즉 그것은 둘 다 영의 고착성, 비운동성, 자기중심성을 가리킨다. "얼핏 보기에 우리는 여기서 이중적 악을 가지는 듯하다. 하지만 이 둘은 사실 동일한 것이다"라고 헤겔은 말한다.[25] 왜냐하면 두 형태의 악은 모두 동일한 영성화의 실패, 곧 절대정신 혹은 절대영에 도달하는 것의 실패이기 때문이다. 우리는 이 시점에서 악의 구조적 분석에 대한 헤겔과 화이트헤드의 유사한 사유를 비교해보는 것이 도움이 된다. 불필요한 사소함 혹은 "저속한 형

---

24) Peter C. Hodgson, *G. W. F. Hegel: Theologian of the Spirit* (Minneapolis: Fortress Press, 1997), 21.
25) Hegel, *Philosophy of Mind,* 63 (24절 추가 부분 3).

태의 조화"로서의 악이라는 화이트헤드의 생각은 즉각성 혹은 자기 자신으로의 침잠으로서의 헤겔의 첫 번째 단계의 악에 상응하는 것이다. 반면 부조화 혹은 "조화 없는 강렬한 경험"으로서의 악이라는 화이트헤드의 이해는 소외와 이원론적 분리로서의 헤겔의 두 번째 단계의 악에 병행된다.[26]

첫째로, 헤겔은 즉각성 혹은 자기 자신으로의 침잠으로서의 악을 동물원과도 같은 에덴동산의 천국에서 고통 없이 자신과의 사랑 놀이를 하는 추상적인 하나님 개념으로 가설적으로 표현하고 있다. 특히 셸링의 동일성의 철학에 대한 자신의 비판에서, 헤겔은 하나님을 이처럼 "단조성"(monotony), "추상적 보편성"(abstract universality), "공허한 심연", "A = A", "모든 소들이 검게 보이는 밤"으로 사유하는 것을 거부한다.[27] 본질(substance)만의 이 고요하고 평화로운 밤이 결여하고 있는 것은 고통, 부정성, 심각함, 그리고 죽음의 고집스러운 타자성이다. 만약 평화스럽지만 잠재적으로 폭력적일 수도 있는 이러한 동일성의 밤이 바로 신적인 사랑이 의미하는 것이라면, 헤겔은 이러한 추상적 사랑에서 세계를 장난감 주사위처럼 던지는 고통 없는 놀이의 하나님만을 발견할 수 있을 뿐이라고 한다. 하나님이 아닌 세계가 지닌 주체성(subjectivity)은 단지 이러한 평온한 휴식의 추상에서는 단지 가장될 뿐이기 때문이다.

> 하나님의 삶과 신성한 인식은 따라서 사랑의 자신과의 놀이(the play of love with itself)로서 표현될 수도 있을 것이다. 하지만 만약 거기에 부정성(negativity)의 심각성, 고뇌, 인내, 그리고 노동이 없다면, 이러한 생각은 단지 교화적이고 무미건조한 것의 영역으로 떨어지게 된다.[28]

---

26) Alfred North Whitehead, *Adventures of Ideas* (New York: The Macmillan Company, 1933), 339.
27) Hegel, *Phenomenology of Spirit,* 9 (16절).
28) Hegel, *Phenomenology of Spirit,* 10 (19절).

만약 여기서처럼 하나님의 타자가 단지 하나님의 그림자나 주사위 정도로 사유된다면, 이러한 하나님의 행복한 연극은 영의 심각성을 획득하지는 못할 것이다.[29] 로젠크란츠(Rosenkranz)가 전해주고 있듯이, "헤겔에게 있어서 사랑(love)이 하나님의 개념을 위해 보다 적합하고 이해하기 쉬운 것이었을 수도 있다. 하지만 영(spirit)은 보다 더 깊다."[30] 어쩌면 헤겔은 화이트헤드를 알았다면, 악마는 "동질한 것"(the Homogeneous)으로 존재한다는 화이트헤드의 진술에 동의했을 것이다.[31] 기독교의 하나님은 추상성의 고립된 동질성에 머물러있는 질투의 하나님이 아니다. 하나님은 "자신을 계시하지 않을 정도의 질투하는 존재"도 아니며, 계몽주의의 합리신학이 제안하듯 "인간이 단지 자신의 머리를 헛되게 부딪치게 되는 철로 만들어진 벽"도 아니기 때문이다.[32] 이러한 질투로 인해 세계에 자신의 신성을 계시하지 않고 추상적 고립에 머물며 인간의 사유에 의해 생각될 수 없는 하나님 개념은 이미 플라톤의 《티마이오스》에서도 비판되었다. "왜 창조자가 이 생성의 세계를 만들었는지 그대에

---

29) 바로 이 때문에 헤겔의 존재신학이 단지 내재적 삼위일체(immanent Trinity)가 세계에서 기계적으로 반복되는 것으로 해석될 수 없고, 경세적 삼위일체(economic Trinity) 혹은 세계적 삼위일체(worldly Trinity)에 의해 보충되는 것으로 이해되어야 한다. 내재적 삼위일체를 헤겔이 "놀이"로 비유한 것에 대해서는 Hegel, *The Encyclopaedia Logic*, 238 (161절 추가 부분) 참조. 윌리엄즈는 또한 위의 이 진술에 근거하여, 헤겔이 타자를 단지 "제한된 환상"으로 만드는 형이상학적 관념론을 비판하고 있다고 제안한다. Robert R. Williams, *Recognition: Fichte and Hegel on the Other* (Albany: SUNY, 1992), 5와 18 n 19.
30) Harris, *Hegel's Development: Night Thoughts*, 186.
31) R. Maurice Barineau, *The Theodicy of Alfred North Whitehead: A Logical and Ethical Vindication* (Lanham and New York: University Press of America, Inc., 1991), 102.
32) G. W. F. Hegel, *Lectures on the Philosophy of Religion, Volume 1: Introduction and The Concept of Religion*, ed. by Peter C. Hodgson (Berkeley, Los Angeles, London: University of California Press, 1984), 382. 또한 idem, *Lectures on the Philosophy of World History, Introduction: Reason in History*, trans. H. B. Nisbet (Cambridge: Cambridge University Press, 1975), 106.

게 말하도록 하라. 그는 선하였고, 그의 선은 어떠한 질투도 가지지 않는 그러한 것이었다. 그는 질투로부터 자유로웠기 때문에 모든 사물들이 가능한 자신처럼 되기를 원하였다. 바로 이것이 가장 진실된 의미에서 창조와 세계의 기원인 것이다.…그리고 최고 존재의 작품은 가장 아름다운 것 외에 결코 다른 어떤 것일 수 없었다. 창조자는 그 본질이 가시적인 사물들을 바라보면서 어떠한 비지성적 존재 전체도 지성적 존재 전체보다 아름다울 수는 없으며, 지성적 존재는 영혼이 없는 사물 안에 있을 수는 없다는 것을 발견하였다. 이러한 이유로 그가 우주를 형성할 때 영혼 안에 지성을, 그리고 몸 안에 영혼을 두어서 그 본질에 있어 가장 아름답고 가장 최고의 작품의 창조자가 되고자 하였다. 그렇기 때문에 이런 표현이 가능하다면 이 세계는 영혼과 지성을 지닌 살아있는 피조물로 하나님의 섭리에 의해 존재케 된 것이다"(《티마이오스》, 29e-30c). 헤겔은 이러한 플라톤의 계시적 신론에 동의한다. "하나님이라는 이름이 심각하게 여겨진다고 한다면, 이미 플라톤과 아리스토텔레스의 경우에서처럼 하나님은 자기 자신을 계시적으로 드러내지 않을 정도로 질투하지는 않는다."[33] 하나님은 영이시며, 또한 이러한 동일한 영으로서 존재하는 인간에게 자신을 계시하는 영적 행동 속에 존재케 되는 것이다. 헤겔의 신론에 따르면, "하나님은 영을 위해서(*for*) 영으로서(*as*) 존재한다(*is*)."[34] 하나님은 세계로부터 고립된 질투의 하나님이 아니라, 오히려 자신을 세계와 역사 속에 성육화된 이성으로 계시함으로써 "신성한 존재의 추상성의 죽음"(the death of the *abstraction of the divine Being*)을 가져오는 계시적 행동의 하나님이다.[35] 하나님의 첫 번째 죽음이 하나님의 두 번째 죽음 이전에 이미 있었던 것이다. 첫 번째 죽음이 세계의 창조라면, 두 번째 죽음은 역사의 십자가이다.

하나님이 만약 자기 존재의 추상성의 죽음을 거부하고 세계 없는 자

---

33) Hegel, *Lectures on the Philosophy of Religion*, Volume 1, 382.
34) Hegel, *Lectures on the Philosophy of Religion*, Volume 1, 383.
35) Hegel, *Phenomenology of Spirit*, 476 (785절).

기중심성에의 고착 혹은 비운동성으로 남고자 하였다면 악의 한 순간이 되었을 것처럼, 자연적 즉각성에 머무르는 인간의 자기중심성도 또한 그러하다. 화이트헤드는 인간 존재가 불필요하게 돼지의 수준으로 전락하여 가능하였을 수도 있는 가치 창조보다 훨씬 작은 가치를 실현시킨 것을 불필요한 사소성의 악이라 불렀다.[36] 이와 동일하게 헤겔도 정신의 천진무구한 순진함의 상태를 선이 아니라 사소함의 상태로 보았다. 이러한 자연적 천국은 완성의 상태라기보다는 오히려 부족한 결핍의 상태라는 것이다. 그리고 이러한 순진함은 영으로서의 인간의 본질적 사명을 고려할 때 오히려 악으로 여겨질 수 있다. 우리는 여기서 헤겔이 성서의 창세기에 나오는 인간의 타락 이야기를 어떻게 해석하는지를 주목할 필요가 있다. 타락 이야기에 대한 헤겔의 해석이 이후 그의 신정론이 택할 방향성을 이미 본질적으로 보여주고 있기 때문이다.

> 에덴동산이라는 천국에 있던 아담은 선악을 알게 하는 나무로부터 그 과실을 먹었다. 뱀이 "네가 하나님과 같이 될 것이다"라고 말했다 [창세기 3:5]. 그래서 그들은 [아담과 이브는] 유한하게 되었고 죽을 수 있는 존재가 되었다. 그러자 하나님은 말했다. "보라, 아담이 선악을 아는 일에 우리 중 하나 같이 되었다." [창세기 3:22] 이것은 깊은 의미를 지닌 이야기다. 과실을 먹지 못하도록 한 하나님의 금지는 오직 이차적인 문제일 뿐이다. … 우리는 이 이야기를 고려함에 있어서 그것이 지닌 모순을 먼저 바라보아야 한다. 인간은 선악을 알게 하는 나무로부터 먹는 것이 금지되었다고 나온다. … 이러한 [선악의] 지식이 아담을 하나님처럼 만들 것이라고 뱀은 약속했다. 이것은 바로 악, 기만, 그리고 오만의 유혹이다. 이어서 하나님은 말한다. "보라, 아담이 선악을 아는 일에 우리 중 하나 같이 되었다." [창세기 3:22] 바로 지식이, 곧 선과 악 일반에 대한 구체적 지식이 인류 안에 있는 신성(神性)을 구성하게 된다는 사실이 바로 하나님의 입술을 통해 말해지고 있는 것이다. … 하지만 그것은

---

36) Alfred North Whitehead, *Religion in the Making: Lowell Lectures, 1926* (New York: The Macmillan Company, 1926), 96-97.

일어나지 말았어야만 했던 것은 아니다. 인간이 의식적이 되었기 때문에 그것은 일어났다. 더군다나 선악의 지식은 그것 자체로 악한 것은 아니다. 여기에 또 다른 비일관성이 있다. 이 이야기는 인류의 영원한 역사를 가리킨다. 이 이야기의 깊은 통찰은 인류의 영원한 역사, 의식적이 되는 것, 그것은 다음과 같다는 것이다: (1) 원래적인 신성한 사유, 하나님의 형상, (2) 의식의 도래, 선악의 지식, 그리고 동시에 책임감, (3) 선악의 지식은 한편으로는 일어나지 말았어야만 하는 어떤 것 곧 지식으로 남아있지 말았어야만 하는 것인 동시에, 다른 한편으로는 인류가 그것에 의해 신성하게 되는 도구이다. 지식 그 자체가 상처이며, 또한 그 상처를 치유한다 (*Erkennen heilt die Wunde, die es selber ist*).[37]

지식은 그 자신인 상처를 자신 스스로 치유한다. 이러한 헤겔의 타락 이야기 해석은 전통적인 인간책임론의 초점과는 거리가 멀다. 신의 금지령을 어긴 인간의 책임은 부수적이고 이차적인 문제로 평가절하된다. 오히려 그는 이 이야기 속의 철학적인 진리를 어떤 모순의 존재에서 찾는다. 신은 선악을 알지 못하는 자연적 상태에 머물 것을 명령한다. 하지만 바로 이러한 신의 금지령을 어김으로써 인간은 자연상태에서 벗어나 선악의 지식이라는 인간 안의 신성을 획득하게 되는 것이다. 뱀이 거짓말을 한 것이 아닌 것이다. 나아가 지식은 그렇게 상처를 주지만 동시에 자신이 준 상처를 치료한다. 인식은 스스로를 치유하는 힘을 가지고 있다. 이성은 인류 안에 존재하게 된 신성함인 것이다. 그렇다면 이러한 인류의 타락은 사실은 밑으로의 타락이 아니라 위로의 타락이며, 결국은 불행한 범죄가 아니라 '다행스러운 범죄'(fortunate crime, *felix culpa*)가 아닌가? 우리는 뒤에서 이러한 다행스러운 범죄의 모순이라는 문제에 돌아오게 될 것이다. 지금 여기서는 단지 헤겔이 인간의 즉자성의 단계, 곧 선악의 지식이 없는 동물적이고 자연적인 순진함의 단계가 인류가 계속 머물러 있어야 할 상태가 아니라고 강조하였다는 것만을 주목하도록 하

---

37) Hegel, *Lectures on the Philosophy of Religion*, Volume 3, 104-106.

자. 오히려 즉자적인 자연적 상태에 놓여 있는 것이 악하다고 그는 본다. "그러한 상태에 놓인 동물은 선하지도 악하지도 않다. 하지만 이러한 동물적 상태에 놓인 인간은 악한 것이며, 그 자신이 되어야 할 상태에 있지 못한 것이다"; 인간의 진정한 운명은 "동물원같은 동산"에 있는 것이 아니라, 선악의 지식을 획득하는데 있다.[38] 무지와 순진함의 자연적 상태는 인류가 잔존해야 할 상태가 아니라, 잔존으로부터 탈출해야 할 상태인 것이다. 자연적 순진함은 오직 영의 현상학적 사다리에서 한 단계일 뿐이다. 헤겔에 따르면 바로 여기에 인류가 원래 선하다고 하는 모든 근대의 사유와 대조되는 기독교의 원죄 교리의 우월성이 놓여 있다.[39] 요컨대, 고결한 야만인이란 없다. 고결함이란 정신과 영의 부정성의 노동을 통해 획득되어야할 것이기 때문이다.

둘째로, 또 다른 형태의 악이란 두 번째 단계 즉 소외와 분리의 고정된 대립을 절대화시키는 것이다. 그것은 다름 아니라 타자 속에서 자신을, 그리고 자신 속에서 타자를 재인식하고 재구성하는 영성화의 실패를 가리킨다. 예를 들어 이러한 실패는 헤겔이 불행한 "아름다운 영혼"이라고 부른 것에서 매우 분명하게 드러난다.[40] 아름다운 영혼의 불행한 의식에서 결정적으로 부족한 것은 타자 속으로 "자신을 외화시키는 능력"(the power to externalize itself)이며, 용서 속에서 타자의 타자성을 견뎌내는 힘이다.[41] 화이트헤드가 부조화의 악이란 인간들이 서로 다른 목적에서 교차할 때 발생한다고 보았듯이, 불행한 아름다운 영혼도 타인과의 조화의 획득을 실패하는 것을 보여준다. 헤겔의 주인과 노예에 대한

---

38) G. W. F. Hegel, *Lectures on the Philosophy of Religion, Volume 2: Determinate Religion* (Berkeley: University of California Press, 1987), 526-527; *Lectures on the Philosophy of Religion: Volume 3*, 300; *Phenomenology of Spirit*, 468 (775절); 그리고 *Lectures on the Philosophy of World History*, 178 참조.
39) Hegel, *Lectures on the Philosophy of Religion, Volume 1*, 105; *Philosophy of Right*, 231 (18절 추가 부분).
40) Hegel, *Phenomenology of Spirit*, 400 (658절).
41) Hegel, *Phenomenology of Spirit*, 399 (658절).

역사적 변증법은 여기에서는 재판관과 죄인의 도덕적 변증법의 형태를 띠게 된다. 오만한 재판관은 죄인의 범죄와 자신을 완전히 분리시킴으로써 자신의 마음의 깨끗함과 아름다움을 보존하고자 시도한다. 그는 자신을 타자성 속에서 재인식하는 사변적 용기를 결여하고 있는 것이다. 죄인은 자기 자신의 죄에 대한 진정한 고백을 통해 의롭게 되는 반면, 재판관 자신은 용서하기를 거부함으로써 즉 자기 자신의 아름답고 망쳐지지 않는 정의에 대해 오만하게 자기 확신적으로 남게 됨으로써 악하게 되는 것이다. "결과적으로 상황은 역전된다."⁴²⁾

죄인은 재판관의 용서하지 않는 정신 혹은 영에서 자기 자신의 과거의 사악함을 발견하게 된다. 재판관의 무자비한 마음이 바로 죄인 자신의 과거 모습임을 재인식하게 된 것이다. 따라서 재판관으로부터의 이와 유사한 상호인식적인 공감이 외부로부터 없음에도 불구하고, 죄인은 자신 안의 동정과 공감 속에서 재판관을 자신의 한 단계로서 중재할 수 있는 것이다. 이러한 죄인의 자기 의식에서의 "두 사람의 동일화"가 표현하는 것은 정신 혹은 영의 자기 외화의 힘, 타자와 자신 속에서 화해할 수 있는 힘이다.⁴³⁾ 과거의 악했던 의식은 고백과 자기중심성의 극복을 통해 보편성의 관점으로 상승하게 된다. 재판관의 무자비한 정신 혹은 영을 이해하는 것을 통해 죄인은 자기 자신의 과거도 또한 이해하고 용서하는 것이다. 이처럼 영은 악을 물리적이고 감각적인 방식이 아니라 영적인 방식으로 극복하는 것이다.

> 정신 혹은 영의 상처들은 치유되게 되고, 어떤 흉터도 뒤에 남지 않게 된다. 행동은 없어질 수 없는 것이 아니다. 그것은 정신 혹은 영에 의해 자신 속으로 다시 되돌리게 되고, 그러한 행동 속에 존재했던 개체성은 그것이 의도성의 것이었든 혹은 실제로 존재했던 부정성이었든 곧 바로 소멸하게 되는 것이다.⁴⁴⁾

---

42) Hegel, *Phenomenology of Spirit*, 405 (667절).
43) Hegel, *Phenomenology of Spirit*, 407 (669절).

고정된 대립을 부정하고 자신의 사적인 의사소통 없는 "개체성"을 악한 것으로 고백함으로써, 죄인의 정신 혹은 영은 두 번째 단계인 소외에서 세 번째 단계인 자유의 공동체로 성장하게 되는 것이다. 헤겔은 이러한 측면에서도 악의 다행한 측면 곧 "사유가 나쁜 것으로 인식했던 것"이 "선한 것"으로 변환되는 것을 발견하게 된다.[45]

반면에 재판관은 자신의 도덕적 확실성에 너무나도 고착된 나머지 그에게 유일하게 가능한 행동이란 현재의 도덕적 질서가 보여주는 부정의에 대해 항의하는 것이다. 정신 혹은 영의 자기 외화의 힘과 화해의 힘을 결여하고 있는 그는 "현재의 세계 속에서는 도덕적인 사람이 종종 고생하는 반면 비도덕적인 사람이 종종 번창하기 때문에" 지금과는 다른 도덕적 질서를 염원하게 된다. 우리는 여기서 헤겔이 세계 속에서 어떤 이들은 고생하는 반면, 다른 어떤 이들은 번창한다는 것을 부인하지 않는다는 것을 명확하게 하고자 한다. 하지만 이러한 인식이 곧 바로 "도덕성이 고생한다"는 주장과 동일한 것은 아니다. 비극이 한 개인의 도덕성의 표식이 되는 것은 아니다. 오히려 도덕성이 결코 운이 나쁜 고생이라 여겨질 수 없는 이유는 도덕적 의무로 행해져야 할 행동은 그 자체의 가치를 위해 행해져야 하기 때문이다. 여기에 더 이상의 추가적인 자연적 행복의 보상에 대한 목적이나 의도가 있어서는 안 된다. 도덕성으로부터 행복을 연역하려고 하는 시도는 "도덕성의 외투로 자신을 덮은 시기심의 표현"일 뿐이다.[46] 이러한 원통한 시기심의 표현에 부족하게 빠져있는 것은 다름·아닌 자신을 타자 속에서 이중적으로 복제할 수 있는 힘 곧 "선한 우정"이다.[47] 헤겔은 여기서 아름다움의 범주 일반

---

44) Hegel, *Phenomenology of Spirit*, 407 (669절).
45) Hegel, *Phenomenology of Spirit*, 408 (670절).
46) Hegel, *Phenomenology of Spirit*, 379 (625절). 데즈몬드는 용서가 없는 도덕적 의식으로서의 아름다운 영혼에 대한 헤겔의 비판을 분노의 표현으로서의 노예 도덕에 대한 니체의 비판에 비교한다. William Desmond, *Beyond Hegel and Dialectic: Speculation, Cult, and Comedy* (Albany: SUNY Press, 1992), 198-199.

을 사소한 것으로 만들려고 의도하고 있는 것은 결코 아니다. 그는 오직 한 구체적인 형태의 아름다움, 즉 오만하고 친절하지 않은 아름다움 혹은 "음울한 아름다운 영혼"으로서의 아이러니를 비판하고 있는 것이다. 이러한 아이러니는 "진실로 아름다운 영혼"의 화해를 획득하는데 실패한다.[48] 아이러니 혹은 자신의 주체성에 대한 "이러한 고독한 신성한 숭배"는 그 자신의 진정한 본질로서의 "공동체의 신성한 숭배"로 변모하여야 하는 것이다.[49] 잘못되게 "자신을 본질로 의식하는 개체성이란 본질적으로 허무하며 악한 반면", 절대정신 혹은 절대영은 정신들 혹은 영들의 공동체적 본질로서 도래하기 때문이다.[50] 요컨대 헤겔의 재판관과 죄인의 변증법에 따르면, 악의 두 번째 형식은 공감에 기초해 의사소통하는 영의 공동체를 떠나서 홀로 의사소통하지 않는 허영과 아이러니의 정신 혹은 영을 가리킨다. 이러한 오만하고 순진한 아름다운 염원은 진리의 영적인 아름다움에 의해 극복되고 지양되어야 한다. 진리의 영적인 아름다움은 악과 자신을 즉각적인 방식으로 대조하기보다는 자신의 운명의 한 순간으로 악을 끌어안는다.

소외 속에서 잔치를 벌이는 이러한 두 번째 형태의 악은 단지 도덕에서뿐만 아니라 종교와 철학에서도 발견된다. 조로아스터교, 마니교, 절대적 주관성의 철학 등등과 같이 헤겔은 고대와 근대의 모든 형태의 이원론에 대해 비판적이다. 이러한 것들은 선과 악의 원리들을 중재하지 않고 단지 남겨두기 때문이다. "무한한 것 혹은 보편적인 것의 반대편에서, 따라서 그것들과의 갈등 속에서, 자신을 유한하고 자율적인 것으로 유지하는 가장 폭넓은 의미에서의 유한성이 바로 악이 의미하는 것이다."[51] 이러한 철학적이고 종교적인 이원론에 대항하여 헤겔은 기독교의

---

47) Hegel, *Phenomenology of Spirit*, 380 (625절).
48) G. W. F. Hegel, *Aesthetics: Lectures on Fine Art*, trans. by T. M. Knox, 2 vols. (Oxford: The Clarendon Press, 1975), 67.
49) Hegel, *Phenomenology of Spirit*, 397 (656절).
50) Hegel, *Phenomenology of Spirit*, 408 (671절).

삼위일체적 유일신론을 긍정한다. 여기서 유한성과 악은 어떠한 절대적으로 분리된 독립성도 가지지 않으며, 오직 단일한 신성한 생명, 삶, 역사의 단계로서 존재할 뿐이다.

요약하면 악의 뿌리는 영의 자기중심성 혹은 자기내향성(*Insich-gehen*)에 있다. 악은 영의 어떤 존재 방식, 곧 즉각성의 첫 번째 단계나 혹은 소외의 두 번째 단계에서 고착되어버린 의식의 자기중심성이다. "자신의 내향성 속으로의 침잠에 존재하는 의식은 즉각적으로 자신을 자기 불화적으로 만들기 때문에, 내향적으로 방향지어진 의식의 가장 주도적 형태로서 악이 발생하게 된다"고 헤겔은 말한다.[52] 정신 혹은 영은 자신의 고정된 추상적 인격을 희생하기를 실패할 때 악하게 된다. 이런 추상적 자기 내향성으로서의 악의 성격은 기독교의 신론에서도 비판되고 있다. 헤겔은 내재적 삼위일체(immanent Trinity) 교리의 철학적 진리를 추상적인 단일론(monism, 사랑의 자신과의 놀이)이나 삼신론(tritheism, 중재되지 않은 소외)으로 보지 않고, 우정과 사랑의 상호내재적 교제에서 고립적 인격을 희생함으로써 구체적 인격을 다시 획득하게 되는, 윌리엄즈의 표현을 빌리자면, 일종의 "사회적 무한성"(社會的 無限性, social infinity)으로 해석한다.[53]

---

51) Hegel, *Lectures on the Philosophy of Religion*, Volume 2, 613.
52) Hegel, *Phenomenology of Spirit*, 468 (776절).
53) Williams, *Recognition*, 226. Cf. Hegel, *Lectures on the Philosophy of Religion*, Volume 3, 285-286. 나중에 헤겔의 존재신학으로서의 신정론 분석에서 살펴보게 되겠지만, 이처럼 내재적 삼위일체가 자신의 추상적 보편성의 죽음을 통해서 세계를 창조하고 그것과 의사소통함으로써 "사회적 무한성"에 도달하는 것이 헤겔의 신정론에서 인간 유한자의 하나님 인식이 가지는 중요성을 드러내어 준다. 하나님은 세계를 통해 처음으로 진정한 자신을 재인식하고, 마침내 세계적 삼위일체의 하나님이 되시는 것이다. 이에 대해 윌리엄즈는 다음과 같이 말하고 있다. "이것은 어떤 의미에서 하나님이 인간에게 의존하는가를 분명하게 하여 준다. 하나님은 존재하기(to be) 위해서 인간에게 의존하지는 않는다. 하지만 하나님은 재인식(recognition)을 위해서, 곧 구체적으로 중재된 자기 의식을 위해서 인간에게 의존한다." Williams, *Recognition*, 242, n. 21.

하나님은 오직 하나이다. 따라서 세 인격은 단지 순간적인 측면 혹은 단계로서 주어질 뿐이다. …사랑과 우정 안에서 인간은 자신을 유지하며, 그러한 사랑을 통해 자신의 주체성, 즉 인격을 획득하게 된다. 하지만 종교에서 만약 어떤 이가 추상적인 의미에서의 인격에 집착하게 된다면, 거기서는 세 신들을 가지게 된다. …더군다나 어떤 이가 화해되고 해소되지 않는 단계로서의 인격에 집착한다면, 그는 악을 가지게 된다. 왜냐하면 신성한 사유 속에서 자신을 희생하지 않는 인격은 악하기 때문이다. 바로 신성한 통일성 속에서 인격은 그것이 전제되는 한 해소된 것으로 전제된다. 오직 드러날 때에 인격의 부정성이 극복되고 지양된 것과는 구별되는 것처럼 드러날 뿐이다.[54]

IV. 악의 기원과 테오고니

헤겔의 악에 대한 기원론적 분석은 영으로서의 하나님, 전체로서의 하나님이라는 그의 존재신학의 맥락에서만 온전히 이해될 수 있을 것이다. 여기서 우리는 종종 악의 기원론적 관심과 연관되는 두 질문만을 다루고자 한다. 즉 헤겔은 결국 하나님을 악의 저자 혹은 악의 기원으로 만들지 않는가 하는 것이다. 또 다른 질문은 그렇게 함으로써 헤겔이 결국 선과 악을 동일한 것으로 만들지 않는가 하는 것이다.

첫째로, 화이트헤드의 하나님이 우주를 사소함에서 탈출하여 느낌의 강도와 가치의 확장이 이루어지는 방향으로 나아가도록 유혹한 것처럼, 헤겔의 하나님도 추상적인 사랑의 자기 자신과의 놀이로부터 자신을 타자의 우주로서 외화시켜서 유한한 피조물이 자유롭게 존재하도록 하였다고 해석할 수 있을 것이다. 화이트헤드와 헤겔 둘 다 하나님의 창조적인 목적의 우선권을 인정한다. 화이트헤드의 하나님이 미학적 느낌을 목표한다면, 헤겔의 하나님은 전체의 과정 속에서 자유의 공동체의 실현을

---

54) Hegel, *Lectures on the Philosophy of Religion*, Volume 3, 193-194.

목표한다. 여기에는 일종의 병행적인 유사성이 발견된다. 둘 모두 하나님이 논리적으로 반대되는 유형의 악을 피하기 위해서 어떤 유형의 악은 가능하도록 허락하는 것으로 제안한다. 사소함 혹은 즉각성의 악을 피하자면 파괴적인 부조화 혹은 소외의 악의 가능성을 감수해야만 한다. 후자의 악이 허락되지 않았다면, 반대로 전자의 악이 논리적으로 발생할 수밖에 없을 것이다. 이런 측면에서 하나님은 인간의 인간에 대한 비인간성을 회피하고자 인간 자체의 창조를 회피하지는 않았다는 그리핀의 진술이 이 둘을 다 적절하게 요약하는 듯하다.[55] 인간 자체가 존재하기 위해서 비인간성 혹은 악의 조건이 허용된 것이다. 하지만 화이트헤드와 헤겔의 병행은 완벽한 일치는 아니다. 화이트헤드는 악의 궁극적인 근거 혹은 기원을 하나님의 외부에, 혹은 창조성이라는 동일하게 영원한 우주적 원리에 둘 수 있었다. 하지만 헤겔은 그럴 수 없었으며, 그렇게 하고자 원치 않았다. 또한 사소함과 부조화라는 화이트헤드의 반대 원리는 우주의 비극적인 형이상학적 구조를 이루고 있는 반면, 즉각성과 소외라는 헤겔의 반대 원리는 하나님 자신의 신학적 존재 구조를 구성하고 있다. 헤겔에게는 창조의 선재하는 물질은 없었으며 오직 태초에 하나님 자신만이 존재하였을 뿐이다. 요컨대 우리가 헤겔에게서 발견하게 되는 것은 "무로부터의 창조(creatio ex nihilo) 교리에 대한 하나님으로부터의 창조(creatio ex Deo)라는 해석"이다.[56] 하나님이 세계를 무로부터 창조하셨다는 것은 하나님이 세계를 하나님 자신으로부터 창조하셨다는 것과 동일하다. 결과적으로 하나님의 형이상학적 궁극성을 희생함으로 하나님의 선하심을 구출하는 화이트헤드의 길이 형이상학적 단일론에 대한 비판이었다고 한다면, 헤겔은 하나님의 형이상학적 궁극성을 포기하지 않으면서도 악의 기원의 문제를 해결해야 하는 난제를 스스로 부과하는 것이다. 헤겔의 하나님이 악의 가능성의 기원이 될 수밖에

---

55) David Ray Griffin, *God, Power, and Evil* (Philadelphia: Westminster Press, 1976), 309.
56) Cyril O'Regan, *The Heterodox Hegel* (Albany: SUNY Press, 1994), 146.

없는 이유가 여기에 있다. 그것이 바로 유일신론이라는 신학적 문법의 궁극적인 의미이기 때문이다. 처음에 하나님 밖에는 아무것도 없었다.

먼저 헤겔은 하나님과 악의 기원론적 관계에 대한 불충분한 접근 양식으로서 종교의 그림적 사유(*Vorstellung*)와 계몽주의의 오성(*Verstand*)을 둘 다 비판한다. 이 둘 모두 하나님과 악 사이의 내적인 필연성의 관계를 설명할 수 없기 때문이다. 이러한 사유의 형식들은 하나님을 순전하게 긍정적이고 혼합되지 않은 선으로만 여길 수 있을 뿐이며, 따라서 단지 생명 없고 영혼 없는 "이다"(is), "그리고"(and), "또한"(also) 등등의 외부적 관계설정을 통해서만 하나님과 악의 존재를 함께 사유할 수 있을 뿐이다.57) 마치 사과와 오렌지를 각각의 옆에 위치시키듯, 하나님과 악도 그렇게 그저 떨어져 공존하는 것 정도로 제안한다. 헤겔에게 있어 이러한 경험주의적인 설명 방식은 진정한 설명을 제공하지는 않는다. 이러한 외부적 관계로서의 설명은 하나님은 바깥이 없으신 절대자라고 하는 유일신론의 진리를 증명하지는 못한다. 설명되어야 할 문제는 단지 사과와 오렌지처럼 '하나님 그리고 악'이 아니라 '하나님 안의 악'이기 때문이다. 이러한 사변철학의 진리는 오직 이성(*Vernunft*)의 개념적 언어를 통해서 표현될 수 있을 뿐이고, 여기에서 긍정적인 것과 부정적인 것은 기계적으로 단순히 분리되는 것이 아니라 서로의 안에서 재발견되는 것이라고 헤겔은 본다. 오직 개념 혹은 사유만이 이러한 일을 할 수 있다는 것이다. 헤겔이 의미하는 개념은 바로 자신을 자신 속으로부터 타자 속으로 비우는 것, 곧 정신 혹은 영의 활동이며 자기 구분이기 때문이다. 따라서 앞에서 이미 언급했듯, 악의 기원의 문제는 보다 정확한 사변철학적 형태로 다음과 같이 표현될 수 있다: "어떻게 부정적인 것이 긍정적인 것 속으로 들어올 수 있는가?"58)

이 문제는 《정신현상학》에서 아주 농축적이고 집약적으로 다루어지

---

57) Hegel, *Phenomenology of Spirit*, 473 (780절); *The Encyclopaedia Logic*, 50 (20절 진술); *Lectures on the Philosophy of Religion*, Volume 1, 401.

58) Hegel, *Philosophy of Right*, 255 (139절, 추가부분).

고 있다. 헤겔은 "자기중심성"으로서의 악의 기원을 단지 "존재하는 세계"에서 멈추지 않고 거기로부터 더 거슬러 올라가서 "사유의 원초적 영역"에서 찾는다. 이것이 바로 헤겔이 빛의 첫 번째 자식인 루시퍼와 그의 타락에 대한 뵈메(Böhme)의 신화론적 그림 언어를 해석하는 방식이다. 하지만 헤겔은 한걸음 더 나아가서 그 기원을 타락한 천사들이나 루시퍼를 지나서 하나님 자신의 내적인 사유 곧 "영원한 존재 속에 있는 타자성의 단순한 사유"에서 찾는다.

> 만약 우리가 다른 다양한 [그림적 사유의] 형태들을 영원한 존재 속에 있는 타자성의 단순한 사유(the simple thought of *otherness* in the eternal Being)와 결합시키고 이것들에게 자기중심성의 책임을 전가시킨다고해도 달라질 것은 없다. 사실 이러한 결합은 반드시 승인되어야 한다. 왜냐하면 그러한 결합을 통해서 이러한 타자성의 순간이 또한 다양성을 표현하게 된다.[59]

종교적이고 신화론적인 그림 언어는 생동감 넘치게 악의 기원을 서술하여 준다. 아담, 이브, 뱀, 타락한 천사들, 루시퍼 등등의 이야기는 악의 기원론적 계보를 제공한다. 하지만 문제는 이러한 그림적 사유의 여러 형태들이 궁극적으로는 그 설명의 신학적 끝이 될 수는 없다. 이러한 형태들은 영원한 하나님의 존재에 기초해서만 이해 가능성을 가지기 때문이다. 따라서 헤겔은 타락한 피조물들에 대한 설명을 더 거슬러 올라가서 하나님의 영원한 삼위일체적 존재 속에 이미 내재하는 어떤 타자성을 언급하고 있다. 이러한 타자성이 이미 하나님의 존재 속에 있었기에 그것이 세계 속에서 다양성으로 표출되는 것이다. 헤겔은 우리로 하여금 이처럼 악의 세계 내에서의 기원을 세계 이전 하나님의 창조적 존재 속의 타자성에 결합시키는 것을 승인하도록 요구하는 것이다. 이러한 진술 바로 다음에 헤겔은 일종의 사변철학적 우주발생론을 제공하고 있다. 여

---

59) Hegel, *Phenomenology of Spirit*, 468-469 (776절).

기에 따르면, 기독교의 내재적 삼위일체 교리를 연상시키듯 "일자"(*Ein*) 혹은 "차이성의 사유, 그러나 오직 하나인 사유"(the *thought* of the difference which is only one thought)에서 모든 것이 시작된다. 이러한 일자에서 "통일 속에 있는 사중성"(삼위일체와 천사들), "일자 속의 다섯"(삼위일체, 선한 천사, 타락한 천사), 그리고 마지막으로 "다양성"(세계)이 생겨나게 된다.[60] 우리가 헤겔의 이러한 진술에서 궁극적으로 관심하고자 하는 것은 영지주의적인 혹은 신플라톤주의적인 우주발생론 자체가 아니라, 악조차도 하나님의 존재 바깥에 있을 수는 없다는 기독교의 삼위일체론적 유일신론의 궁극적 함의를 헤겔이 드러내고자 시도하고 있다는 것이다. 궁극적으로 말해서, 세계(世界)의 존재는 "신성한 존재의 '타자'가 됨"(the *othering* of the divine, *das* Anderswerden *des göttlichen Wesens*)이며, 세계의 악은 종교의 그림적 사유가 원하는 것처럼 단지 "신성한 존재와는 상관없는 사건"일 수는 없는 것이다. 철학적 만유재신론의 진리는 세계가 하나님 안에 있다는 것을 나타내는 것이지, 그 역이 아니다. 또한 "하나님의 분노"와 같은 종교적 이미지조차도 이러한 하나님 안의 악의 존재에 대한 사변철학의 진리를 드러내어 주고 있다.[61]

> 만약 우리가 그림적 사유가 진행되어가는 과정을 보다 더 살펴보면, 신성한 존재가 인간성(人間性)을 가지게 되었다는 선포를 발견하게 된다. 여기서 이미 이 둘은 그 자체들로서 분리되지 않는다는 것이 주장되고 있는 것이다. 마찬가지로, 신성한 존재가 태초부터 자신을 외화(外化)시키며, 그러한 현존재[*Dasein*]가 자신 속으로 침잠하여 자기중심적이 되고(becoming self-centered, *in sich gehen*) 악(*böse*)하게 된다는 선포에서, 비록 공공연하고 분명하게 주장되지는 않았지만, 이러한 악한 존재도 그 자체로 신성한 존재의 외부에 존재하는 어떤 것이 아니라는 것이

---

60) Hegel, *Phenomenology of Spirit*, 469 (776절).
61) Hegel, *Phenomenology of Spirit*, 470 (777절).

발견된다. 절대적 존재에게 진실로 '타자'가 있다면, 절대적 존재로부터의 '타락'이 있다면, 그러한 절대적 존재는 단지 공허한 이름일 뿐이다. 반대로 자기-안에-있음(being-within-self, Insichsein)의 순간이 '자기'로서의 정신/영의 본질적인 단계(the essential moment of the Self of Spirit, das wesentliche Moment des Selbsts des Geistes)를 구성한다.[62]

헤겔은 만약 "*Insichsein*"(자기-안에-있음, 자기중심적임, 악함)이나 "*Insichgehen*"(자기-안으로-감, 자기내향성, 자기중심적이 됨, 악하게 됨)이 절대자의 바깥에 있다면, 그러한 절대자는 유한한 절대자 혹은 가짜 절대자일 것이라고 주장한다. 악을 포함한 존재 전체를 그 속에 포괄할 때에만 절대자의 진정한 의미가 성립될 수 있는 것이다. 그래서 위의 진술을 두고 핀들리(J. N. Findlay)는 이렇게 해석하고 있다. "천사들의 악 혹은 인간들의 악에서 하나님이 그 자신으로부터 소외되었다는 것은 그러한 악이 사실 하나님의 바깥에 놓여있다는 것을 의미하지 않는다. 하나님으로부터 멀어진다는 것은 멀어지게 곧 희미하게 하나님이라는 것이다. 어떤 것도 절대적 존재 바깥에 있을 수 없다. 악의 뿌리인 자기중심성 곧 *Insichgehen*은 절대자의 삶에 있어서 본질적인 단계이다."[63] 바로 이러한 이유에서 오레건(Cyril O'Regan)은 폴 리꾀르의 구분을 이용하며 헤겔이 "악의 발생에 대한 인간발생학적(人間發生學的, anthropogonic) 설명이 아니라 신발생학적(神發生學的, theogonic) 설명"을 제공한다고 제안한다. 왜냐하면, 헤겔에게서는 "루시퍼의 자기내향성이 하나님의 '타자'(他者)의 행동(the act of the *other* of God)이 아니라 하나님의 '타자화'(他者化)의 행동(the act of the *othering* of God)으로 이해되기 때문이다."[64]

---

62) Hegel, *Phenomenology of Spirit*, 471 (780절).
63) Hegel, *Phenomenology of Spirit*, 588에 제공되고 있는 780절 분석을 보라.
64) O'Regan, *The Heterodox Hegel*, 143 그리고 156. Cf. Paul Ricoeur, *The Symbolism of Evil* (Boston: Beacon Press, 1967), 325; idem, *The Conflict of Interpretations* (Evanston: Northwestern University Press, 1974), 269-286.

따라서 헤겔이 하나님을 악의 저자로 만드는가라는 질문에 대한 대답은 "하나님의 타자화의 행동"을 어떻게 해석하는가에 달려있다. 타자화의 주체 혹은 저자는 분명하게 하나님이다. 하지만 하나님의 타자화는 악의 창조인가 혹은 악의 가능성의 창조인가? 타자화의 결과로서의 세계는 악한 것일까 혹은 악한 가능성을 가지는 것일까? 둘 다 가능하며 쉽지 않은 해석이다. 후자의 입장이 보다 더 설득력을 가질 듯하다. 예를 들어, 화이트헤드의 하나님은 사소함의 악을 적극적으로 부정하고자 세계를 창조적 모험을 향해 격려하고 유혹하였다. 그러한 창조적 모험은 그 자체로 선한 것이지만, 또한 부조화의 독점적 존재라고 하는 악의 조건과 가능성을 제공하기도 한다. 이와 유사하게, 헤겔의 하나님은 사소한 즉각성 혹은 자기중심성의 악을 적극적으로 부정하고자 자신의 신성한 존재 속에 세계를 구분하게 된다. 하지만 이러한 분리는 소외라고 하는 악의 조건 혹은 가능성을 제공한다는 것이다. 이러한 해석이 하나님의 바깥에 악이 존재하지 않는다는 것을 부정하려는 것은 아니다. 악은 분명 절대적 존재 전체로서의 하나님 내부에서 발생한다. 후자의 해석은 하나님 안의 악의 존재와 하나님의 악을 행함 사이의 논리적 구분을 어떤 방식으로든 설정하려고 한다. 이는 나중에 논의하게 될 동일성과 통일성에 대한 헤겔의 구분과도 관계가 있을 수 있다. 어쨌든 후자의 해석이 가지는 난점은 어떻게 악의 조건 혹은 가능성이 실제적 악으로 실현되는지, 어떻게 악의 가능성이 악의 현실성으로 변하는지 설명하는 것이다. 이 전환의 주체는 누구인가? 하나님이 주체가 된다면 모든 의미있는 신학적 담론의 문법은 파괴의 위협에 놓일 것이다. 하나님의 타자 혹은 사탄이 그러한 주체가 될 수도 없다. 사탄은 피조물과 다른 어떤 우월한 존재론적 지위를 헤겔의 철학에서 누리지는 않기 때문이다. 과정철학에서처럼 창조성의 가설이 도입될 수도 없다. 남은 것은 결국 다시 인간, 천사 등등의 자유로운 피조물의 가능성인데, 하지만 어떻게 그리고 왜 그러한 악의 현실화의 주체가 되어야만 하는가? 이러한 전환이 헤겔의 사유 속에 존재하는 일종의 논리적 전개의 필연성에 기초하고 있다고 생각하는 해석자들도 있는 듯하다. 그러나 필자는 이 점에서 헤겔이 불분명하다고 생각한다. 악의 현실화의 기원의 이유없음만을 거기에서 볼 뿐이다. 결국 하나님이 악의 저자인지 혹은 악의 가능성의 저자인지의 질문은 명백하게 대답되지 못하는 것으로 남게 되고, 단지 우리가 분명히 알 수 있는 것은 어떤 경우든 악이 하나님의 존재 안에 있게 된다는 헤겔의 철학적 제안이다.

이 부분을 시작하며 물었던 두 번째 질문과 관련하여, 헤겔이 선과 악을 거의 동일하게 여기는 인상을 주기도 한다. 악의 기원에 대한 그의 테오고니(theogony) 곧 신발생학(神發生學)적 설명이나 그의 재판관과 죄인의 변증법을 고려할 때 더욱 그러하다. 선이 악이 되고, 악이 선이 된다. 더군다나 놀랍게도 동일한 개념적 범주인 "*Insichgehen*"이 한편으로 "자기 속으로의 침잠" 혹은 "자기중심성"으로서의 악(evil)을 가리키는 것으로 사용될 뿐만 아니라, 다른 한편으로 "자기 속으로의 귀환"으로서의 절대적 앎(absolute knowledge)의 가능성을 가리키는 것으로도 사용된다.[65] 마치 영원의 순환처럼 시간이 스스로를 구부리는 듯하다. 그렇다면 헤겔은 단지 선과 악을 동일시함으로써 악의 문제를 해체하려고 하는 것이 아닐까? 그러나 이러한 결론은 헤겔 자신에 의해 고집스럽게 거부되었다. 왜냐하면 이러한 입장은 선과 악 둘 사이의 동일성과 통일성이라는 논리적 차이를 무시하기 때문이라는 것이다. 전체로서의 하나님 안에서 선과 악은 "추상적이고 영혼 없는 동일성(同一性, Identität)"의 관점에서는 같은 것으로 여겨질 뿐이나, "구체적인 영의 통일성(統一性, Einheit)"이라는 관점에서는 서로 다른 두 단계들로 여겨진다는 것이다.[66] 동일성의 철학은 단계들의 구체성이 정작 중요한 점이라는 핵심을 놓치고 있다. 여기서 헤겔의 가장 주된 논쟁은 그 즉각적인 동일성에 있어서 선이 악이고 악이 선이라는 것이 아니라, 정신의 자기 실현의 과

---

65) Hegel, *Phenomenology of Spirit*, 468 (776절) 그리고 492 (808절).
66) Hegel, *The Encyclopaedia Logic*, 7 (제2판의 "서문").

정에서 선이 악이 되고 악이 선이 된다는 주장이다.

> 만약 이러한 화해가 악이 그 자체로 선과 동일하다거나, 신성한 존재는 그 전체의 크기에 있어서 자연과 동일하다거나, 신성한 존재와 구분되어서 자연은 단지 아무 것도 아니다라는 것을 개념적으로 표현하는 것이라고 이해된다면, 우리는 이러한 것을 영적이지 못한 이야기 방식이며 따라서 오해를 필연적으로 가져올 방식으로 여겨야만 할 것이다.[67]

만약 어떤 이가 선과 악을 "동일한 것"으로 말하고자 한다면, 그는 또한 그것을 "완전히 다른 것"으로 동시에 말해야만 한다고 헤겔은 본다. 그의 진리에 대한 사변철학적 개념에서 이 두 주장은 오직 반쯤만 진리이기 때문이다. 이 둘 중 어느 것도 진리가 아닌 것은 "진리는 바로 그것들의 운동이기 때문이며", "이 두 명제들이 함께 주장될 때 전체(全體, das Ganze)가 오직 완성되기 때문이다."[68] 전체로서의 영의 진리와 단지 "동일하다"(is)는 계사로 연결된 반쯤 진리의 대조에 따르면, 사유의 망각성은 "영이 운동이다"라는 것의 망각성에 다름이 아니다.[69] 동일성의 교조주의를 피할 수 있는 유일한 방법은 구체적 차별성을 지니는 단계들과 더불어, 그것들이 하나님의 삶 속에서 지니는 영적인 통일성을 동시에 보여주는 것뿐이다.

    헤겔의 자석(磁石)의 메타포는 선과 악의 변증법적 통일성을 설명하는데 도움이 될 듯하다. 만약 하나의 단일한 자석을 그 중간에서 부러뜨리면, 우리는 두 개의 자석을 다시 가지게 된다. 이러한 두 자석들에서 우리는 모두 합해서 네 개의 새로운 극들과 두 개의 중간점 혹은 "무관

---

67) Hegel, *Phenomenology of Spirit*, 472 (780절). 헤겔은 스피노자에 대한 어떤 해석(F. A. G. Tholuck)을 "선과 악의 구분을 없애는 것"으로 언급하고 있다. Hegel, *The Encyclopaedia Logic*, 8 각주. 하지슨은 셸링과 브루노(Giordano Bruno)를 또한 제시한다. Hodgson, *G.W.F. Hegel*, 273 n 22.
68) Hegel, *Phenomenology of Spirit*, 472 (780절).
69) Hegel, *Phenomenology of Spirit*, 473 (780절).

심점"을 가지게 된다. 여기서 헤겔이 주장하려는 것은 과거의 오래된 종합으로서의 하나의 중간점의 위치는 이제 새로운 자석들의 음극과 양극으로 변화되었을 뿐 아니라, 나누어진 두 개의 자석들에서 두 개의 새로운 종합으로서의 중심점들을 결과적으로 가져왔다는 것이다.[70] 그리고 두 개의 부러진 자석들은 물리적인 방식으로 다시 결합될 수는 없으나, 동일한 자기장의 심층구조는 그것들을 영적인 방식으로 다시 결합시킨다. 이처럼 절대자는 부러짐 혹은 모순의 얼룩으로부터 움츠러들지 않으며, 오히려 그것을 자기 자신의 변증법적 순간으로서 끌어안게 되는 것이다. 바로 이것이 절대자가 자신을 전체의 변증법적 운동의 과정으로서 번식하는 방식이다. 헤겔은 전체로서의 하나님을 '원들의 원'으로 묘사한다. 원 안에 원이 새로 생기고, 다시 새로 생긴 원 안에 더 작은 원이 생긴다. 하지만 이 모든 원들은 순환운동이라는 동일한 이성의 리듬을 공유한다. 이성의 교활함은 바로 이러한 자유의 깊은 신비에 놓여있다. 자유의 실현으로서의 이성은 역사 속에서 자신을 잃은 듯하지만, 자신의 변증법적인 심층구조를 잃어버리지는 않는다. 요컨대 헤겔은 악과 선을 단순히 동일화시킨 것이 아니라, 자유의 이성적 실현으로서의 영의 운동에서 이 둘의 통일성을 본 것이다. 이처럼 "철학 전체는 통일성의 정의(Bestimmung der Einheit)에 대한 공부일 뿐이다."[71]

---

70) Hegel, *The Difference between Fichte's and Schelling's System of Philosophy*, trans. by H. S. Harris and Walter Cerf (Albany: State University of New York Press, 1977), 151, 151 n 71, 그리고 169-171.

71) Hegel, *Lectures on the Philosophy of Religion*, Volume 1, 379. 여기서 "Bestimmung"은 정의(definition)으로 번역될 수 있으나, 또한 절대 정신 혹은 절대 영의 자기 실현의 구체적 모습들(determinations)을 의미하기도 한다.

2장 헤겔의 신정론

헤겔은 라이프니츠의 신정론에 대한 비판을 제외한다면, 자신의 사유를 설명하기 위하여 '신정론'이라는 말을 매우 드물게 사용하였다. 그래서 신정론에 대한 아래의 일곱 번의 헤겔의 진술은 이 문제에 있어서 우리에게 결정적인 단서들을 제공하고 있다. 그것들은 크게 세 부류로 나눌 수 있는데 철학 혹은 학문에 대한 진술, 종교에 대한 진술, 그리고 역사에 대한 진술이 그것이다.

먼저 철학과 학문에 대한 진술을 보도록 하자. 예나의 전투가 끝나고 《정신현상학》의 전체 원고가 서문과 함께 1807년 1월 10일에 출판사에 보내어진 이후에, 헤겔은 이전에 예나에서 자신의 학생이었던 젤만(Christian Gotthold Zellman)에게 1월 23일에 편지를 썼다. 이 편지에서 프랑스 혁명이 지닌 의미에 대해 성찰하면서 헤겔은 신정론에 대한 그의 가장 초기의, 그리고 어쩌면 가장 핵심을 드러내는 진술을 하게 된다.

학문만이 오직 신정론이다(Die Wissenschaft ist allein die Theodizee). 마치 제국의 운명이 언덕 하나를 점령하거나 점령하지 못한 것에 달려

있다는 듯이, 그렇게 동물의 우매한 경이로움으로 사건들을 보지 않도록 학문은 만들며, 좀 더 영리하게는 사건들을 순간의 우연이나 한 개인의 재능으로 돌리지 않도록 만든다. 학문은 부정의의 승리나 정의의 패배를 슬퍼하지 않도록 만든다.[1]

《정신현상학》의 독일어 원문 제목이 《학문의 체계: 제1부, 정신현상학》 (*System der Wissenschaft. Erster Theil, die Phänomenologie des Geistes*)이라는 사실에서도 보여지듯, 헤겔은 여기서 학문만이 오직 신정론이라는 자신의 주장을 증명하려고 최초로 시도하고 있는 것이다. 학문으로서의 신정론만이 우리를 역사의 외부적 사건들이나 역사의 경험론적 견해에 대한 감정적이고 감상적인 반응으로부터 지켜준다는 것이다. 보다 나중에 철학사에 대한 자신의 강의를 마감하며 헤겔은 이와 유사한 진술을 다시 반복한다.

> 따라서 철학은 진정한 신정론이다. 예술이나 종교, 그리고 그것들이 초래하는 감정들과는 구분된다. 그것은 영의 화해, 곧 그 자신의 자유와 그 자신의 풍부한 현실적 모습들 속에서 자기 자신을 이해한 영의 화해이다.[2]

둘째로, 1824년의 종교철학 강의 서론에서 헤겔은 자신의 강의 전체의 구조를 먼저 조망하면서 종교철학 전체를 신정론에 관련시킨 적이

---

1) Walter Kaufmann, *Hegel: Reinterpretation, Texts, and Commentary* (London: Weidenfeld and Nicholson, 1966), 318. 전체 편지의 영문 번역으로는 Clark Butler and Christiane Seiler trans., *Hegel: The Letters* (Bloomington: Indiana University Press, 1984), 122-123을 보라. 독일어 원문으로는 Johannes Hoffmeister ed., *Briefe: Von und An Hegel,* vol. 1 (Hamburg: Meiner, 1952), 137-138을 보라.
2) G. W. F. Hegel, *Lectures on the History of Philosophy, vol. 3: Medieval and Modern Philosophy,* trans. E. S. Haldane and Frances H. Simson (Lincoln and London: University of Nebraska Press, 1995), 546. 이러한 마지막 강의는 1817, 1818, 1819, 1821, 1824, 1828, 그리고 1830에 계속 일곱 번이나 반복되었다.

있다. "이러한 절차는 일정정도는 신정론이 될 것이다."³⁾ 헤겔의 종교철학 강의 영문 번역본의 편집자인 하지슨이 지적하고 있듯, 헤겔은 자신의 "종교철학"을 전통적인 하나님의 변증으로 제시하고 있다는 것이다.⁴⁾

마지막 셋째로, 헤겔은 역사에 대한 철학적 이해 곧 역사철학을 신정론이라고 최소한 네 번 이상 언급하고 있다. 세계사의 철학적 이해 곧 "우리의 탐구는 신정론으로, 하나님의 방식의 옹호로 보일 수 있다."⁵⁾ 역사철학 강의 결론에서 헤겔은 역사적 신정론의 주제로 다시 돌아온다.

> 그 연대기가 보여주는 모든 변화하는 사건들과 함께, 세계의 역사는 이러한 정신 혹은 영의 발전과정이며 실현이다. 이것이 진정한 신정론(Theodicaea), 곧 역사 안에서의 하나님의 옹호(die Rechtfertigung Gottes in der Geschichte)이다. 오직 이러한 통찰만이 정신 혹은 영을 세계의 역사와 화해시킬 수 있다. 즉 이미 일어난 것과 오늘날 일어나는 것은 "하나님 없이" 된 것이 아닐 뿐만 아니라, 본질적으로 그의 사역이다.⁶⁾

이처럼 세계사 자체가 신정론이라는 헤겔의 신념은 자신의 《엔찌클로페》와 《철학사 강의 》에서 다시 재확인된다. 신의 섭리에 대한 기독교의 사상에서, "역사철학은 신정론의 중요성을 가지게 된다."⁷⁾ 마지막으로, 철학사 강의에 나오는 진술을 보자.

> 이러한 하나님의 뜻이 지니는 합리성과 또한 필연성이 이제 고려되어야 하며, 이것은 신정론 혹은 하나님의 옹호, 즉 우리의 사상(Idee)의 입증이라 불릴 수 있을 것이다. 바로 전에 내가 말했듯, 그것은 세계 속에서

---

3) Hegel, *Lectures on the Philosophy of Religion*, Volume 1, 147. 또한 184도 참조하라.
4) Hegel, *Lectures on the Philosophy of Religion*, Volume 1, 147 n 76.
5) Hegel, *Lectures on the Philosophy of World History*, 42.
6) G. W. F. Hegel, *Philosophy of History*, trans. J. Sibree (New York: Dover Publications, Inc., 1956), 457.
7) Hegel, *The Encyclopaedia Logic*, 222 (147절 추가 부분).

일어난 사건들은 합리적이라는 증명이다. 세계의 역사는 정신 혹은 영(Geist)의 역사의 한 부분으로서 정신 혹은 영의 과정이며, 그것은 자기 자신의 성찰로 돌아가 자신이 무엇인지에 대한 의식에 도달해야 한다.[8]

우리는 이러한 신정론에 대한 헤겔의 일곱 번의 진술들을 이해하기 위해 그것들을 다시 세 개의 주제로 세분화해서 보고자 계획한다. 즉 필자는 헤겔의 신정론이 그 형식(form)에 있어서 철학 혹은 학문이며, 그 변증의 자리(locus)는 역사이며, 그 실체적인 논리(logic)는 존재신학이라고 제안하고자 한다. 이러한 형식, 자리, 논리를 차례로 살펴보도록 하자.

I. 철학 혹은 학문으로서의 신정론

"학문만이 오직 신정론이다." 거의 항상 그러하듯, 이러한 난해하고 집약적인 헤겔의 진술은 그의 철학 전체의 결과를 전제할 때에만 제대로 이해할 수 있을 것이다. 특히 신정론의 형식과 관련하여 이 진술의 의미를 밝히기 위해서는 몇 가지 하위 주제들, 곧 진리의 예술적이고 종교적이고 철학적인 표현 형식들의 차이, 라이프니츠 신정론의 비판, 인식이라는 형식의 중요성, 그리고 체계로서의 철학과 같은 주제들을 고찰해보아야만 한다.

헤겔은 신정론에 대해 자주 언급하지는 않는다. 이는 그가 신정론 프로젝트를 거부하였기 때문이 아니라 이러한 신정론 프로젝트의 비학문적이고 비철학적인 형태를 경계하고자 하기 때문이다. 헤겔은 신정론이 지녀야할 적합한 형식이 학문적인 철학이어야 한다고 생각했다. 예를 들어 세계 역사가 곧 신정론이란 주장은 그것이 즉각적이고 경험적인 모

---

8) Hegel, *Lectures on the History of Philosophy*, vol. 3, 7-8.

양에서 그렇다는 것이 아니라 세계 역사의 철학적 이해 안에서만 그러하다는 것이다. 종교철학의 경우도 마찬가지이다. 초창기에 청년 헤겔은 진리의 지성적 통찰을 획득하는 문제에 있어서 예술, 종교, 철학이 상호 보완적인 진리의 표현 양식이 될 수 있는 가능성에 지대한 관심을 가졌다. 하나님에 대한 종교적 직관은 한편으로 우리의 무의식적인 마음의 표현으로서의 예술을 통해 발전되고, 다른 한편으로 우리의 의식적인 마음의 표현으로서의 철학을 통해서도 발전된다고 본 것이다. 여기서 철학적 사유의 우월성은 단지 비본질적인 어떤 것으로 여겨졌다.[9] 더 본질적으로 중요한 것은 예술, 종교, 철학이라는 이 세 표현 양식들이 모두 하나님의 절대적 삶 혹은 하나님의 생명의 역사를 그 내용으로 공통적으로 가진다는 사실이다.

> 이러한 방식으로 사변적 사유는 의식이 가지는 우월감을 제거할 수 있다. 어떤 경우든 우월감이란 단지 비본질적인 어떤 것이다. 예술과 사변적 사유 둘 다는 그 본질에 있어서 신성한 하나님께 드리는 예배(*Gottesdienst*)이다. 둘 다는 절대적 생명의 살아있는 직관이며, 따라서 그것과 하나가 되는 것이다.[10]

예술, 종교, 철학이란 절대자 하나님에게 드리는 예배의 '다른' 방식들이라는 사실은 헤겔의 사유의 후경(後景)으로 항상 전제되고 있으나, 그 사유의 전경(前景)에서 청년 헤겔은 그것들이 모두 그 본질적 내용은 공통적으로 공유한다는 사실에 보다 천착하고 있는 것으로 보인다. 로젠크란츠가 보고하고 있듯, 1802-3년경의 헤겔의 마음 속에서 "사변적 지식은 그 주제의 문제에 있어서는 종교에 비해 어떤 우월한 특권적 지위

---

9) 오히려 청년 헤겔은 유산과 무한 사이의 대립을 극복하는 종교와 비교할 때 "철학은 종교에 조금 못미치는 것일 수밖에 없다"고까지 말한 적이 있다. G. W. F. Hegel, *Early Theological Writings*, trans. T. M. Knox (Philadelphia: University of Pennsylvania Press, 1975), 313.
10) Hegel, *The Difference between Fichte's and Schelling's System of Philosophy*, 172.

도 가지지 못했다."[11] 더군다나 예술과 종교와 철학이 동일한 주제와 내용을 가진다는 헤겔의 근본적 신념은 나중의 후기 사상에 가서도 결코 포기된 적이 없었다.[12]

하지만 1803년 여름 이후로 헤겔은 절대진리의 표현 양식들로서 예술, 종교, 철학의 상호보완성과 상호의존성에 대한 강조보다는 진리의 가장 높은 표현 양식으로서의 철학과 그 개념적 사유에 대한 강조를 하기 시작한다. 또한 이러한 표현 양식들의 상호보완성은 이제 그것들 사이의 순차적 질서 혹은 발달 순서를 가지는 것으로 다시 생각된다. 예를 들어 《대논리학》에서 이러한 전환은 매우 분명해지고 있다:

> 철학은 예술과 종교처럼 같은 내용과 같은 목적을 가진다. 하지만 철학은 절대사유를 이해하는 가장 높은 양식이다. 철학의 양식은 가장 높은 양식, 즉 개념이기 때문이다.[13]

해리스의 분석에 따르면, 이러한 변화는 "주체(主體)와 객체(客體)가 동일하지는 않다"는 헤겔의 발견과 관련이 있다.[14] 영은 자연이라는 객체적 양식에서 서서히 자신을 영성화시켜가는 과정을 거치면서 인간의 언어에 이르러서 자신의 주체로서의 존재 양식에 가장 적합하고 투명한 표현 양식을 발견하게 되어간다는 것이다. 따라서 예술, 종교, 철학은 이러한 순차적인 영성화 과정의 어떤 지점에 위치하는가에 따라 그 표현 양식의 적합성이 평가되기 시작한 것이다. 헤겔은 이처럼 1803년 혹은

---

11) Hegel, *System of Ethical Life and First Philosophy of Spirit*, 179.
12) 예를 들어, 헤겔은 자신의 종교철학 강의에서 "철학은 신학이다"라고 말하며, 이 둘 다 본질적으로 "신성한 하나님께 드리는 예배"(Gottesdienst)라고 주장한다. Hegel, *Lectures on the Philosophy of Religion, Volume* 1, 84. 그의 예술철학 강의에서도 예술, 종교, 철학은 모두 절대정신의 영역에 속하는 것으로 "신성한 하나님께 드리는 예배"라는 생각을 재확인한다. Hegel, *Aesthetics*, 101.
13) G. W. F. Hegel, *Science of Logic,* trans. A.V. Miller (New York: Humanity Books, 1999), 824.
14) Harris, *Hegel's Development: Night Thoughts*, 225 그리고 239.

1804년경에 존재(存在)와 사유(思惟)는 동일하지 않으며, 실체(實體, substance)의 진리는 그 본질에 있어 주체(主體, subject)라는 신념을 발전시킨 것으로 보인다.

헤겔의 《미학》은 예술의 '감각적인 직관'(*Anschauung*), 종교의 '그림적 사유'(*Vorstellung*), 그리고 철학의 '개념적 사유'(*Begriff*)라는 절대진리의 표현 양식들을 다음과 같이 우열적으로 비교하고 있다. 예술은 처음으로 절대자의 진리를 우리 마음 속에 "감각적 직관의 형식"(the form of *sensuous intuition, die Form der* sinnlichen Anschauung)을 통해 전달한다.[15] 예술은 이전의 미신이나 자연숭배에서처럼 어떤 자연의 한 부분을 그대로 신성함으로 숭배하는 것을 넘어선다. 아테네의 시민들이 자신들의 여신 아테나의 거대한 신상을 만든 경우에서처럼, 그리스의 시인들과 예술가들은 "자신들의 신들의 창조자들"이 되었으며 그들의 도시와 광장에 신성의 구체적인 예술적 표현들을 건설하였다.[16] 하지만 예술의 이전이 있듯이 예술의 이후도 도래한다. 예술이 절대정신 혹은 절대영의 최초의 즉각적이고 감각적인 표현이지만, 그것이 사용하는 매체들은 여전히 자연적이고 영적이지 못한 외부적인 사물들이다. 영은 여전히 외부적 사물에 갇혀 자신과 화해하지 못하고 있다. 그래서 예술은 스스로 자신의 너머를 가리키게 되고, 예술은 자신의 정당성을 스스로 부정함으로써 종교에게 복종하는 것이다. 예술이 절대자의 외적인 그림을 그렸다고 한다면, 종교는 절대자의 내면의 그림을 그린다. 종교는 예술의 객체성을 주체의 내향성으로 다시 그린 "그림적 사유"(pictorial thinking, *Vorstellung*)이다.[17] 이러한 절대자의 내면화라는 "예술의 '이후'"는 특히 개신교의 종교개혁에 이르러 그 절정에 이른다.[18] 하나님은 이제 예술의 광장에 놓여있는 것이 아니라 개인의 종교적 영혼

---

15) Hegel, *Aesthetics*, 101.
16) Hegel, Aesthetics, 102.
17) Hegel, Aesthetics, 103.
18) Hegel, Aesthetics, 103.

안에 존재하게 된다. 헤겔은 프로테스탄트 정신의 내면성을 다음과 같이 생생하게 묘사하고 있다.

> 아무리 그리스 신들의 조각이 훌륭하다는 것을 우리가 발견하더라도, 아무리 하나님 아버지와 그리스도와 성모 마리아가 존경할 만하고 완벽하게 표현된 것을 우리가 보더라도, 이제 더 이상 도움이 되지 않는다. 이제 더 이상 우리는 그 앞에 무릎을 꿇지 않는다.[19]

하나님은 인간의 마음에서, 느낌에서, 내적인 주관성에서 예배되기 때문이다. 헤겔은 예술의 객관성과 종교의 주관성이 철학의 개념적 사유 안에서 종합된다고 보았다. "이러한 방식으로 예술과 종교라는 두 측면은 철학 안에서 통일된다. 여기서 예술의 '객관성'은 자신의 외재적인 감각성을 잃게 되지만, 그렇게 함으로써 객관적인 것의 가장 높은 형태인 사유의 형태를 얻게 된다. 그리고 종교의 '주관성'은 '사유'(thinking, Denken)의 주관성으로 정화된다."[20] 예술의 이후가 종교라고 한다면, 종교의 이후는 철학이다.

헤겔의 이러한 관점의 커다란 변화는 그의 신정론에도 근원적인 영향을 끼치게 된다. 이는 라이프니츠의 저작 《신정론》(*Théodicée*)에 대한 헤겔의 비판에서 분명하게 드러난다. 그는 이 작품이 "사변적" 혹은 "철학적" 형태로 쓰여졌다기보다는 "대중적" 형태를 가진다고 비판한다. 헤

---

19) Hegel, Aesthetics, 103. 나아가 예술의 외적인 그림에 정신이 더 이상 무릎을 꿇지 않는다는 헤겔의 생각은 이어서 종교의 내적인 그림의 경우에도 마찬가지로 적용된다. 하이데거도 같은 이유에서 철학에 대해 이렇게 말한다. "이것이 '자기 원인'으로서의 원인(the Cause as causa sui)이며, 이것이 철학이 부여하는 하나님의 적절하고 정당한 이름이다. 이러한 하나님에게 인간은 기도하지도 제물을 바치지도 않는다. 자기 원인을 직면하며 그 앞에서 인간은 자신의 무릎을 꿇지도 않으며, 더 이상 노래하거나 춤추지도 않는다." Martin Heidegger, "The Onto-Theo-Logical Nature of Metaphysics," *Essays in Metaphysics: Identity and Difference* (New York: Philosophical Library, 1960), 65.

20) Hegel, Aesthetics, 104.

겔은 라이프니츠의 작품을 일종의 "형이상학적 소설"(*ein metaphysischer Roman*)이라고 평가절하하는데, 그것이 우리의 세계는 가능한 세계 중에서 최고의 세계라고 하는 흥미로운 가설을 제공하지만 그 가설의 진리를 세계에 대한 구체적인 개념적 성찰을 통해 증명하지는 않는다고 생각하기 때문이다.[21] 라이프니츠의 신정론은 "추상적이고 비구체적으로" 남을 수밖에 없다. 세계 역사가 그 구체적이고 독특한 순간순간 모두에 있어서 하나님의 절대적 생명이 펼쳐지는 과정이라는 것을 그것이 논증하지는 못하기 때문이다.[22] 따라서 라이프니츠의 신정론은 일종의 철학적 경건성에 지나지 않으며, 하나님의 절대적 존재가 역사 속에서의 자유의 의식의 성장으로 필연적으로 실현된다는 사실을 놓치고 있다. 바로 이때문에 라이프니츠의 철학적 소설은 또 다른 철학 소설인 볼테르의 《캉디드》(*Candide*)에 의해 쉽게 조롱거리가 되어버린 것이다.

보다 구체적으로 말해, 헤겔은 라이프니츠의 신정론에서 세 가지 결정적인 결함을 발견하며 그것들은 라이프니츠의 신정론이 가지는 비학문적인 형태들과 범주들로 인해 극복될 수 없다고 보았다. 이 세 가지란 다름 아니라 하나님과 악의 대립을 고착적으로 절대화하는 것, 세계 내의 악이 지니는 존재 이유를 설명할 수 없는 것, 그리고 세계에 대한 외재적인 목적론이다. 첫째로, 라이프니츠의 대중화된 낙관주의는 세계의 저자와 세계 안의 악 사이의 필연적 관계를 개념적으로 파악하지 않고 있으며, 하나님과 악을 단지 고정된 대립으로 볼 뿐이지 이 둘의 구체적인 통일성(*Einheit*)을 논증하지 못하고 있다.[23] 이미 앞에서 논의했듯 통일성은 동일성과는 다른 것이다. 아주 개괄적인 차원에서 말할 때, 비록 라이프니츠의 단자(monad) 이론이 스피노자의 실체의 이론에 비해 분명 진보된 것일지라도 아직 철학적 형태를 통해 실체(substance)와 주체(subject)의 통일성을 보여주지는 못하고 있다는 것이다. 대신 라이프

---

21) Hegel, *Lectures on the History of Philosophy*, Volume 3, 328-330.
22) Hegel, *Lectures on the Philosophy of World History*, 42.
23) Hegel, *Lectures on the History of Philosophy*, Volume 3, 340.

니츠는 하나님을 세계에 미리 설정된 조화를 위에서 부여하는 단자들의 외재적인 조화자, 혹은 단자들의 단자라고 소개한다. 이런 의미에서 라이프니츠의 신정론이 하나님을 "모든 모순들이 쏟아 부어지는 하수구"로 만들고 있다고 헤겔은 비판한다.[24]

둘째로, 세계와 유한성 일반 속에 존재하는 악의 본질은 분명하게 이해되지도 않았고 정의되지도 않았다는 것이다. 역사의 악은 단지 여기서 이해불가능한 것으로 치부된다. 라이프니츠는 왜 "세계는 선하지만, 그 속에 악이 또한 존재하는가?"라는 질문에 대해, "그것이 유한하기 때문이다." 혹은 "하나님이 그렇게 만들었다." 등등의 동어반복적인 대답만을 제공한다. 하나님이 역사를 섭리하지만, 우리는 어떻게 그렇게 하시는지 모른다는 것이다. 이러한 대답은 헤겔에게는 전혀 대답이 될 수 없다. 이러한 대답은 곧 바로 또 다른 질문을 야기하기 때문이다. "절대자와 그의 뜻 속에 왜, 그리고 어떻게, 유한성이 존재하는가?"[25] 라이프니츠의 신정론에는 어떠한 구체적 이유가 제공되지도 않으며, 고통스러운 사유의 부정성의 노동도 견뎌지지 않았다. 대신 세계에 대한 하나님의 섭리가 반복적으로 단지 하나님의 자의적 선택으로 취급되고 있을 뿐이다. "모든 것은 하나님의 사역이다"라는 이러한 냉혹하고 생명력 없는 일반화의 이론이 가지는 그 대답의 무의미한 반복성은 거의 견딜 수 없는 것이 된다.[26]

마지막으로, 어쩌면 어느 정도는 라이프니츠도 "왜 그리고 어떻게" 유한성과 세계가 하나님의 아름다운 우주인지를 대답하려고 시도한다고 헤겔도 인정한다. 그것은 바로 하나님의 구원하시는 활동 방식(*modus*

---

24) Hegel, *Lectures on the History of Philosophy*, Volume 3, 348.
25) Hegel, *Lectures on the History of Philosophy*, Volume 3, 341-342.
26) Hegel, *Lectures on the Philosophy of Religion*, Volume 1, 96. 자신의 수고의 여백에다가 헤겔은 이러한 유형의 경건성에 대해 다음과 같이 쓰고 있다. "인내 없음—따라서 지루함—[모든 것이] 하나님에 의해 만들어졌음—구체적 대립이 인식되지 못함." Ibid., 96 n 39. 또한 헤겔이 "학문"을 "경건성" 혹은 "종교적 감정"과 대조하고 있는 것에 대해서는 그의 *Philosophy of History*, 379-380을 보라.

operandi)에 대한 물음이다. 풍부함(plenitude)으로서의 아름다움이라는 미학적 원리를 통해 라이프니츠는 어떻게 역사 안에서 부분적으로 추하고 악한 것이 전체의 우주적 아름다움을 이루는데 공헌하는지를 보여주고자 희망한다. 헤겔은 여기에 대한 라이프니츠의 몇몇 진술들을 인용하기까지 한다. 예를 들어 라이프니츠에 따르면,

> "하나님은 악한 것을 의도하지 않으신다. 악은 오직 간접적으로 결과로서 도래한다." "왜냐하면 종종 악한 것들이 존재하지 않는다면 보다 큰 선이 이루어질 수 없기 때문이다. 따라서 그것들은 선한 목적을 위한 도구들이다."[27]

하지만 헤겔은 이러한 라이프니츠의 입장이 단지 악에 대해 외재적(外在的)으로 충분한 이유, '다행스러운 범죄'(fortunate crime, felix culpa)의 외재적인 관점만을 제공할 뿐이라고 보았다. 만약 악이 우주의 미학적 풍부함을 위한 외재적인 도구라고만 한다면, 하나님은 다른 수단들을 사용할 수도 있었을 것이다.[28] 왜냐하면 도구 혹은 수단이란 하나님이나 혹은 그의 아름다운 작품에 내재적(內在的)이지는 않기 때문이다. 여기서 분명히 할 것은 헤겔이 '다행스러운 범죄'의 미학적 논리 자체에서 어떠한 진리도 발견하지 못했다는 것이 아니라, 그것이 사변철학적인 깊이에 아직 도달하지 못한 불충분하고 대중적인 행태로 제시되고 있다는 사실에 대해 불만을 가졌다는 것이다. 그는 위대한 존재의 사슬이라는 라이프니츠의 신플라톤주의적 미학에 별로 깊은 인상을 받지는 않았다. 우주의 아름다움이 단지 외적인 장신구 정도로 남게 되고, 하나님의 존재 자체에 대해서는 어떠한 내재적인 필연적 목적이나 '다행스러운 범죄'의 내재적 결과도 가지지 않기 때문이다. 헤겔은 섭리를 역사의 바깥에서 인간이라는 인형들의 줄을 당기는 하찮은 인형극으로 결코 희화시

---

27) Hegel, *Lectures on the History of Philosophy*, Volume 3, 341.
28) Hegel, *Lectures on the History of Philosophy*, Volume 3, 341.

키고자 하지 않았다. 헤겔의 관점은 하나님이 역사 안으로(into), 역사 안에서(in), 역사로서(as) 일하신다는 것이다. 학문의 과제는 왜 그리고 어떻게 하나님과 세계의 통일성이 이성의 변증법적 리듬 안에서 가능한 가를 보여주는 것이다. 그것은 바로 전체의 존재신학 안에서 이러한 리듬의 모든 구체적 순간들의 필연성을 논증하는 것이다. 역사는 단지 인형극이 아니라, 테오드라마 곧 신 자신의 존재의 드라마이다.

헤겔에게 있어 신정론은 인식(cognition, *Erkennen*)이다. 바로 인식이 우리로 하여금 절대정신/절대영의 변증법적 리듬 속으로 참여할 수 있게 만들기 때문이다. 악의 기원으로서의 지식 혹은 인식이 동시에 그것이 만든 상처를 치유하는 기원으로 필연적으로 전환된다는 이러한 사변철학적 진리는 단지 그림적 사유나 형이상학적 소설의 이야기를 통해서는 전달될 수 없다. 이미 앞의 악에 대한 헤겔의 논의에서 보았듯, 자기침잠성 혹은 자기중심성(*Insichgehen*)은 세계가 되는 하나님의 타자화의 순간과, 또한 그 이전의 모든 순간들을 자신 속으로 모아들이고 회상하는 절대 앎의 순간 둘 다에 구조적으로 동일하게 적용된다.[29] 헤겔의 사변철학은 이런 의미에서 범논리적(panlogical) 형이상학, 혹은 보다 적절하게는 범성령적(panpnematological) 형이상학으로 이해될 수 있을 것이며, 여기서 부정과 화해 둘 다의 원칙으로 인식이 자리잡고 있는 것이다.

보다 구체적으로 말해, 신정론의 문제가 영원불멸성의 문제로 사유되는 한에 있어서 헤겔은 영혼의 불멸성을 앎의 영원성으로 전환시킨다. 마치 이성의 불멸성에 대해 말한 초기의 아우구스티누스와 가치의 객체적 영원불멸성을 주장한 화이트헤드를 연상시키는 부분이다.

> 영원성이란 마치 산들이 견디어내듯이 단지 지속이 아니다. 오히려 영원성은 앎(*Wissen*)이다. 이렇게 이해되었을 때, 영원성은 영(*Geist*) 그 자체인 것이다.[30]

---

29) Hegel, *Phenomenology of Spirit*, 468 (776절), 492 (808절).

산들은 오랜 시간동안 견디어내고 지속된다. 만약 이러한 시간의 지속과 연장이 종교가 상상한 영혼의 불멸성 혹은 영원성이라고 한다면, 이러한 사유는 하나님을 세계의 다른 모든 산들 중에서 가장 높은 산으로 상상하는 것과도 다름이 없다. 이런 사유에서 사용되는 이미지들과 범주들은 대중적이고 표상적인 것으로, 철학적이고 사변적이라고 여겨질 수 없다. 헤겔이 주장하듯, "우리는 여기서 지속성이 순간성에 비해 어떤 유리한 점을 가질 것이라는 선입견을 우리 마음에서 추방하여야만 한다. 사라지지 않는 산들이 진정 그 생명의 마지막 향기를 내어쉬며 찰나에 떨어지는 장미보다 우월하지는 않다."[31] 지속성과 순간성 둘 다는 결국 유한성의 범주일 뿐이며, 오직 학문(Wissenschaft)만이 정신 혹은 영 그 자체가 무엇인지를 아는 앎(Wissen)의 영원한 질서에 속하는 것이다. 자아의 무한성이란 "추상적이며 항상 더 후퇴하는 너머"에 있는 것이 아니라 "나, 곧 사유가 무한하다"는 인식에 놓여있는 것이다.[32] 인간성 속에 신성을 구성하는 것이 바로 인식이다. 따라서 헤겔이 반복적으로 강조하듯이, 악의 상처의 기원과 그 상처의 치유의 기원은 사실 동일한 하나이다. "지식 그 자체가 상처이며, 또한 그 상처를 치유한다."[33]

신정론의 적합하고 옳은 형식은 체계적인 사유이다. 그것은 바로 '전체의 체계'로서의 철학 자체이다. 철학은 단지 모순과 서로 다른 견해들이 왁자지껄하며 모여있는 시장이 아니라, 진리가 학문의 체계로서 진화하고 성장하는 것이라고 헤겔은 본다. 철학의 역사는 "오직 하나의 철학

---

30) Hegel, *Lectures on the Philosophy of Religion*, Volume 3, 387. 또한 같은 책 209와 304, 그리고 *Lectures on the Philosophy of Religion*, Volume 1, 195를 참조하라.
31) Hegel, *Philosophy of History*, 221.
32) Hegel, *The Encyclopaedia Logic*, 67 (28절 추가 부분).
33) "Knowledge heals the wound that it itself is." Hegel, *Lectures on the Philosophy of Religion: Volume 3*, 106. 또한 같은 책의 103, 206, 302; *Lectures on the Philosophy of Religion: Volume 2*, 529; 그리고 *The Encyclopaedia Logic*, 62 (24절 추가부분3) 참조. 특히 마지막의 《엔찌클로페디》에서 헤겔은 성서의 타락의 신화를 해석하며, "상처를 주는 것도, 그 상처를 치유하는 것도 생각이다"라고 말한다.

만이 존재한다는 것"을 보여주고 있으며, 수천 년 동안 오직 "하나의 살아있는 영"이 그 사유의 일꾼으로 일해오고 있다.[34] 학문의 체계로서의 철학은 이러한 영의 형성 과정 전체를 그 모든 상세한 부분들과 필연성의 측면에서 보여주는 것이다. 마침내 철학은 "앎의 사랑"(love of knowing)이라는 그 이전의 이름을 내려놓고 그러한 사랑이 실현된 "사실적인 앎"(actual knowing)이 될 때가 도래하였다고 헤겔은 본다.[35] 세계의 사실성 혹은 실체의 심층적 비밀이 주체라는 것이 알려진 것이다. 종교는 "영으로서의 절대자" 혹은 영으로서의 하나님이라는 표상을 통해 "실체(Substance)는 본질적으로 주체(Subject)이다"라는 사변적 진리를 먼저 예견하였었다.[36] 철학은 동일한 진리를 체계적 인식 혹은 학문의 형태로 표현한다. "그렇게 발전하여 자기 자신을 영으로 아는 영이 바로 학문이다. 학문은 영의 사실성이며, 또한 영이 자신을 위해 자신의 요소로서 건축한 영역이다."[37] 한 문장의 의미는 오직 그 끝에 가서야 드러나듯이, 진리는 오직 학문의 구체적인 체계의 결과로서 드러난다. 진리는 권총의 방아쇠로 당겨진 총알같은 것이 아니라, 전체의 학문적 체계의 결과로서 도래할 수 있을 뿐이다.

철학이 인내를 가지고 그 발전의 모든 필연적인 단계들을 거쳐왔듯이, 개인의 의식도 같은 발전의 단계를 거쳐야만 한다. 철학 혹은 학문은 외부인들과 철학자가 아닌 이들로부터 질투스럽게 감추어져야할 어떤 비의적인 신비가 아니다. 그것은 "공공적이며, 모든 이들에게 동일하게 접근가능한 것"이다.[38] 바로 이런 이유에서 학문은 자연적 의식이 그 자신을 끌어올리고 고양하여 절대적 타자성, 절대적 지식, 그리고 학문 자체 속에서 순수한 자기 인식에 도달하도록 《정신현상학》을 일종의 "사

---

34) Hegel, *The Encyclopaedia Logic*, 38 (13절).
35) Hegel, *Phenomenology of Spirit*, 3 (5절).
36) Hegel, *Phenomenology of Spirit*, 14 (25절).
37) Hegel, *Phenomenology of Spirit*, 14 (25절).
38) Hegel, *Phenomenology of Spirit*, 7 (13절).

다리"로서 제공한다.[39] 헤겔의 현상학적 사다리는 "영혼의 길"로서 "학문의 관점에 이르기 위한 의식의 자기 교육"이다. 이러한 과정은 단지 평화로운 여행은 아니며, 마치 아우구스티누스가 영혼의 순례를 쉼 없는 상승운동이라 했던 것처럼, 어려운 "의심의 길"이며 "절망의 길"이며 "철저한 회의주의"의 길이다.[40] 자연적 의식으로부터 더듬어 올라가기 위해서는, 먼저 그것의 자연적 확실성이 부정되어야 한다. 어떤 순간도 단지 외부적 권위나 친숙한 이야기들에 기초해서 당연한 것으로 받아들여질 수 없다. 홀로 각각의 순간에 끈덕지게 머무르며 그것을 시험하여야 한다. 왜냐하면 각각의 순간은 정신 혹은 영이 전체의 진리로서 가지고 있는 유일한 것이기 때문이다.

> 이러한 [학문의] 길의 전체 여정이 견뎌져야만 한다. 왜냐하면 한편으로 각각의 단계 혹은 순간은 필수적이기 때문이다. 나아가 각각의 순간은 끈기 있게 머물려져야 한다. 각각은 그 자체로 전체의 개별적 형태이기 때문이다. 각각의 구체적으로 결정된 순간이 일종의 구체적 전체(a concrete whole)로서 이해될 때, 혹은 전체가 그러한 구체성에 의해 독특하게 규정되는 것으로 이해될 때, 그러한 순간은 절대적 관점에서 보인 것이다.[41]

전체는 한 구체적 순간 혹은 한 "구체적 전체"로서를 제외하고는 그 어디에도 없다. 이러한 구체적 전체에서 또 다른 전체가 터져나와 성장하게 되는 것이다. 진리가 운동하듯, 전체는 과정 속에 생명을 가진다. 장 이폴리트(Jean Hyppolite)는 헤겔 속에서 "영혼의 상승운동"과 "변증법의 부정성의 힘"이 본질적으로 통합된다고 주장한다.[42] 헤겔은 《신앙

---

39) Hegel, *Phenomenology of Spirit*, 14 (26절).
40) Hegel, *Phenomenology of Spirit*, 49-50 (78절).
41) Hegel, *Phenomenology of Spirit*, 17 (29절).
42) Jean Hyppolite, *Genesis and Structure of Hegel's Phenomenology of Spirit* (Evanston: Northwestern University Press, 1974), 13.

과 지식》에서 가장 높은 총체성으로의 상승은 오직 "이러한 상실의 엄 혹한 의식" 곧 사변적인 죽음의 성 금요일을 통해서 가능하다고 말한다.[43]

의식의 순례 마지막에 가서 정신현상학의 사다리는 다시 학문의 체계 안에서의 한 구체적인 순간으로 통합되어야 한다. 의식은 먼저 현상학적 발전단계를 거쳐야만 학문의 체계 속으로 들어갈 수 있다. 따라서 헤겔의 철학적 체계는 두 부분으로 구성된다: 정신현상학의 첫째 부분과, 학문의 체계로서의 둘째 부분 (논리학, 자연철학, 정신철학). 헤겔은 1807년 10월 28일자 《정신현상학》에 대한 책광고에서 자신의 학문 체계를 다음과 같이 묘사한다.

> 정신현상학(phenomenology)은 학문을 위한 준비라는 관점을 고려한다. 이런 이유에서 그것은 새롭고 흥미로우며 철학의 최초의 학문이 된다. 그것은 정신 혹은 영이 순수한 지식 혹은 절대영이 되어가는 길의 여정들로서 다양한 영의 형태들을 포함하고 있다. … 영이 드러나는 형태의 풍부함은 첫눈에 보기에는 혼란스러우나, 학문적 질서에 의해 포착되게 되며 각각의 형태들의 필연성이 드러날 것이다. 학문적 질서 속에서 불완전한 것은 보다 높은 것들 속으로 넘어가고 용해됨으로써 다음의 진리를 구성하게 된다. 그러한 형태들의 궁극적 진리는 먼저 종교 속에서, 그리고 전체의 결과로서의 학문 속에서 발견된다.
> 두 번째 권은 사변철학으로서의 논리(Logic)의 체계와, 또한 철학의 다른 두 부분으로서 자연(nature)의 학문과 정신(spirit)의 학문을 담게 될 것이다.[44]

---

43) Hegel, *Faith & Knowledge*, 191.
44) Kaufmann, Hegel, 366. 헤겔은 자신의 이러한 이중적 체계에 대해 《대논리학》에서 동일하게 묘사하고 있다. "정신현상학을 담고 있는 학문의 체계 첫 번째 부분은 이어서 논리학과 두 구체적 학문인 자연철학과 정신철학을 담고 있는 두 번째 부분에 의해 이어져야만 한다." Hegel, *Science of Logic*, 29.

결론적으로 말해서 헤겔이 "학문만이 오직 신정론이다"라고 진술할 때, 그는 사실상 자신의 전체 철학적 체계가 신정론이라고 주장하는 것이다. 왜 그리고 어떻게 악이 존재하게 되는가에 대해 전통적 신정론이 설명하지 못했다면, 헤겔은 각각 학문의 첫 번째 부분(정신현상학)과 두 번째 부분(논리학, 자연철학, 정신철학)으로 대답하고 있는 것이다. 전통적 형태의 신정론에서 부족했던 것은 영의 필연적인 사유의 출발점인 정신현상학과 또한 영의 구체적인 존재 형태들을 논증하지 못했다는 것이다. 따라서 라이프니츠와 같은 전통적 신정론자들과 마찬가지로, 헤겔도 또한 "모든 것은 하나님의 사역이다"라고 말할 것이다. 그럼에도 불구하고 이들 사이의 차이는 그러한 진술이 공허한 형이상학적 칭송인지, 혹은 왜 그리고 어떻게 그래야만 하는지에 대한 현실적 앎인지에 놓여있다. 신정론의 진리는 오직 전체 체계의 결과로서만 자신을 드러낼 것이다.

> 이러한 관점에서, 절대사유는 어린 아이였을 때와 마찬가지로 동일한 종교적 진술들을 말하는 노인에게 비유될 수 있을 것이다. 하지만 노인에게 있어 그 진술들은 자신의 전체 삶의 무게와 중요성을 담고 있다. 비록 그 어린 아이가 종교적 내용을 이해한다고 해도, 그것은 오직 그에게 있어서 자신의 전체 생애와 전체 세계의 바깥에 놓여있는 어떤 것으로 여겨질 뿐이다.[45]

어린 아이에서 노인으로의 전환은 또한 진보이기도 하다. 오직 학문의 전체 여정을 걸어간 정신 혹은 영만이 "그 자신의 자유와 그 자신의 풍부한 현실적 모습들 속에서 자기 자신을 이해한 영의 화해"를 발견할 수 있는 것이다.[46]

---

45) Hegel, *The Encyclopaedia Logic*, 304 (237절 추가 부분). 또한 *Science of Logic*, 58을 참조하라.
46) Hegel, *Lectures on the History of Philosophy*, Volume 3, 546.

II. 역사로서의 신정론

신정론은 '역사 안에서' 하나님을 변증하는 것이다. 역사가 바로 신정론의 자리(locus)라는 것은 하나님의 섭리에 대한 기독교의 신앙을 헤겔이 사변철학적으로 재해석한 것이다. 칼 뢰비트(Karl Löwith)는 역사를 운명으로 보는 괴테의 이방적이고 자연주의적인 역사관과, 역사를 하나님의 섭리로 보는 헤겔의 서양적이고 기독교적인 역사관을 대조시킨다. 괴테는 역사의 경험적 과정에서 단지 일하고 있는 자연만을 볼 뿐이다.

> 왜 여기서 멈추지 않고, 헤겔은 다음과 같은 질문을 묻고자 하는가: 어떤 궁극적 목적을 위해 이러한 엄청난 희생들이 다시 또 다시 이루어져야 한단 말인가? 헤겔은 이러한 질문이 우리 사유 안에서 "필연적으로" 생겨날 수밖에 없다고 말한다. 하지만 운명에 대한 이교도적인 수용에 만족할 수 없는 우리의 서양적 사유 안에서만 그러한 질문은 생겨나는 것이다.[47]

보다 구체적으로 헤겔의 질문은 역사가 단지 의미 없고 방향 없는 생명의 교수대가 될 수는 없으며 지고한 지성의 섭리에 의해 어떤 궁극적인 목적을 향해야 한다는 유대교와 기독교의 세계관에 기초하고 있다고 뢰비트는 본다. 헤겔의 기독교 신앙은 "하나님이 세계를 이성으로서 다스리신다"고 고백한다.[48] 그러한 사실의 증거는 세계사가 영원한 이성의 이미지이며 활동의 결과라는 철학적 이해에 의해 제시된다. 거리의 행상인이 섭리에 대해 생각할 수 있는 것이라곤 어떤 구체적 상황이나 고립된 사건을 하나님의 사역으로 이해하는 것이다. 그러한 통속적 견해는

---

47) Karl Löwith, *Meaning in History* (Chicago: The University of Chicago Press, 1949), 53. Cf. Hegel, *Lectures on the Philosophy of World History*, 69.
48) Hegel, *Lectures on the Philosophy of Religion: Volume 1, 130. Cf. idem, Lectures on the Philosophy of World History*, 27과 35; *The Encyclopaedia Logic*, 56 (24절 추가 부분 1).

세계사에 적용되기에는 지나치게 추상적이거나, 혹은 어떤 개인이나 국가의 지방적 역사에만 적용될 수 있을 뿐이다. 이와는 대조적으로 헤겔은 섭리의 계획이 모든 세계의 역사라는 보다 큰 스케일에서 관찰될 수 있다고 주장한다. 세계사는 오직 철학적으로 이해될 때에 진정한 신정론이 되는 것이다. 헤겔이 말했듯이, 철학이란 "그 자신의 시대가 사유 속에서 이해된 것"을 가리킨다.[49] 역사라는 관점에서만 볼 때는 하나님의 세계 섭리는 증명되어야 할 "전제"에 불과하다. 하지만 철학은 이성이 실체이면서 동시에 주체이며, 모든 자연적 생명과 정신적인 생명의 재료와 형식을 이룬다는 학문적 인식을 통해 그 전제를 "증명한다."[50] 역사 안에서의 하나님의 행동에 대한 구체적이고 명확한 지식이 없이는 우리는 단지 "알지 못하는 신에게 제단을 쌓은 아테네인들"과 같을 뿐이다.[51] 신앙과 지식의 이분법은 공허한 것이라고 헤겔은 말한다. 왜냐하면 인식은 "오직 그것이 지니는 구체적인 것들에 대한 보다 상세한 지식의 측면에서만 신앙과 다를 뿐이다."[52] 비록 아쉽게도 어떤 몇몇 신학은 역사 안에서의 하나님의 존재에 대한 학문적 앎의 과제를 포기하였지만, 헤겔은 이러한 경향에 대항하여 자신이 기독교 종교의 내용을 철학적으로 방어하고 있다고 보았다. 그에 따르면,

> 최근 우리는 어떤 유형의 신학들에 대항하여 철학이 종교의 내용을 방어해야만 하는 시점에까지 도달하였다. 앞에서 말했듯이, 섭리의 계획을 헤아리려고 시도하는 것은 교만한 일이라는 말을 우리는 종종 듣는다. 그것은 하나님에 대한 지식을 획득하는 것이 불가능하다는 생각, 이제는 거의 보편적으로 받아들여져서 공리가 되어버린 생각의 직접적인 결과이다. 신학 자체가 그렇게 절망적인 상황에 놓여있을 때, 우리는 하나님에 대해 배우고자 한다면 철학 안에서 피난처를 가져야 한다. 분명 이성

---

49) Hegel, *Philosophy of Right*, 11 (서론).
50) Hegel, *Lectures on the Philosophy of World History*, 27.
51) Hegel, *Lectures on the Philosophy of World History*, 212.
52) Hegel, *Lectures on the Philosophy of World History*, 42.

이 그러한 지식을 획득해야 한다고 주장하는 것은 오만하다는 비난을 종종 받는다. 하지만 참된 겸손은 모든 것 안에서, 특히 세계 역사의 극장에서 하나님을 인식하고 경배하는 바로 그것이라고 말하는 것이 보다 정확할 것이다.[53]

칸트로 상징되는 오성의 합리주의는 지식으로서의 신학의 종말을 선포하였다. 지식과 이성의 한계를 분명하게 긋는 것이 종교적 신앙을 위한 것이라는 태도가 보편적인 공리가 되었다. 역사는 더 이상 하나님의 사역으로 인식되지 못했고, 신학은 대학으로부터 추방될 운명에 놓인 듯 했다. 이러한 시류를 거스르며 헤겔의 기독교 철학은 하나님의 인식 가능성과 그 중요성을 다시 옹호하고 나선 것이다. 계몽주의가 신앙을 세속으로부터 분리시키는 바로 그 때에, 칼 뢰비트의 표현처럼 헤겔은 "기독교 신앙의 세속화"로서 자신의 종교철학을 시도하는 것이다.[54]

헤겔의 역사로서의 신정론은 어떤 의미에서는 단순하고 조잡한 형태의 종말론적 신정론을 거부하는 것이다. "세계의 역사가 바로 세계의 재판소이다(Die Weltgeschichte ist das Weltgericht)."[55] 역사를 제외하고 또 다른 추가적인 신정론의 재판소 혹은 신정론의 자리란 존재하지 않는다. 악에 대한 극복의 이상은 현재에서 벗어나서 먼 과거의 에덴동산으로 연기되어서도, 혹은 반대로 먼 미래의 세계 종말로 연기되어서도 안 된다.[56] 연기는 시간적 행태뿐만 아니라 공간적인 형태를 띨 수도 있

---

53) Hegel, *Lectures on the Philosophy of World History*, 37. 또한 Hegel, *Lectures on the Philosophy of Religion: Volume 3*, 162 참조.
54) Löwith, *Meaning in History*, 57.
55) 이것은 쉴러(Schiller)의 시 「체념」에 나오는 말이다. 헤겔은 이러한 생각을 자신의 *Heidelberg Encyclopaedia*, 448절 (G. E. Müller trans., *Encyclopedia of Philosophy* [New York: Philosophical Library, 1959], 256), *Philosophy of Mind*, 277 (548절), 그리고 *Philosophy of Right*, 216 (340절) 등에서 채용하고 있다. cf. Kaufmann, *Hegel*, 265.
56) Hegel, *Phenomenology of Spirit*, 478 (787절).

다. "이 세계 안에 존재하는 유한자"와 "저 세계 안에 존재하는 무한자"는 질적으로 다른 두 고립된 존재라고 하는 이원론은 헤겔에게 있어서는 "오성의 가장 천박한 형이상학"일 뿐이다.[57] 무한자의 목적이 아직 성취되지 않았다는 것은 단지 "환상"에 불과하지만, 그러한 환상 자체도 세계에 대한 우리의 관심을 일으키는데 필요한 진리의 한 필연적 단계가 된다.[58] 헤겔의 이러한 역사에 대한 신학적 변증은 맹렬한 논란을 불러일으켰다.

> '이성적인 것은 현실적이며, 현실적인 것은 이성적이다' (Was vernünftig ist, das ist wirklich; und was wirklich ist, das ist vernünftig). …만약 성찰, 느낌, 혹은 주관적 의식의 어떤 형태이든 현재를 단지 공허한 어떤 것으로 보고 이른바 보다 우월한 지혜의 눈을 가지고 현재 너머를 바라보려 한다면, 그러한 주관적 의식은 단지 자기 자신을 공허(허영, Eitelkeit) 속에서 발견할 뿐이다.…일단 그것이 인정된다면, 위대한 과제는 시간적이고 순간적인 것의 드러남 속에 내재하고 있는 실체를 이해하는 것이고 현존하는 영원성을 이해하는 것이다. (사유와 동일한 의미를 지닌) 합리성이란 그 자신의 현실화 과정과 함께 동시에 외재적 존재 안으로 들어오기 때문에, 합리성은 무한하게 풍부한 형태, 모양, 양상을 가지고 등장하게 된다.[59]

헤겔은 이성과 현실이 그 크기와 범위에 있어 일치하고 겹친다는 통찰

---

57) Hegel, *The Encyclopaedia Logic*, 151 (95절 진술 부분).
58) Hegel, *The Encyclopaedia Logic*, 286 (212절 추가 부분).
59) Hegel, *Philosophy of Right*, 10 (서론). 또한 The Encyclopaedia Logic, 29 (6절 진술 부분)에도 첫 줄이 인용되고 있다. 공허 혹은 허영을 가리키는 동일한 말 "Eitelkeit"가 또한 헤겔에 의해 도덕적 악의 뿌리로서 묘사되었던 점을 주목하라. 예를 들어 *Philosophy of Right*, 92-103 (139-140절); *Philosophy of Mind*, 23 (386절). 공허 혹은 허영이란 아름다운 영혼의 불행한 의식을 가리키는 것이다. 너머에 대한 자신의 단순한 염원에 머물며 아름다운 영혼은 역사 속으로 "자신을 외화시킬 힘"을 결핍하고 있다. Hegel, *Phenomenology of Spirit*, 399-400 (658절).

이 바로 하나님의 세계 섭리의 교리가 지닌 "철학적 의미"라고 본다. 《엔찌클로페디》에서 분명하게 밝히듯, 헤겔은 역사 속에서 일어나는 무엇이든지 "현실적"이라고 여기지는 않는다. 우리가 보통 현실적 세계, 저 밖에 있는 것은 헤겔의 보다 엄밀한 논리적 표현을 따른다면 "부분적으로 양상이며, 오직 부분적으로 현실성"이라는 것이다. 따라서 헤겔이 합리성과 현실성의 동일한 범위를 주장할 때, 그가 "모든 뇌파의 생각, 실수, 악(*das Böse*) 등등"을 합리적이고 현실적인 것으로 옹호하는 것은 아니다. 이러한 모든 것들은 세계 속에서 분명 발생하지만, 그러한 발생이 그것들을 합리적이거나 현실적으로 만드는 것은 아니다. 헤겔에 따르면, 악은 분명 존재하지만 현실적인 것이 아니다. 다시 말해 조금 모순어법처럼 들리겠지만, 비이성적인 악은 객관적 사실로 존재하면서도 그 진정한 사변철학적 의미에서는 현실적으로 존재한다고 말해질 수 없는 것이다. 그리고 세계 속에 존재하는 비이성과 악은 세계정신에 의해 옹호되는 것이 아니라 이용되는 것이다. 이러한 헤겔의 세계 존재에 대한 평가는 스피노자의 무우주론이나 혹은 칸트의 존재와 당위의 이원론에 비해 철학적으로 더 과격한 것은 아닐 것이다. 오히려 헤겔은 유한한 세계의 현실성을 존중하고 있다고 평가될 수 있다. 하나님의 절대정신에 도달하는 여정에 있어 하나님은 자신의 한 순간 혹은 단계로서 유한한 자유의 현실성과 학문을 필요로 하기 때문이다.

현실성은 존재하는 이성이다. 현재의 십자가를 역사와 시간 속에서 짊어짐으로써 하나님은 성장한다. 학문의 과제는 하나님의 세계와의 이러한 존재론적 연대의 진리를 논증하는 것이다. 학문의 가장 지고하고 궁극적인 목적은 "한편으로 자기 자신을 의식하는 이성(*selbstbewußten Vernunft*)과 다른 한편으로 존재하는 이성(*seienden Vernunft*) 혹은 현실성(*Wirklichkeit*) 사이의 화해를 가져오는 것"이다.[60] 십자가와 장미라는 헤겔의 우아한 시적 표현에서처럼, 역사적 신정론의 과제는 현재의

---

60) Hegel, *The Encyclopaedia Logic*, 29 (6절).

십자가 가운데에서 이성의 장미를 꺾어 가지는 것이다. 그것은 현실성과 비본질적 양상이 공존하고 있는 애매한 상황 속에서, 장미와 십자가의 공존의 상황 속에서, 세계의 내적 핵심 혹은 심층적 구조로서 이성과 현실성을 발견해내는 것이다. 그러한 과제는 "세계 역사의 엄청난 노동"을 정신 혹은 영에게 요구하게 된다.[61]

> 이성 곧 현재의 십자가(十字架) 한가운데의 장미(薔薇)를 꺾기 위해서는, 누구도 먼저 그 십자가 자체를 짊어져야 한다.[62]

> 이성이 현재의 십자가 안에 있는 장미라는 것을 인식하는 것, 그리고 그렇게 함으로 현재를 즐거워하는 것, 바로 이것이 우리를 현실적인 것과 화해시키는 이성적인 통찰이다. 내면의 목소리가 일어나서 이해하도록 명령하고, 주체적인 자유를 유지하면서도 실체적인 것 안에 거주하도록 명령할 뿐만 아니라, 또한 어떤 구체적이고 우연적인 것 안에만이 아니라 절대적으로 존재하는 것 안에 머무르면서도 동시에 또한 주체적인 자유를 소유하도록 명령하는 바로 그 사람들에게 철학은 이러한 화해를 선물한다.[63]

---

61) Hegel, *Phenomenology of Spirit*, 17 (29절).
62) Hegel, *Lectures on the Philosophy of Religion*, Volume 2, 248 n. 45. 헤겔의 '십자가와 장미'의 이미지에 대해 피터 하지슨(Peter Hodgson)은 다음과 같은 설명을 제공한다. "이 유명한 메타포는 한가운데 검은 십자가가 있고 그것을 붉은 심장이 품고 있으며 다시 그것을 하얀 장미가 감싸고 있는 루터의 문장(紋章)과, 또한 성 안드레의 십자가와 네 개의 장미를 자신들의 문장으로 사용한 17세기의 비밀 조직이었던 장미십자회(Rosicrucians)에 의해 헤겔에게 제시된 것이 분명하다(cf. Hegel, *Werke* 17: 277, 403). 이성은 현재의 십자가 가운데 있는 장미이다. 이성이 현실적이고 얼핏 보기에 비이성적인 것의 한가운데 존재하는 이상적이고 합리적인 것을 드러내기 때문이다. 이성을 "꺾기" 위해서는 우리는 현실적인 것을 짊어지고, '지금 현재에' 세계 안에 주어진 것에 대해 주목해야만 한다. 하지만 그렇게 하는데 있어서의 어려움과 고통 때문에, 이상적인 것을 과거나 혹은 미래로 옮기려는 유혹이 항상 존재한다"(ibid.).
63) Hegel, *Philosophy of Right*, 12 (서문).

헤겔에게 있어서 그것은 단지 인간 정신의 성장을 가리킬 뿐만 아니라, 하나님 자신이 역사의 십자가를 먼저 짊어졌다는 것을 의미하기도 한다. "우리의 하나님은 우주의 빈 공간에서 완전히 초탈하게 살아가는 에피쿠로스주의자의 하나님이 아니기 때문이다."[64] 그래서 역사적 신정론이란 그리스도 안에서 성육신이 된 기독교 하나님의 진리를 가리킨다.

역사적 신정론은 우리에게 위안이 아니라 자유를 제공한다. 역사의 보다 고요한 자리에로 자기 자신을 피신시키기보다 헤겔은 사형 교수대로서의 역사라고 하는 이런 무시무시한 이미지 한복판에서 정신과 영의 희망없는 슬픔과 항거를 끌어안고자 한다.[65] 수사학적 과정 없이 정직하게 바라보는 어떠한 관찰자도 "역사란 행복이 성장하는 땅은 아니다"라는 것을 우리에게 말해줄 것이다.[66] 이러한 상황에서 우리는 두 가지 선택에 직면하게 된다고 헤겔이 제안하는 듯 보인다. 한편으로 우리는 역사란 전적으로 의미가 부재하는 무의미한 것이라고 여기면서 어떠한 해석학적 의미 구성의 과정에도 참여하기를 거부하는 것이다. 우리의 역사적 상황과 존재를 우리의 유토피아적 희망과 당위에 비교해본다면, 전자는 단지 어떤 의미도 제공하지 못하는 듯하다. 이것도 한 길이다. 역사의 의미없음에 대한 이러한 인식이 우리에게 일종의 항거의 위안을 주기도 한다. 그것은 바로 우리 시대에 많은 이들이 선택한 반신정론(反神正論 anti-theodicies)의 길이다. 의미를 구성함으로 의미없는 슬픔을 기만하지 않으려는 거짓된 의미의 거부이다. 하지만 어쩌면 우리는 이러한 반신정론의 길을 걸으며 저 너머로부터 도래하는 더 이상 애매하지 않고 어떤 분명한 의미를 암묵적으로 기다리는 것은 아닐까? 그렇다면 다른 한편으로 우리는 역사 안에서 악의 존재에 대한 해석학적 의미 구성을 보다 적극적으로 수행하도록 선택할 수도 있을 것이다. 헤겔은 이러한 두 길의 선택을 각각 위안(慰安)의 길과 철학(哲學)의 길로서 대조하고

---

64) Hegel, *Lectures on the Philosophy of World History*, 210.
65) Hegel, *Lectures on the Philosophy of World History*, 69.
66) Hegel, *Lectures on the Philosophy of World History*, 79.

있다.

> 과거의 사건들이 전적으로 몹시 불행한 일이며 어떠한 의미도 없다는 인상을 우리가 가진다면, 우리는 이러한 생각 속에서 말하자면 일종의 위안을 발견할 수 있다. 하지만 위안이라는 것은 단지 처음부터 일어나지 말았어야 할 불행에 대한 보상으로 받게되는 어떤 것일 뿐이다. 그러한 위안은 유한한 사물들의 세계에 속하는 것이다. 반면 철학은 위안의 수단은 아니다. 그것은 그 이상의 것이다. 왜냐하면 철학은 모든 분명한 부정의한 것들로 가득한 현실을 변모시켜서, 현실을 합리적인 것과 화해시키는 것이기 때문이다. 철학은 현실이 사유 자체에 기초하고 있으며, 그러한 현실 속에서 이성이 성취된다는 것을 보여준다. 이성 안에 바로 신성함이 존재하기 때문이다. 이성의 근본적인 내용은 신성한 사유이며, 이성의 본질은 하나님의 계획이다.[67]

하나님의 옹호와 변증을 위해 필요한 것이 단지 마음의 위안이라고 한다면, 왜 그러한 비극이 애당초 역사적 현실로서 발생해야 했는지 분명하지 않게 된다고 헤겔은 주장하는 것이다. 우리가 역사를 이해하기를 거부하거나 혹은 미래에 그것의 의미가 확연히 밝혀지기를 수동적으로 기다린다면, 현재의 역사적 현실은 단지 그대로 인식불가능한 것으로 남게 될 뿐이다. 미래의 천국이 역사와 분리되어 존재할 때, 그러한 천국은 역사의 상처를 지울 수는 없을 것이다. 헤겔에게 있어 그것은 궁극적인 형태의 세계의 도구화로서 거절된다. 역사는 결코 천국을 위한 도구가 되어서는 안 된다. 이런 의미에서 "자신이 위안받도록 버려두어서는 안 되는 형태의 고난들이 존재하며," 정신과 영은 개인들과 역사의 "유용성"이라는 이러한 도구적 관점에 대항하여 스스로 항거하여야 한다고 헤겔은 보았다.[68] 철학은 이러한 외적 의미에서 위안일 수는 없다. 대신 "철학은 우리로 하여금 현실의 세계가 당위적인 것이라는 사실을 이해

---

67) Hegel, *Lectures on the Philosophy of World History*, 67. 또한 Hegel, The Encyclopaedia Logic, 221-224 (147절 추가 부분) 참조.
68) Hegel, *Lectures on the Philosophy of Religion*, Volume 1, 202 n 48.

하도록 도와야 한다."⁶⁹⁾ 이러한 단지 외적이고 우연적인 역사적 필연성에 대한 헤겔의 비판은 신성한 하나님의 삶의 순간들 혹은 단계들이 지닌 필연성에 대한 헤겔의 강조라는 맥락에서 이해되어야 할 것이다.⁷⁰⁾

헤겔이 종종 개인은 섭리의 수단 혹은 도구로서 희생된다고 말하는 것은 사실이다. 이성의 교활함이라는 헤겔의 생각이 역사 바깥에 남아있으며 자신은 전혀 상처받지 않은 채 역사를 인형극처럼 조종하는 하나님이라는 견해를 옹호하는 것처럼 보이기도 한다.⁷¹⁾ 헤겔은 "이성의 교활함"(*die List der Vernunft*)을 이렇게 설명하고 있다.

> 이성은 강력한 힘을 지녔을 뿐만 아니라 교활하다. 이성의 교활함은 일반적으로 중재의 활동에 놓여있다. 이성은 그 자신의 대상들이 그것들의 고유한 본질에 따라 서로가 서로에 대해 행동을 하고 서로가 서로를 소진하도록 내버려두면서도, 이러한 과정에 그 자신을 섞음이 없이 오직 '이성' 그 자신의 목적만이 실행되도록 한다. 이런 의미에서 우리는 세계와 세계의 과정에 관련하여, 하나님의 섭리는 절대적인 교활함을 가지고 일한다고 말할 수 있다. 하나님은 인간들로 하여금 자신들의 고유한 열정과 관심에 따라 자의적으로 행동하도록 하지만, 그 결과는 '하나님' 자신의 의도가 성취되는 것이며 하나님이 사용한 개인들이 직접적으로 관심했던 것과는 다른 어떤 것이 성취되는 것이다."⁷²⁾

마치 세계사는 하나님의 거대한 인형극에 불과한 듯한 인상을 준다. 하지만 우리는 최소한 여기서 역사와 인형극의 유비가 지니는 정당성을 반박하는 두 가지 요소들을 분명히 하고자 한다. 첫째로, 헤겔은 결코 하나님의 섭리를 역사의 '외부적' 통제로 묘사한 적이 없다. 섭리는 항상 역사 내적으로 활동한다. 헤겔은 인간의 열정과 신성한 섭리적 사유를

---

69) Hegel, *Lectures on the Philosophy of World History*, 66.
70) Hegel, *Lectures on the Philosophy of Religion*, Volume 1, 199 그리고 202-203 참조.
71) Hegel, *Lectures on the Philosophy of World History*, 89.
72) Hegel, *The Encyclopaedia Logic*, 284 (209절 추가 부분). 또한 그의 *Science of Logic*, 746-747 참조.

"세계 역사라는 직물을 이루는 날실과 씨실"이라고 부른다.[73] 또한《정신현상학》에서 헤겔은 이성의 교활함을 "바커스의 축제"에다 비유하기도 한다.[74] 여기서 참가자 하나하나는 술에 취해 쓰러지지만 축제의 주연 그 자체는 평온하게 남게 된다는 것이다. 그러나 주연 자체라는 것도 참석자의 존재 없이는 애당초 불가능하다. 이처럼 이성은 역사 너머의 존재라기보다는 역사 속의 "조용하고도 신비로운 내적 과정"이다.[75] 둘째로, 하나님의 섭리는 결코 기계적인 예정이 아니라고 헤겔은 보았다. 기계적인 예정은 인간의 자유를 거스르며 잔혹하게 활동하지만, 헤겔의 하나님은 인간의 자유의 내적 필연성을 통해서 유기적으로 활동하기 때문이다. 이런 맥락에서 위에서 인용된 헤겔의《엔찌클로페디》209절의 추가부분을 해석하며, 루카스(George R. Lucas)는 이성의 교활함이라는 헤겔의 생각과 하나님의 설득 혹은 유혹이라는 화이트헤드의 생각이 지닌 유사성을 비교한다.

> 하나님의 "원초적 본성"에 있는 최초의 주체적 목표의 근원이 화이트헤드에 있어서 철저한 궁극원인론이나 영적인 기계론을 반드시 의미하는 것은 아닌 것처럼, 이성의 필연성이 모든 과정들의 결과를 미리 결정하는 어떤 필연성도 아니다. 오히려 화이트헤드와 헤겔 둘 다에 있어서 하나님의 힘이란 세계의 과정에 있어서의 가능성들을 합리적으로 평가함으로써 세계 과정 속에서 설득적으로 활동하는 것이다. 헤겔의 이성의 교활함이란 "속임수"가 아니다. 오히려 그것은 보다 큰 질서, 조화, 통일성을 향해 나아가도록 항상 현존하는 내적 로고스의 유혹이며 합리적 원칙의 유혹이다. 따라서 절대정신 혹은 영으로서의 하나님은 바로 자율적인 인간 행위자라는 매개를 통해서 세계 속에 활동하는 이성적 목적 실현을 향한 유혹으로서 기능한다.[76]

---

73) Hegel, *Lectures on the Philosophy of World History*, 71.
74) Hegel, *Phenomenology of Spirit*, 27-28 (47절), 33 (54절).
75) Hegel, *Lectures on the Philosophy of World History*, 33.
76) George R. Lucas, *Two Views of Freedom in Process Thought: A Study of Hegel and*

역사는 행복이 성장하는 땅은 아니지만, 자유가 성장하는 땅이다. 헤겔이 의미하는 자유는 형식주의적인 선택의 자유 혹은 정치적 자유 그 이상의 것이다. 두 반대되는 경우들(+A 혹은 -A) 사이의 선택으로서의 자유는 사실 위장된 경험주의적 필연성일 뿐이다. 우리는 바로 이것이냐 저것이냐 하는 이러한 필연성에 의해 절대적으로 구속되기 때문이다. 이러한 형식적 자유는 "반대의 부정 혹은 반대의 이상성(*die Negation oder Idealität der Entgegengesetzten*)"으로서의 사변적 자유에는 아직 도달하지 못했다. 이러한 사변적 자유에는 어떤 반대도 단지 그것에 외재적인 것으로 남게 되지 않고 극복된다 (+A - A = 0).[77] 또한 정치적 자유가 동양 세계, 그리스와 로마 세계, 그리고 마침내 기독교 세계를 거치며 점차적으로 확장된다고 헤겔이 주장한 것은 잘 알려진 이야기다. 동양에서는 한 명만 자유롭고, 그리스와 로마에서는 몇몇이 자유롭지만, 개신교의 독일에서는 모두가 자유롭다는 것이다.[78] 하지만 정치적 자유는 그 자체로 존재 근거를 가진다기 보다는 보다 깊은 의미에서 사변적 자유에 기초하고 있다. 헤겔에게 있어서 사변적 의미에서의 자유와 인식은 거의 동일하게 사용되는데, "자유는 어떤 객관적 존재를 단지 외재적

Whitehead (Missoula, Montana: Scholars Press, 1979), 125. 루카스의 이러한 비교는 헤겔과 화이트헤드 둘 다 하나님이 역사내재적이고 비기계론적인 방식으로 활동한다고 보았다는 사실을 드러내어 주는 뛰어난 해석이다. 하지만 화이트헤드와 헤겔의 유사성이 지나치게 무리하게 확장되어서 해석되어서는 안 될 것이다. 화이트헤드의 유혹 혹은 설득은 하나님의 최초의 목표와 그것의 현실적 실현 사이에는 반드시 일정 정도는 비극적인 차이가 형이상학적으로 존재하게 된다는 것을 전제하는데 반해, 헤겔의 이성의 교활함은 이 둘 사이의 철학적 일치에 보다 관심하였기 때문이다. 이러한 근본적 차이는 화이트헤드의 하나님이 현실적 존재들의 외부에 위치한 한 비시간적인 존재인 반면, 헤겔의 하나님은 다른 현실적 존재들을 그 자신의 역사적 존재 안의 필연적 단계 혹은 순간으로 포괄한다는 사실에 기인하는 것으로 보인다.

77) G. W. F. Hegel, *Natural Law: The Scientific Ways of Treating Natural Law, Its Place in Moral Philosophy and Its Relation to the Positive Sciences of Law*, trans. T. M. Knox (Philadelphia: University of Pennsylvania Press, 1975), 89-90.

78) Hegel, *Lectures on the Philosophy of World History*, 54-55.

인 것으로 소외시킴이 없이 그것을 자기 자신에게 관계시키는 것을 의미하기 때문이다."[79] 세계 역사의 궁극적 목적은 그 자신의 다양한 구체적 형태 속에서 자기 자신을 인식하는 정신 혹은 영으로서의 자유의 성장이다.[80] 타자 속에서 자신을 인식하는 정신 혹은 영이 바로 사변적 의미에서의 자유인 것이다. 거울(mirror)을 뜻하는 라틴어 "스페쿨룸"(speculum)과 어근에 있어 관계를 가지는 사실에서 알 수 있듯, "사변"(思辨, speculation)이란 거울 속에서 자신의 모습을 보듯이 타자 속에서 자아를 발견함으로써 주체와 객체의 소외 혹은 부정을 다시 부정하는 정신의 힘을 뜻한다. 자유란 이처럼 부정의 부정이라는 이중 부정으로서의 사변적 사유를 가리킨다. 헤겔의 사변적 철학에서 주체는 실체 속에서 자신을 다시 발견하게 되고, 따라서 종래의 자유와 필연성이라는 저급한 반명제는 그 고정성을 상실하게 되는 것이다. "따라서 바로 이 필연성의 진리가 자유이며, 실체의 자유가 개념이다."[81] 종교적 언어로 말해서 이것은 세계가 하나님과 화해된다는 것을 가리키며, 그러한 화해는 신성한 하나님 자신의 존재의 한 단계 혹은 순간으로서의 정신 혹은 영의 자유의 공동체를 통해서 이루어진다.

　　우리가 이런 방식으로 해석할 때, 위안의 관점은 또 다른 보다 고차원의 의미를 획득하게 된다. 그리고 이런 의미에서 기독교 종교는 '위안의 종교', 나아가 '절대적 위안의 종교'로서 이해되어야 하는 것이다. 우리 모두가 알고 있듯이, 하나님이 모든 사람이 구원받도록 원하신다는 교리를 기독교는 가지고 있다[디모데전서 2:4]. 그것은 주체성이 절대적 가치를 가진다는 것을 의미한다. 그렇다면 보다 정확하게 말해서, 기독교 종교의 위로하는 힘은 하나님 자신이 절대적 주체성으로 알려진다는 사실에 있다. 그리고 이러한 절대적 주체성은 그 자신 안에 개체성의 단계를 포함한다는 사실에 있다. 따라서 '우리의' 개체성도 단지 추상적으로 부정

---

79) Hegel, *Lectures on the Philosophy of Religion*, Volume 3, 171.
80) Hegel, *Lectures on the Philosophy of World History*, 55.
81) Hegel, *The Encyclopaedia Logic*, 232 (158절).

되는 것이 아니라 또한 동시에 보존되는 어떤 것으로 인식될 수 있다.[82]

기독교가 절대적 위안의 종교인 것은 천국과 역사의 도구적인 분리와 그 소외의 상처가 하나님의 세계 안으로의 성육화를 통해 치유되기 때문이다. 하나님은 성육화를 통해 세계와 그 속의 개별적 존재들을 자신의 신성한 존재의 한 구체적 단계로서 삼으신다. 다시 말해, 이러한 하나님의 신성의 구체화와 개체화를 통해 우리 인간의 개체성은 어떤 일종의 보편성을 획득하게 되는 것이다. 기독교의 진리는 그가 주인이든 노예이든 인간 속에서 하나님의 형상의 존재를 발견한 것이다. "기독교 종교는 절대적 자유의 종교이며, 오직 기독교인들에 의해서만 인간은 그 자신의 무한성과 보편성 안에서 중요하게 인식된다."[83] 신성한 주체와 인간 주체의 상호 인식은 사변철학의 핵심을 이루며, 또한 기독교가 절대적 위안의 종교이며 동시에 절대적 자유의 종교가 되는 이유이기도 하다. 요컨대 고난과 악의 존재 한가운데서 위안이란 역사 안에서의 자유의 인식을 가리킨다. 역사적 신정론은 현재의 십자가 안에서 이성의 장미를 꺾는 것이다.

III. 존재신학으로서의 신정론

헤겔의 신정론의 형식(形式)이 철학적이고 학문적인 인식이며, 그 변증의 장소(場所)가 시간적 세계로서의 역사라면, 그 실체적인 논리(論理)는 존재신학이라고 앞에서 필자는 제안하였다. 여기서 필자가 사용하는 존재신학의 의미는 헤겔의 종교철학 혹은 철학적 신학 일반을 가리키면서, 동시에 보다 구체적으로는 포괄적 삼위일체론(inclusive Trinity) 혹은 세계적 삼위일체론(worldly Trinity)이라 불리우는 헤겔의 신론을

---

82) Hegel, *The Encyclopaedia Logic*, 223 (147절 추가 부분).
83) Hegel, The Encyclopaedia Logic, 240-241 (163절 추가 부분 1).

지시한다. 비록 이 개념이 지닌 복잡한 철학적 계보와 그것의 논란이 되는 영향사를 고려하더라도, 필자는 "존재신학"(存在神學, ontotheology)이라는 말 자체를 폐기하기보다는 헤겔의 신학적 하나님 이해와 그러한 하나님 존재의 구체적인 단계들 혹은 구성 요소들을 설명하기 위해서 선용될 수 있다고 생각한다.[84] 궁극적으로 볼 때 헤겔의 신정론은 자기중심적인 고정성 혹은 악이라는 비극은, 그것이 첫 번째 즉각성의 단계에서의 사소한 조화이든 혹은 두 번째 소외의 단계의 강렬한 부조화든, 정신 혹은 영의 전개에 필연적인 단계들이며 그 결과적 전체의 진리로서의 하나님의 존재신학 속으로 통합될 수 있다면 극복된다고 제안하는 것으로 보인다. 다시 말해 헤겔의 신정론의 논리가 존재신학적이라는 것은 '다행스러운 범죄'(fortunate crime, *felix culpa*)라는 전통적인 악의 미학적 극복의 논리가 단지 유한한 존재와 피조된 우주에만 적용되는 것이 아니라 나아가 하나님 존재 자체의 희비극(tragicomedy)으로 신론적으로 확장된다는 것을 가리킨다.

칸트는 《순수이성비판》에서 존재신학을 초월적 신학의 두 영역 중 하나라고 정의내리고 있다. 우주신학(cosmotheology)과 대조적으로, 존재신학(ontotheology)은 "원초적 존재가 존재한다는 것을 경험의 최소한의 도움도 없이 단지 개념들을 통해 인식하는 것이다."[85] 나중에 종교의 철학적 교리에 대한 자신의 강의에서 칸트는 존재신학이 하나님은 "가장 높은 존재"라는 순수한 개념만에 기초해서 하나님이 존재한다는 사실을 증명하려 한 안셀름이나 데카르트같은 이들의 존재론적 증명이라고 하는 입장을 재확인하고 있다.[86] 비록 헤겔이 안셀름의 존재론적 증

---

84) "존재신학"이라는 개념의 역사적 분석에 대해서는 Ho-Hyun Sohn, "Ontotheology: Its Meaning in Kant, Hegel, and Heidegger," *Korea Journal of Christian Studies*, vol. 51, 155-176 참조.

85) Immanuel Kant, *Critique of Pure Reason,* trans. Werner S. Pluhar (Indianapolis: Hackett Publishing Company, Inc., 1996), B 660.

86) Immanuel Kant, "Lectures on the Philosophical Doctrine of Religion," *Religion and Rational Theology,* trans. A. W. *Wood* and G. *Giovanni* (Cambridge: Cambridge

명에 공감을 표하기도 하지만, 헤겔의 철학적 신학이 이런 칸트가 사용하는 의미에서만의 존재신학이라고 해석될 수는 없을 것이다. 헤겔에게 있어 하나님은 단지 그 존재가 개념으로부터 연역되어야 하는 한 논리적 전제는 아니기 때문이다. 오히려 헤겔의 존재신학은 칸트의 의미에서의 우주신학과 존재신학을 하나로 통합한 것이다. 헤겔의 정신현상학적 출발점이 자연과 우주의 존재에서 하나님의 개념에로 나아가는 우주신학에 가깝다고 한다면, 논리학, 자연철학, 정신철학으로 이루어지는 헤겔 철학의 체계는 하나님의 개념에서 세계의 존재로 진행하는 존재신학과 유사하기 때문이다. 따라서 헤겔의 하나님은 그 가장 전체적이고 통전적인 의미에 있어서 영의 간주관적 혹은 상호주관적 경험의 결과로서 도래하게 되는, 일종의 하나님과 세계가 협력하는 모험적 연극으로서의 테오드라마(theo-drama)이다.

> 절대적 존재가 [세계 속에서] 현실적 자기 의식으로서 존재하게 될 때, 절대적 존재는 그 자신의 영원한 단순성에서 '추락한' 것처럼 보인다. 하지만 사실 그렇게 함으로써 절대적 존재는 처음으로 그 자신의 '가장 높은 존재' (*das höchste Wesen*)를 달성하게 되는 것이다.[87]

이 인용문은 분명하게도 "가장 높은 존재"로서의 헤겔의 하나님은 영원한 논리적 단순성에서 역사적 과정 속으로 하강하여 내려온 절대적 존재(absolute being), 즉 자기 존재를 시간 속으로 풀어 헤쳐서 세계로 나

University Press, 1996), 28:1013-1014. 칸트의 이 강의들을 언급하며, 포이에르바흐(Feuerbach)는 하나님을 단지 "가장 현실적인 존재"(the ens realissimum), "가장 높은 존재"(*the être suprême*, the highest being)로 여기는 견해를 "존재신학"이라고 비판한다. Ludwig Feuerbach, *The Essence of Christianity,* trans. George Eliot (New York: Harper Touchbooks, 1957), 38-39; cf. 40 note.

87) 필자는 《정신현상학》의 이 부분에 있어 하지슨의 번역을 따랐다. Hodgson, *G. W. F. Hegel*, 122. 밀러(Miller)의 대안적 번역으로는 *Phenomenology of Spirit*, 460 (760절) 참조.

누어주는 "방출적 존재"(absolving being)라는 것을 분명히 하고 있다. 절대적 존재라는 것은 방출적 존재라고 해석한 것은 하지슨을 따른 것이다. 헤겔의 위의 인용문을 하지슨은 다음과 같이 해석하고 있다.

> 헤겔은 여기서 합리주의 신학이 즐겨 사용하였고 슐라이어마허도 채용한 적이 있는 "가장 높은 존재"(*das höchste Wesen*)로서의 하나님이라는 표현을 사용하고 있다. 하지만 이러한 가장 높은 존재는 (합리주의 신학에서 여겼던 것처럼) 멀리 떨어져 있고 도달할 수 없는 존재이다. 하지만 헤겔에게 있어서 하나님이 가장 높은 존재 혹은 절대적 존재인 이유는 하나님이 그 자신의 추상적 신성을 벗어버리고 역사적 과정 속으로 하강하였기 때문이다. 하나님의 신적인 "본질"(essence)은 관계 속에 존재하는 것, 방출적인 존재(absolving being)가 되는 것이다. 여기 헤겔에게 있어서 독일어 "*Wesen*"은 한편으로 "존재"(being, 라틴어의 *ens*)라는 의미와 다른 한편으로 "본질"(essence, 라틴어의 *essentia*)라는 의미를 이중적으로 가진다. 하나님은 모든 존재자들의 본질이 되는 그 존재, 다시 말해 "본질적 존재"이다.[88]

오직 이러한 세계 속으로의 하나님 존재의 방출에서 하나님은 그 진정한 개념적 의미에서 가장 높은 존재로서의 절대성을 획득하게 되는 것이다. 이러한 방출적 계시와 존재의 나누어 줌이 바로 하나님 개념의 본질인 것이다. 이러한 운동성의 하나님을 기독교는 영(Geist)으로서의 하나님이라고 부른다. 간주관적이고 상호관계적인 역사 속으로의 케노시스의 하강, 비움의 하강은 또한 동시에 영의 풍부함 속으로의 절대적 상승, 방출적 상승인 것이다. 헤겔의 존재신학은 칸트의 경우에서처럼 우주신학과 대립되는 것이 아니라, 그것을 자신의 필수불가결한 순간으로 그 속에 포함하는 것이다. 우주가 하나님 안에 있어 전체를 이룰 때 하나님 존재의 절대적 개념이 이루어지는 것이다.

헤겔의 철학적 신학에 존재신학이라는 용어를 처음으로 적용시킨 사

---

88) Hodgson, *G. W. F. Hegel*, 271-2 n 7.

람은 다름 아닌 하이데거이다. 하이데거에 있어서 존재신학은 단지 철학은 신학에 의해 인도되어야 한다거나 혹은 철학이 신학이라는 것을 의미하지만은 않는다. 그것의 보다 중요한 핵심적 사유는 존재하는 모든 것의 전체로서의 세계의 이유에 대한 질문의 궁극적 대답은 하나님의 논리적이고 합리적인 본질에 놓여있다는 것이다. "우리가 '존재신학'이라는 표현을 통해 드러내고자 하는 것은 논리적 문제로서의 존재(ον)의 문제가 처음부터 끝까지 신(θεος)에 의해 인도되며, 신 그 자체도 '논리적'으로 곧 사변적 사유의 의미에서 논리적으로 이해된다는 것이다." 89) 하이데거에 따르면 헤겔의 철학은 포괄적인 통전적 사유를 제공하며 거기서 존재, 하나님, 자아는 각각 존재학(onto-logy), 신학(theo-logy), 그리고 자아학(ego-logy)이라는 논리적 측면에서 사유된다. "여기서 '논리적'(logical)이라는 말이 모든 곳에서 반복된다는 것은 중요하다." 유한성에 대한 형식주의적 논리와는 달리, 영으로서의 하나님의 본질이 여기서 개념의 본질을 규정하고 따라서 논리적인 것의 본질을 규정하고 있다. 절대정신 혹은 절대영으로서의 하나님은 존재-신-자아-학(存在-神-自我-學, onto-theo-ego-logy)의 포괄적 전체를 가리키는 것이다. 하나님은 전체이다. 하이데거는 이처럼 헤겔의 철학적 신학을 요약하고 있다. "영은 지식 곧 로고스(λόγος)이다; 영은 나 곧 자아이다; 영은 하나님 곧 테오스(θεος)이다; 그리고 영은 현실성, 순수하고 단순하게 존재들, 곧 존재(ον)이다."90) 요컨대 "진리는 전체이다(Das

---

89) Martin Heidegger, *Hegel's Phenomenology of Spirit*, trans. P. Emad and K. Maly (Bloomington & Indianapolis: Indiana University Press, 1994), 98.
90) Heidegger, *Hegel's Phenomenology of Spirit*, 126. 하지만 하이데거는 헤겔의 존재신학이 존재의 논리성만을 강조한 나머지 존재의 시간성을 충분히 심각하게 고려하지는 않았다고 비판한다. 하이데거에 있어서는 헤겔처럼 개념이 "시간의 힘"이 아니라 오히려 거꾸로 시간이 "개념의 힘"이다. 따라서 헤겔의 존재신학은 영의 여행길에서 시간을 뒤에 남겨두는 시간의 망각성의 한 형태라고 그는 평가한다. 이에 대한 비판적 대결로서 하이데거는 헤겔의 "존재신학"(ontotheology)의 자리에 "존재시간"(ontochrony)을 제안한다. "존재는 자기초월적(ecstatic) 시간의 지평이기 때문이다"

Wahre ist das Ganze)"는 헤겔의 진술에는 하나님은 존재, 신, 인간, 논리의 전체라는 존재신학의 논리가 고스란이 담겨있는 것이다.[91] 진리는 실체와 주체의 '도래하는' 전체이다. 하나님은 존재, 신, 자아, 논리의 사회적 무한성으로서의 절대정신 혹은 절대영인 것이다. 이러한 헤겔의 존재신학에서 전체 서구의 형이상학적 전통이 완성되는 것을 하이데거는 본다.

저명한 헤겔 학자 두 명이 "존재신학"을 이러한 헤겔의 포괄적 전체를 설명하는 개념으로 유용하다고 생각하였다. 하지슨은 헤겔 철학에 대한 헤겔 좌파(Bruno Bauer, David Friedrich Strauss, Ludwig Feuerbach)의 조롱이나 헤겔 우파(I. H. Fichte, C. H. Weisse, Friedrich Schelling)의 의심과는 대조적으로 그 가운데서 균형을 지키고자 했던 헤겔 중도파(Karl Daub, Philipp Marheineke, Karl Rosenkranz, Ferdinand Christian Bauer)의 사변신학적 해석을 이름하는 것으로 존재신학이 유용하게 다시 사용될 수 있다고 제안한다. "하나님의 존재(the *ontos of theos*)는 단지 자신을 순수한 즉각성이나 추상적 본질이나 혹은 '가장 높은 존재'(*das höchste Wesen*)로 드러내는 것이 아니라, 오히려 에너지, 운동성, 생명, 계시, 차별성과 화해의 의미에서 '영'(*Geist*)으로서 드러낸다."[92] 이런 의미에서 중도파의 헤겔 해석은 존재신학적이다. 반면 헤겔 우파는 왜 역사가 하나님에게 도대체 문제가 되는지를 설명해야 하는 반면, 헤겔 좌파는 왜 역사가 신성한 방향성을 가지는지를 설명해야 하는 듯이 보인다. 또 다른 헤겔 학자인 오레건(Cyril O'Regan)은 삼위일체에 대한 고전적이고 병행적인 내재적-경제적 모델(immanent-economic Trinity)을 헤겔의 내재적-포괄적 모델(immanent-inclusive Trinity)과 대조시킨다. 그리고 그는 아래의 표에서 제시하듯이 전체로서의 하나님

(ibid., 100). Cf. Heidegger, "The Onto-Theo-Logical Nature of Metaphysics," 33-75.
91) Hegel, *Phenomenology of Spirit*, 11 (20절).
92) Hodgson, *G. W. F. Hegel*, 7.

이라는 헤겔의 삼위일체론을 "존재신학" 혹은 "포괄적 삼위일체" (*Inclusive Trinity*)라고 부른다.[93]

고전적인 내재적-경세적 삼위일체 모델

<u>내재적 삼위일체</u>   <u>경세적 삼위일체</u>
성부=성자=성령   창조=성육신=구속=신성한 현존

헤겔의 내재적-포괄적 삼위일체 모델

                                    <u>포괄적 삼위일체</u>
내재적 삼위일체   =창조=성육신=구속=신성한 현존
(성부=성자=성령)
[성부   ]   [성자   ]   [성령   ]

오레건에 따르면 고전적 모델에서는 "내재적 삼위일체가 존재, 창조, 구속사의 영역에서 하나님의 활동의 존재론적 근본이 되지만," 헤겔의 모델에서는 "내재적 삼위일체가 외부적 세계에서 하나님의 활동에 어떤 측면에서는 규범적(regulative)으로 작용하는 것은 사실이지만 [완전히 결정한다는 의미에서의] 근본적(foundational)이지는 않다."[94] 고전적 모델은 내재적 삼위일체와 경세적 삼위일체를 창조 이전과 창조 이후에 병행적으로 배치하고, 내재적 삼위일체의 논리적 구조(성부, 성자, 성령)가 그대로 세계 속의 하나님의 활동에 반복되는 것으로 본다(성부의 창조, 성자의 성육신과 구속, 성령의 신성한 현존). 이러한 병행적 구조에서는 세계의 구속사가 단지 내재적 삼위일체의 논리적 구조를 현실화시

---

93) O'Regan, *The Heterodox Hegel*, 74. 두 도표는 ibid., 74-75. 존재신학에 대한 언급은 ibid., 3.
94) O'Regan, *The Heterodox Hegel*, 73. 오레건의 헤겔 모델은 *Lectures on the Philosophy of Religion*, Volume 3에 기초한 것이다. 보다 상세한 논의로는 이 3권에 나오는 하지슨의 편집자 서론을 참고하라.

킨 것에 불과하게 된다. 반면 헤겔의 모델은 세계 이전의 내재적 삼위일체를 세계 이후의 보다 거대하고 풍부한 포괄적 삼위일체의 첫 번째 단계, 곧 성부의 단계를 다시 가리키는 것으로 해석한다. 즉 성부, 성자, 성령의 상호교제의 논리로서의 내재적 삼위일체는 보다 높은 차원에서의 포괄적 삼위일체 혹은 세계적 삼위일체에서 현실화되면서 다시 첫 번째 성부의 위상을 가지게 되는 것이다. 따라서 내재적 삼위일체는 단지 포괄적 삼위일체에서 기계적으로 반복되는 것으로 이해되지는 않는다. 그것은 규범적인 논리 구조를 제공하지만, 결정론적인 요인이 아니라 성부, 성자, 성령의 세계 안에서의 나선운동의 한 요소로서 자리하는 것이다. 내재적 삼위일체 안에 보편성(universality), 구체성(particularity), 개체성(individuality)이 존재하며, 이러한 보편성-구체성-개체성의 논리적인 내적 구조가 역사적 세계 속에서 또 다시 보편성의 위상을 가지면서 자연세계의 구체성과 정신세계의 개체성과 함께 보다 포괄적인 삼위일체 혹은 세계적 삼위일체를 형성하게 되는 것이다. 헤겔은 이러한 논리, 자연, 정신의 전체 결과로서의 포괄적 삼위일체를 진정한 의미에서 하나님이라고 부른다.

우리는 여기서 헤겔의 신정론이 삼위일체론적 존재신학이라는 제안과 관련하여 두 가지 사실만을 상세히 살펴보도록 하자. 첫째, 타락은 단지 세계에게만 다행스러운 것으로 여겨지는 것이 아니라 포괄적 삼위일체로서의 하나님 자신에게도 다행스러운 것으로 여겨진다는 사실이다. 둘째, 이미 언급했듯 내재적 삼위일체는 세계의 영역에서 단지 기계적으로 반복되는 것이 아니라 드라마적으로 재현되는 역동적이고 비결정주의적인 원리이다. 이 두 가지를 차례로 보다 자세히 살펴보도록 하자.

첫째로, 헤겔의 신정론의 장르는 일종의 기원론적 책임 해소라기보다는 목적론적 정당화이다. 악의 기원에 대한 인간발생학적 설명은 헤겔에

---

95) Raimon Panikkar, *The Cosmotheandric Experience: Emerging Religious Consciousness* (Maryknoll, N.Y., 1993). Cf. Hodgson, G. W. F. Hegel, 17.

의해 다시 신성한 하나님의 내재적 사유라는 테오고니적이고 신발생학적 설명으로 보다 철저화된다. 우리가 필요로 하는 것은 인간정론(人間正論, anthropodicy)이나 우주정론(宇宙正論, cosmodicy)이 아니라 바로 신정론(神正論, theodicy)이기 때문이다. 파니카(Raimon Panikkar)의 유용한 개념을 빌리자면, 헤겔은 "우주신인론적" 전체를 하나님의 방출하는 생명이자 삶 자체로서 정당화하고자 하는 것이다.[95] 이러한 전체로서의 하나님의 정당화의 작업에서 고난은 단지 화해의 도구나 전환기의 비본질적 순간, "인간과 하나님의 통일성을 만들어내기 위해 필요한 도구"만에 그치는 것은 아니라고 헤겔은 본다.[96] 여기서 헤겔이 사용하는 것은 분명 부분적인 악이 전체적인 선 안에서 폐기되고 지양되고 극복된다는 전통적인 '다행스러운 범죄'(felix culpa)의 미학적 목적론의 논리이다. 우리가 부정적인 역사적 사건들과 화해할 수 있는 유일한 방법은 그러한 부정적 측면보다는 더 커다란 역사의 긍정적 측면에 그러한 것들이 공헌하고 있다는 것에 대한 지식을 통해서이다.

> 이렇게 묘사되는 화해라는 것은 역사의 긍정적 측면에 대한 지식을 통해서만 이루어질 수 있는 것이다. 그러한 지식 속에서 부정적인 것은 종속적인 위치로 축소되고 온전히 초월되는 것이다. 달리 말하자면 먼저 우리는 세계의 궁극적 계획이 정말 무엇인지를 알아야 하며, 둘째로 우리는 이러한 계획이 현실로 실현되었으며 악은 그러한 실현 옆에서 동등한 위치를 유지할 수는 없다는 것을 보아야만 한다.[97]

악의 종속은 부정적 요소들이 전적으로 잊혀졌다거나 포괄적 전체에서 배제되었다는 것을 의미하지는 않는다. 이러한 정신과 영의 고통스러운 노동을 잊는다는 것은 가능하지 않다. 역사를 전체로서 긍정하기 위해서는 이러한 고통이 바로 부정성의 고통으로서 역사 전체에 공헌한다는

---

96) Hegel, *Philosophy of History*, 324.
97) Hegel, *Lectures on the Philosophy of World History*, 43.

것을 긍정하는 것이기 때문이다. 하지만 부정적인 구체적 순간들과 긍정적인 역사 전체는 동등한 지위를 가지는 것은 아니다.[98]

하지만 헤겔은 이러한 '다행스러운 범죄'(*felix culpa*)의 미학적 논리에 결정적인 요소를 새롭게 소개하고 있다. 헤겔의 전체는 단지 개개 인간들의 총합이나 우주 전체가 아니라, 가장 문자적이고 가장 사변적인 의미에서 진정한 전체 자체로서의 하나님을 가리키기 때문이다. 헤겔의 신정론은 외재적인 존재의 목적론을 내재적인 존재신학의 목적론으로 교체한 것이다. '다행스러운 범죄'의 논리는 하나님의 신성한 생명 자체가 지니는 미학적 리듬의 논리로서 존재신학화된다. 아우구스티누스의 '다행스러운 범죄'에서 악은 오직 피조된 우주에게만 다행스러운 것이었다. 그러한 범죄와 악이 선과 악의 대조적 조화를 통해 우주의 아름다움을 완성하는데 기여하기 때문이다. 그러나 헤겔의 존재신학적인 '다행스러운 범죄'는 단지 우주만이 아니라 하나님에게도 다행스러운 것으로 여겨진다. 아우구스티누스의 하나님이 타락에서 어떠한 것도 얻지 않는데 반해, 헤겔의 하나님은 역사 안에 존재하는 구체적 생명을 획득하기 때문이다. 아우구스티누스의 우주형성적(宇宙形成的, cosmogenetic) 다행스러운 범죄와 헤겔의 신형성적(神形成的, theogenetic) 다행스러운 범죄가 지니는 이러한 중요한 미학적 차이점을 오레건은 다음과 같이 묘

---

98) 칼 바르트(Karl Barth)도 모차르트의 음악에서 이러한 선과 악의 비대칭적인 통일성을 발견하였다. "모차르트는 부정적인 것을 오직 긍정적인 것 안에서, 그리고 긍정적인 것과 함께 들었다. 그는 이 둘 다를 그것들의 불평등성(不平等性) 안에서 들은 것이다"(*Church Dogmatics*, III.3, 298). 여기서 피조물 혹은 역사가 미학적 통일성을 가진다고 보는 것은 일종의 신정론으로 이해되었다. 우리는 헤겔이 역사 안의 부정적 요소들을 긍정적 전체에 종속시키는 것이 단순한 악의 도구화보다는 깊은 차원을 가진다는 것을 이해하여야 한다. 도구라는 것은 작업이 끝난 후에 단지 외재적인 것으로 잊혀지고 버려질 수 있지만, 헤겔의 전체로서의 하나님은 이러한 부정적 순간을 자신의 존재의 한 부분으로, 불평등하고 비대칭적인 부분으로 포괄하기 때문이다. 바로 이 때문에 대리적 만족(vicarious satisfaction)의 논리라는 비판이 헤겔의 신정론에는 적용되기 어려운 이유이다.

사하고 있다.

> '다행스러운 범죄'(felix culpa)라는 생각은 《신국론》의 전면에 놓여 있다. 타락에서 하나님 자신은 아무 것도 얻지 못한다는 것을 이해하는 것은 중요하다. 하지만 타락은 하나님이 누구이신지 보다 생생하게 드러날 수 있는 기회를 제공한다. 반면에 신형성적인 다행스러운 범죄는 하나님의 신성한 존재 자신과 관계가 되며, 여기서 하나님의 존재는 드라마적인 우회로를 통해서 자신의 완성을 가져오게 된다.[99]

과정신학자들과 특히 하트숀이 종종 비판했듯이 전통적 유신론은 왜 하나님이 그 스스로 자족적이고 아무 것도 필요로 하지 않는데 세계를 창조했는가에 대한 대답을 제공하지 못할 때가 많다. 과정 신학자들과 마찬가지로 헤겔도 세계의 필연적인 존재 이유를 하나님의 증가와 성장으로 보았다. 이런 의미에서 헤겔의 신정론은 오레건의 표현대로 일종의 "신형성적인 신정론"(theogenetic theodicy)이다.[100] 오레건은 헤겔의 타락에 대한 사유를 "본질적으로 볼 때 오직 피상적으로만 '밑으로의' 타락이지만, 원칙적으로 '위로의' 타락"이라고 평가한다.[101] 헤겔의 이러한 신형성적 신정론 혹은 존재신학적 신정론의 함의는 하나님이 처음부터

---

99) O'Regan, *The Heterodox Hegel*, 413-414 n 50. 또 다른 곳에서 오레건은 이러한 대조를 보다 분명히 한다. 아우구스티누스의 타락은 그러한 타락이 내재적으로 극복되었기 때문에 다행스러운 것이 아니라 보다 큰 선에 단지 외재적으로 덧붙혀졌기 때문에 다행스러운 것인 반면, 헤겔의 타락은 그러한 타락 자체가 보다 큰 선으로 내재적으로 변모하기 때문에 다행스럽다는 것이다. "아우구스티누스에 있어 타락의 '다행스러운 범죄'라는 커튼은 그것이 지니는 공포성과 괴물성을 개선할 수 있는 어떤 것도 하지 못한다. 사실 아우구스티누스의 '다행스러운 범죄' 해석은 원칙적으로 이러한 완화를 할 수 없다고 주장할 수 있을 것이다. 왜냐하면 여기서 다행스러움은 타락 자체에 온전히 '내재적'이지는 않기 때문이다. 달리 말해서, 타락은 온전히 발달된 목적론적 논리를 아직 가지지 못하기 때문이다"(ibid., 162).
100) O'Regan, *The Heterodox Hegel*, 323.
101) O'Regan, *The Heterodox Hegel*, 162.

완전히 자족적인 존재는 아니며, 세계의 자연과 인간의 유한한 정신 같은 자신의 타자 속으로 자신을 외화시키는 과정을 통해서 절대적인 풍성함이 되어 자기 자신에게로 돌아오게 된다는 것이다.

> 하나님이 완전히 자족적이고 아무것도 결핍하고 있지 않다면, 왜 하나님은 자신의 순전한 타자 속에 자신을 드러내는 것인가? 하나님의 사유는 주체성과 영이 되기 위해서 자신을 드러내는 것, 자신의 바깥에 이러한 타자를 만드는 것, 그리고 자신의 속으로 그러한 타자를 다시 받아들이는 것이다. 자연철학 자체도 이러한 귀환의 길에 속한다.[102]

하나님은 시간 속에서 세계와 함께 하는 하나님으로 자신을 풍요하게 하고 채우고 완성시키는 것이다. 신정론의 질문을 제기할 수밖에 없게 만들었던 시간 속에서의 고통스러운 '영혼-만들기'(soul-making)와 '우주-만들기'(cosmos-making)가 바로 하나님과 세계가 함께 일하는 '하나님-만들기'(God-making) 과정의 필연적인 부분이라는 것이 이해되는 한에서, 그리고 이러한 하나님-만들기의 과정이란 사실 유한한 존재의 신격화(apotheosis) 과정이라는 것이 이해되는 한에서, 하나님의 정당성은 옹호되는 것이고 유한한 존재의 역사는 단지 실용주의적 가치를 넘어서는 신학적 의미를 획득하게 되는 것이다. 결과적으로 우리의 삶 속에서의 악의 개인적 극복은 보다 깊은 의미에서는 하나님의 삶 속에서의 악의 우주적 극복, 보다 정확하게는 악의 존재신학적 극복과 상응하는 것이 된다. 악은 하나님의 존재의 획득으로 극복되는 것이다. "무한한 상실은 오직 그 무한성에 의해서만 균형이 다시 되찾아질 수 있으며, 따라서 무한한 상실은 무한한 이득이 된다."[103]

하지만 우리는 헤겔의 신정론의 실체적인 논리가 '신형성적인 다행

---

102) G. W. F. Hegel, *Philosophy of Nature*, trans. A. V. Miller (Oxford: The Clarendon Press, 1970), 14 (247절 추가 부분).

103) Hegel, *Philosophy of History*, 323.

스러운 범죄'(a theogenetic *felix culpa*)라고 묘사할 때 잠재적인 오해의 소지도 있다는 것을 또한 말하고자 한다. 이러한 오레건의 설명은 아우구스티누스의 우주-만들기 신정론과 그러한 우주-만들기 과정이 보다 거대한 전체로서의 하나님-만들기의 한 부분을 이룬다는 헤겔의 신정론 사이의 논리적 차이를 드러내는 데에는 더없이 유용하다. 이런 점에서 헤겔의 사유는 하나님 존재의 미학적인 진화와 팽창이라는 화이트헤드의 신정론 이론에 보다 가깝다. 헤겔과 화이트헤드 둘 다에 있어서 하나님 존재의 완전성은 불변하는 것도 아니며, 원초적 과거에 놓여있는 것도 아니며, 오직 시간 속에서 항상 성장하고 자신을 새롭게 갱신하는 것이다. 헤겔의 신정론은 이런 면에서 "신형성적인" 것으로 보일 수 있다. 하지만 필자는 헤겔의 신정론이 신형성적인 다행스러운 범죄에 기초한다는 제안에는 두 가지 잠재적 오해의 소지가 있다고 생각한다. 하나는 하나님이 실제로 악에로 추락하거나 악을 행하는 것처럼 제안하는 것으로 보일 수 있다는 것이고, 다른 하나는 이러한 존재신학적 만들기의 과정에서 비극이 감추어지는 경향이 있다는 것이다. 전자는 하나님의 자기-외화 혹은 자기-타자화를 위한 쪼개짐(*Entzweiung*)을 타락과 소외(*Entfremdung*)로 동일시할 수 있고,[104] 후자는 이러한 하나님-만들기

---

104) 필자는 '자기]-타자화'와 '소외'의 구분을 하지슨(Peter C. Hodgson)에게 빚지고 있다. 필자에게 보낸 사적인 편지에서 그는 헤겔의 *Lectures on the Philosophy of Religion*, Volume 3, 295-300에 대한 다음의 해석을 제안하였다: "나는 자기-타자화를 위해 필요한 쪼개짐(cleavage, Entzweiung)과, 거기서 나아가서 자아나 타자가 자신 속으로 후퇴하거나 혹은 서로에 대해 대적하는 것으로 돌아설 때 발생하게 되는 소외(estrangement, Entfremdung) 사이에는 논리적 구분이 존재한다고 본다. 오직 후자만이 악이다. 그것은 논리적으로 필연적이지는 않지만, 어떤 비극적[미학적?] 필연성의 측면을 가진다. 그것은 피조된 질서의 왜곡을 나타내며, 그러한 의미에서 선하거나 '행복한' 것은 아니다. 그러한 왜곡은 하나님과는 구별되는 자유로운 유한한 세계의 창조의 가능성을 위한 조건이다. 이것은 '다행스러운 범죄'의 관점과는 대조되는 비극적 관점이다. 하나님은 비극을 성육신과 십자가를 통해 자신 속에 그리고 자신 위에 짊어짐으로써, 비극을 일종의 희비극(tragicomedy)으로 전환시킨다." 필자는 헤겔이나 하지슨 둘 모두 이러한 쪼개짐에서 소외로의 전환의 필연적인

혹은 존재신학적 만들기 과정에서도 비극은 진정한 상실로 현존한다는 사실을 간과할 수도 있다.

앞에서 제안하였듯 헤겔의 신정론은 '하나님과 악'의 외재적 관계를 설명하려는 것이 아니라 '하나님 안의 악'을 설명하려고 한다. 헤겔의 악에 대한 이중적 분석에서 우리는 하나님에게서 발견될 수도 있는 가설적인 악의 예를 두 가지 살펴보았다. 즉 사랑의 자신과의 놀이라고 하는 자족적인 하나님 개념과, 유한성으로부터 움츠려드는 계몽주의의 가짜 무한성 개념이 바로 그것이다. 하지만 이 두 가지 형이상학적 가능성을 헤겔은 고집스럽게 기독교의 계시적 하나님에게 적용하기를 거부하였다는 것을 기억해야 한다. 헤겔의 분석의 요점은 하나님이 이러한 두 형태의 악에 실제로 떨어지지 않았다는 사실이다. 그것들은 실제로 일어나지는 않은 가설들이라는 것이다. 만약 그러했다면 지금의 유한한 자유로운 세계는 존재하지도 않았을 것이다. 하나님이 악 안에 있다는 것이 아니라 악이 하나님 안에 있다는 것이 헤겔의 입장이다. 마치 헤겔의 만유재신론(panentheism)이 '하나님이 모든 것 안에 있다'는 것이 아니라 '모든 것이 하나님 안에 있다'는 것을 주장하는 것처럼, 헤겔의 신정론은 '하나님이 악 안에 있다' 혹은 '하나님이 악하다'는 것이 아니라 '악이 하나님 안에 있다'는 것을 주장하는 것이다. 하지만 악이 하나님의 존재 안에 있다고 주장하는 것은 도대체 무슨 의미인가? 그것은 하나님이 악 속으로 실제적으로 타락하였지만, 그러한 타락이 존재신학적 만들기 혹은 신형성적인 만들기 과정 안에서 선으로 궁극적으로 전환되었다는 것을 의미하지는 않을 것이다. 악한 하나님은 하나님이 아니다. 헤겔이 제안하는 것은 하나님이 유한한 존재들에 의해 비극적으로 현실화된 악을 경험하고 고난받으면서, 그러한 악과 죽음을 하나님 자신의 존재 안으로 수용함으로써, 그것을 신과 우주 전체의 테오드라마(theo-

논리적 이유를 설명하지는 않았다고 본다. 어쩌면 그러한 전환은 자유의 미학적 수수께끼로 남겨져야 하기 때문으로 보인다. 어쩌면 화이트헤드의 통찰처럼 창조성의 자유는 설명될 수 있는 어떤 것이 아니라 모든 설명의 토대가 되기 때문일 것이다.

drama) 속으로 통합시킨다는 것이다. 다시 반복하지만 '악이 하나님 안에 있다'는 것은 '하나님이 악을 행하신다'는 것과는 논리적으로 다른 주장이다. 헤겔의 신정론을 신형성적인 다행스러운 범죄의 관점으로 해석하는 것은 이 두 입장의 차이를 흐리게 할 가능성이 잠재적으로 있는 것이다. 우리는 한편으로 영의 자기-타자화의 필연성과, 다른 한편으로 영의 자기 속으로의 혹은 타자와의 대립 속으로의 타락의 불필연성 사이를 논리적으로 구분하여야 한다. 세계의 창조는 하나님의 악으로의 추락이나 하나님의 악을 행함이 아니라 하나님의 자기-타자화라고 하는 자기 존재의 쪼갬의 행동이다. 이러한 행동이 자유로운 세계와 그것의 현실적 타락이 존재하는 것을 가능케 하는 것이다. 비극은 바로 이러한 쪼개짐으로부터 소외에로의 이유 없고 필연성 없는 미학적 전환에 놓여 있다. 오직 악에 대한 목적론적 도구화가 악으로 인한 상실이 진정한 상실이라는 사실, 많은 아름다움이 돌이킬 수 없이 부서졌다는 사실을 가리지 않을 때에 비극적인 것이 존재할 수 있는 것이다. 다행스러운 범죄의 관점은 이러한 왜곡된 변형과 부서진 아름다움의 불필요한 비극성을 가리는 경향이 있으며, 오직 목적론적 이득에서 본 타락의 다행스러움만을 강조하는 경향이 있다. 우리는 여기서 헤겔의 하나님은 전통적인 미리 알고 미리 결정하는, 따라서 비극이 부재한, 하나님과는 다르며, 오히려 전체라는 존재신학의 드라마 한 가운데서 자신의 성장하는 역동적 즉흥성(力動的 卽興性, improvisation)의 힘을 가지게 된다고 본다. 역동적 즉흥성이란 완전한 우연과 완전한 필연 사이에 존재하는 영의 미학적 자유와 미학적 필연을 동시에 가리킨다. 그것은 구조화된 행동의 자유이며, 자유로운 행동의 구조이다. 따라서 앞에서 언급한 이런 불운한 오해들의 소지때문에 헤겔의 신정론을 단지 '신형성적인 다행스러운 범죄'의 이론만으로 묘사하기보다는, 역동적 즉흥성에 기초한 '테오드라마'(theo-drama) 그리고 '희비극'(tragicomedy)의 미학적 범주로 보충해서 설명하는 것이 나을 듯하다.

우리의 둘째 질문을 이제 다루도록 하자. 우리는 앞에서 내재적 삼위일체가 일종의 근거 아닌 근거, 역동적이며 비결정주의적인 근거라고 제안하였다. 하나님의 삶이 계획이 없지 않으며, 역사가 어떤 신성한 방향성을 부재하는 것도 아니다. 하지만 내재적 삼위일체와 그것의 세계적 실현 사이의 관계는 쉽게 이해할 수는 없는 것이다. 오레건은 내재적 삼위일체가 전부 결정한다는 의미에서 "근본적"(foundational)이지는 않지만 그럼에도 어떤 거대한 방향성을 제공한다는 의미에서 "규범적"(regulative)이라고 제안한다.[105] 하지슨에 따르면, "헤겔은 하나님의 내향적인(ad intra) 차이가 하나님의 세계와의 외향적인(ad extra) 관계의 가능성의 근거라는 것을 인식하였다. 외향적인 관계들은 하나님의 내적인 차이들을 단지 다시 반복하거나 복제함이 없이 재현한다. 결과적으로 그것은 내재적 삼위일체와 경세적 삼위일체 사이의 동일성이 아니라 상응이 된다."[106] 우리는 여기서 아우구스티누스의 절대적 결정자로서의 하나님도 아니고 화이트헤드의 우주적 모험가로서의 하나님도 아닌, 명확하게 정의내리거나 표현하기 어려운 헤겔 중도파의 하나님을 만나게 된다.

시간 속에서 일어나는 무엇이든지 항상 미리 하나님에 의해 미리 프로그램되고 세세한 부분까지 조정되어서 계획되지 않은 비극적 사건은 역사 속에서 결코 발생하지 않는다는 의미에서 내재적 삼위일체가 근본적인 결정의 힘으로서 작용하는 것은 아니다. 물론 헤겔이 자신의 철학 체계에서 내재적 삼위일체의 위상에 해당하는 논리학을 "자연의 창조나 유한한 정신의 창조 이전에 그 자신의 영원한 본질 속에 존재하는 하나님에 대한 설명"이며,[107] "하나님의 형이상학적 정의"라고 여긴 것은 사실이다.[108] 하나님의 논리적 본질은 존재의 현실성 혹은 이상성으로서

---

105) O'Regan, *The Hegerodox Hegel*, 72-73.
106) Hegel, *Lectures on the Philosophy of Religion,* Volume 3, 16. Cf. ibid., 28 그리고 87 n 79.
107) Hegel, *Science of Logic*, 50.
108) Hegel, *The Encyclopaedia Logic*, 135 (85절).

드러나게 된다. 그러나 이러한 내재적 삼위일체의 논리적 모습은 보다 깊은 의미에서 '부분적으로' 비결정적이고 비근본적이다. 시간성의 지평에서 볼 때, 논리적 근거 혹은 논리적 출발점은 단지 비시간적인 원리로 우리에게 주어지는 것이 아니라 영의 현상학적 운동의 결과로서 주어지는 것이다. 유한한 정신은 오직 세계의 대상들에 대한 자신의 현상학적 고찰에서 시작할 수 있을 뿐이며, 그것이 어떤 일종의 사변적 전환(speculative reversal)을 거치면서 유한한 정신 자신이 사유의 근거가 아니라 오히려 사유의 결과라는 사실을 발견하게 되는 것이다. 반대로, 유한한 정신의 현상학적 운동의 전체 결과로서의 절대정신 혹은 절대영은 마침내 자신의 결과로서의 위치를 벗어버리고, 근거 혹은 시작점을 향한 일종의 "반대운동"(counterthrust)을 하게 된다.[109] 헤겔은 이러한 사변적 전환을 "반대 방향들을 향해 흐르는 강물"에 비유하기도 한다.[110] 자연적 의식의 현상학적 출발점에서는 "바로 우리가 타자에서 하나님으로 여행하는 것이지만", 그러나 "결과로서의 하나님은 동시에 우리가 시작한 것의 절대적 근거이기도 하다." 요컨대 "이 둘의 위치가 전환된 것이다."[111] 근거의 위치와 결과의 위치가 바뀌게 되면서, 우리는 헤겔 철학의 체계를 이루는 두 출발점으로서 정신현상학과 논리학을 가지게 되는 것이다. 논리는 근거이면서 결과이다.

만약 논리학이 신적 사유의 진정한 출발점이며 근거라고 한다면, 왜 인간 정신의 거짓된 현상학적 출발점에 서는 수고를 하는 것인가? 현상학이 아니라 논리학만 있으면 된다고 본다면, 그것은 헤겔의 이른바 논리지상주의에 대한 정당한 비판이 될 것이다. 하지만 여기에 대한 헤겔의 대답은 절대자의 근본적인 논리적 속성이 철저하게 비근본적이라는 것을, 즉 하나님의 존재는 이성의 과정이며 성장이며 삶이라는 것을 보

---

109) Hegel, *Lectures on the Philosophy of Religion*, Volume 1, 322.
110) Hegel, *Lectures on the Philosophy of Religion*, Volume 1, 227 n 115.
111) Hegel, *The Encyclopaedia Logic*, 75 (36절 추가 부분). 결과로서의 원리에 대해서는 또한 *Science of Logic*, 71을 보라.

여준다. 이성은 오직 조종이 없을 때 성장할 수 있다. 화이트헤드가 이성은 사유의 모험이라고 본 것은 참되고 깊은 통찰이다. 헤겔에게 있어 진리는 "미리 만들어져 건내지거나 주머니에 넣을 수 있는 주조된 동전"은 아니다. 진리는 전체 과정이다. 거짓이 "순수한 금속으로부터 분리된 찌꺼기" 혹은 "완성된 그릇으로부터 분리되어 잔존하는 도구"처럼 버려질 때에, 진리 그 자체가 불충분한 것으로 고통받게 될 것이다.[112] 헤겔의 비근본주의적인 진리 개념은 뵈메(Jacob Böhme)에 대한 그의 진술에서 보다 분명히 드러나고 있다. "철학적 체계의 근본적인 원리는 바로 그 체계의 '결과'이다." 우리는 마치 "유클리드의 책 한 권이나 수학자 노예 한 명"을 사는 것처럼 진리를 소유할 수는 없다. 왜냐하면 그것은 "운동이며, 운동을 통해 발생되는 것이 본질적인 것으로 여겨지기 때문이다." 예를 들어 헤겔은 뵈메의 만유재신론적 직관을 단지 피상적으로 수용하는 것은 "야만적인 행위"라고 여긴다. 그러한 직관이 학문의 운동과 사유의 발전을 통해 개념적으로 펼쳐져야 하기 때문이다.[113]

또한 논리학의 영역 그 자체에서의 내재적 삼위일체에 대한 헤겔의 설명도 또한 형식주의 논리와는 거리가 멀게 비근본주의적이다. 여기서의 헤겔의 열정은 차근차근 벽돌을 쌓듯 시작점을 찾는 것이 아니라, 사유의 한가운데로 뛰어들며 시작하여 사유의 운동의 결과를 보는 것이다. 우리는 오직 강물에 뛰어들어야만 수영하는 법을 배울 수 있다. 예를 들어 헤겔 논리학의 가장 주된 세 요소인 "존재"(being), "본질"(essence), "개념"(concept)은 아주 일반적으로 말해서 성부, 성자, 성령의 영역에 각각 상응한다. 하지만 이러한 논리적 삼위일체 자체는 절대자를 존재로 본 파르메니데스에서 시작하여 정신의 긴 노동의 결과로서 형성된 것이다. 절대자로서의 존재는 불교의 절대자로서의 "무"에게 자리를 내어주고, 이 둘은 다시 헤라클리투스의 절대자로서의 "됨"에 의해 지양된다.

---

112) Hegel, *Phenomenology of Spirit*, 22-23 (39절).
113) G. W. F. Hegel, *Werke in zwanzig* Bänden, edited by E. Moldenhauer and K. M. Michel, vol. 2 (Frankfurt: Suhrkamp Verlag, 1969ff.), 550-551.

이러한 존재, 무, 됨의 보다 작은 삼위일체는 존재의 교리에서 영의 자기 실현의 오직 첫 번째 단계를 이룰 뿐이다. 보다 구체적으로 논리학에서의 신의 형상들의 계보를 대략적으로 살펴보도록 하자. 논리학이란 "하나님의 형상들의 판테온"이라는 자신의 설명에서처럼,[114] 헤겔은 여기에 다음과 같은 절대자의 다양한 형상들을 포함시킨다. 첫째로, 존재의 영역에서는 존재(파르메니데스), 무(불교), 됨(헤라클리투스), 가짜 무한(칸트, 피히테), 나(셸링), 물질(유물론), 숫자(피타고라스), 그리고 척도(구약의 시편과 그리스의 복수의 여신 네메시스)가 포함된다. 둘째로, 본질의 영역에서는 가장 높은 본질 혹은 가장 높은 존재(프랑스 계몽주의), 가장 지고한 현실적 본질(볼프의 합리주의 신학), 주님(유대교와 이슬람교), 동일성(셸링), 단자들의 단자 혹은 충분한 근거(라이프니츠), 조물주 데미우르고스(그리스 철학), 세계의 선한 창조자이며 통치자(기독교 삼위일체의 첫 번째 위격), 힘 혹은 우주적 에너지(헤르더, 뉴튼), 실체(스피노자), 주체(라이프니츠), 자기 원인자(스피노자)가 포함된다. 마지막으로 개념의 교리에서는 개념 자체(보편성, 구체성, 개체성의 내재적 삼위일체), 존재론적 신증명(안셀름), 두려움과 공포의 대상(로마인의 종교적 관념), 그리고 절대 사유(영원한 창조, 영원한 생동감, 영원한 영의 삼위일체)가 포함된다. 비록 헤겔은 존재와 본질과 개념의 각각의 단계 안에서도 삼중적 구조를 유지하려 노력한 듯하나 그것이 반드시 엄격하게 기계적으로 지켜진 것은 아닌 것으로 보인다. 이러한 신성의 논리적 형태들에 대한 헤겔의 제안이 지닌 함의를 온전하게 파악하는 것은 어렵겠지만, 내재적 삼위일체가 아주 단순한 의미에서 우주의 전체 계획을 미리 결정하고 그 근거 혹은 근본이 되는 어떤 논리적 가설이라고 여기서 보기는 어려울 것이다. 다시 말해 기독교의 내재적 삼위일체는 논리학의 가장 시작점에 놓여있는 것이 아니라 중간에 놓여있고, 오히려 시작점에는 파르메니데스의 존재로서의 절대자가 주어진 것을 볼 수 있

---

114) Hegel, *The Encyclopaedia Logic*, 138 (86절 추가부분 2).

다. 또한 논리적 시작점에 대한 집착은 보다 이전의 단계가 보다 이후의 단계보다 항상 그 내용에 있어 빈약하고 가난하다는 헤겔의 통찰을 망각하는 것이다. 포괄적 삼위일체 혹은 세계적 삼위일체의 절대적인 풍부함이 단지 최초에 하나님 홀로 세계 없이 존재했을 때의 내재적 삼위일체의 내용으로 환원될 수는 없을 것이다.

그럼에도 불구하고 내재적 삼위일체가 어떤 일종의 "규범적" 방식으로 활동한다고 헤겔이 본 것은 사실이다. 거칠게 요약해 본다면, 이성의 순수한 행동(*actus purus*)으로서의 내재적 삼위일체가 모든 정신 혹은 영의 운동에 어떤 깊은 논리적 심층구조를 제공한다고 헤겔이 사유한 것처럼 보인다. 이성의 운동의 리듬이 바로 규범적인 것이다. 영은 원으로 (예를 들어, 보편성-구체성-개체성의 원으로) 운동한다. 추상적 실체로서의 영은 자기-타자화 혹은 자기-이중화의 운동을 통해 살아 있는 실체가 되고, 또한 자기-복귀의 운동을 통해 자신에게로 되돌아가게 된다. 하나의 점과도 같던 실체의 자기-중심성이 하나의 원으로서의 사회적 간주관성 혹은 상호주관성으로 성장하는 것이다. 헤겔은 종종 학문적 체계 전체를 "원들의 원"(a circle of circles)으로 묘사하곤 한다.[115] "전체가 자신을 원들의 원으로서 드러내는 것이다."[116] 사유의 각각의 단계는 한 작은 원에 비유되며, 그것은 다시 구조적으로 전체의 나선적 순환운동에 거울처럼 반영되는 것이다. 이성의 교활함은 거울처럼 비추어진 타자성의 각각의 단계들 속에서 이러한 자신의 깊은 순환구조를 유지하는 힘에 있는 것이다. 바로 이것이 이성이 자신을 간주관적으로 확장하는 방법이다. 종교적 언어로 바꾸어 말하자면, 구원이란 자신이 하나님의 삶 속에 참여하는 것을 인식하는 것이다. 하나님은 피조된 타자들 속에서 자기 자신의 존재를 다시 인식함을 통해서 자기 자신의 존재와 신성을 채우고 완성하는 것이다. 하나님과 세계는 서로가 서로를 비추어주

---

115) Hegel, *Science of Logic*, 842.
116) Hegel, *The Encyclopaedia Logic*, 39 (15절).

는 두 개의 거울로서 바라보는 것이다.

> 14세기의 도미니크회 수도사였던 에크하르트는 내적인 삶에 대한 자신의 설교에서 이렇게 말하고 있다. "하나님이 나를 바라보는 눈은 바로 내가 하나님을 바라보는 눈이다. 나의 눈과 하나님의 눈은 하나이며 동일한 것이다.…만약 하나님이 존재하지 않았다면, 나도 존재하지 않았을 것이다. 만약 내가 존재하지 않았다면, 하나님도 존재하지 않았을 것이다."[117]

> "하나님이 하나님 자신을 아는 한에서 하나님은 오직 하나님이다. 나아가 하나님의 자기 지식은 인간 안에 있는 하나님의 자기 의식이며, 하나님에 대한 '인간의' 지식으로서, 그러한 지식은 '하나님 안에' 있는 인간의 자기 지식으로 진행된다."[118]

이처럼 에크하르트(Meister Eckhart)와 또한 자신의 동시대인이었던 쾨셀(Carl Friedrich Göschel)의 진술을 헤겔은 깊은 사변철학적 진리를 증언하는 것으로 찬성하며 인용하고 있다. 하나님은 인간의 지식을 통해 하나님 그 자신을 아는 한에서 진정 하나님이 된다. 또한 반대로, 유한한 정신은 하나님을 더 이상 저 너머의 적대적인 힘으로 보지 않고, 유한한 자기 지식을 하나님 안의 한 본질적 순간으로 인식함으로 무한성을 얻게 된다. "인간들은 하나님과 자신들의 통일성을 의식하게 됨으로써 구원받게 되고 축복을 얻게 되는 것이다."[119] 하나님은 인간이 하나님을 보는 눈을 통해 하나님 자신을 보게 되고, 인간은 하나님이 인간을 보는 눈을 통해 인간 자신을 보게 되는 것이다. 따라서 하나님 없이는 인간이

---

117) Hegel, *Lectures on the Philosophy of Religion*, Volume 1, 347-348.
118) Hegel, *Philosophy of Mind*, 298 (564절). "God is only God to the extent that God knows godself; God's self-knowing is, further, a self-consciousness in humanity and humanity's knowledge of God, which proceeds to humanity's self-knowing in God." 위의 영어 번역은 하지슨의 것이다. Hodgson, *G. W. F. Hegel*, 144 참조.
119) Hegel, *The Encyclopaedia Logic*, 272-273 (194절 추가 부분 1).

존재할 수 없으며, 인간 없이는 절대정신/절대영으로서의 하나님도 존재할 수 없는 것이다. 바로 영의 영에 대한 눈맞춤이며, 거울의 거울에 대한 이중 반사가 하나님의 절대적 존재 구조이다.

우리는 이제 헤겔의 신학적 미학의 비밀의 문지방에 서있는 듯하다. 상징적 언어와 그림적 언어가 개념적 언어의 투명성에 미치지 못한다는 자신의 거듭된 주장에도 불구하고, 헤겔은 이러한 근거 아닌 근거(non-foundational foundation)로서의 내재적 삼위일체 하나님을 설명하기 위해 다양한 미학적 메타포와 이미지에로 계속해서 되돌아 간다. 소년과 노인, 원들의 원, 자석의 메타포, 반대 방향들로 흐르는 강물, 하나님의 눈과 인간의 눈, 이중적 거울 등등의 이미지는 거기로 들어가는 다양한 입구를 지닌 어떤 일종의 나선형적이고 간주관적인 영의 공동체를 보여주는 듯하다. 헤겔의 전체 철학을 통해 설명되는 것은 튀빙겐에서의 자신의 젊은 시절의 꿈 곧 '하나 그리고 전체'(*hen kai pan*)인 것이다. 내재적 삼위일체는 포괄적 삼위일체 속에서 기계적이고 수학적으로 반복되는 것이 아니라, 미학적이고 드라마적으로 재현된다. 다음의 오레건의 진술은 이런 맥락에서 관계가 있다. "만약 스피노자가 여기서 헤겔의 존재신학의 궁극적 기원이라고 한다면, 또한 절대사유의 자유롭지만 자의적이지 않은 전개라는 헤겔의 관점에 가장 적합한 영향은 미학적 생산(aesthetic production)이란 자유와 필연성의 상호침투라는 쉴러의 견해라고 볼 수도 있을 것이다."[120] 데즈몬드도 역사적 과정에 드러나는 자유와 필연성의 역동적인 변증법을 일종의 "이성의 교활함의 미학적 형태(aesthetic form)"로서 볼 것을 제안한다.[121]

이처럼 하나님과 세계의 영적 관계를 조금이나마 상상할 수 있는 유일한 유비는 "자유롭지만 자의적이지는 않은", "자유와 필연성의 상호침투"로서의 미학적 테오드라마(theo-drama)이다. 하나님은 이 신학적

---

120) O'Regan, *Heterodox Hegel*, 357.
121) William Desmond, *Art and the Absolute: A Study of Hegel's Aesthetics* (Albany: SUNY, 1986), 63.

드라마에서 극작가이면서 동시에 배우이다. 극작가로서 내재적 삼위일체의 비결정적이지만 규범적인 시나리오는 세계 안에서 다른 배우들에 의해 유지되고, 해석되고, 재현된다. 테오드라마의 각각의 단계는 이성의 심층적 리듬으로 인해 온전한 전체를 형성하며, 또한 새로운 장을 향해 계속 열려 나아간다. 이성의 교활함은 이 과정에서 절대정신 혹은 절대영의 끝없이 성장하는 역동적 즉흥성의 힘을 가리키는 것이다. 이성의 역동적 즉흥성은 점증적으로 성장하는 유한한 정신/영의 자유 한가운데서, 그리고 그러한 자유를 통해서, 자기 자신의 미학적 필연성을 실현시킨다. 교활함이라는 이성의 인격적 개념 자체가 미리 결정된 조화라고 하는 기계론적 섭리를 불가능하게 한다. 쉴러와 헤겔이 보았듯 이해하기 힘든 신비한 방식으로 포괄적 삼위일체의 테오드라마 안에서 인간의 자유와 섭리의 필연은 일종의 미학적 자유와 미학적 필연성으로 서로가 서로에게로 침투하는 것이다.

3장 헤겔의 신학적 미학

헤겔《미학》의 연구 대상은 인간의 예술이다. 그에게 그것은 예술철학에 다름아니다. 헤겔의 미학강의는 다음과 같은 말로 시작하고 있다. "이 강의들은 미학(Aesthetics)에 관한 것이다. 그 주제는 아름다움(the beautiful)이라는 넓은 영역, 보다 정확하게는 예술(art) 혹은 순수예술(fine art, *die schöne Kunst*)이다."[1] 이 진술은 헤겔의 미학이 지니는 근원적인 특징을 드러내고 있다. 미학, 아름다움, 예술이 동일한 개념은 아님에도 불구하고, 헤겔은 이것들을 모두 예술의 문제에 집중시키고 있

---

1) Hegel, Aesthetics, 1. 헤겔 미학에 대한 보다 자세한 소개로는 다음의 책들을 참고하라. Jack Kaminsky, *Hegel on Art: An Interpretation of Hegel's Aesthetics* (Albany: State University of New York Press, 1962); Stephen Bungay, *Beauty and Truth: A Study of Hegel's Aesthetics* (Oxford: Oxford UP, 1984); William Desmond, *Art and the Absolute: A Study of Hegel's Aesthetics* (Albany: SUNY, 1986); Stephen Houlgate, Freedom, Truth and History, (London and New York: Routledge, 1991); Robert Wicks, *Hegel's Theory of Aesthetic Judgment* (New York: Peter Lang, 1994); William Maker (ed.), *Hegel and Aesthetics* (New York: State University of New York Press, 2000).

다. 미학이라는 용어의 창시자인 바움가르텐은 자신의 《미학》 1절에서 그것을 "감각적 인식의 학문"(scientia cognitionis sensitivae)이라고 정의내리고 있다.[2] 그리고 칸트는 《순수이성 비판》과 《판단력 비판》에서 이러한 감각적 인식으로서의 미학이라는 주제와 함께, 예술비평의 보편성, 자연의 합목적적인 아름다움과 숭엄함 등의 주제를 다루고 있다. 반면에 헤겔은 자신의 미학 강의에서 감각적 인식의 문제나 자연의 아름다움에 대한 성찰은 상대적으로 배제하고 있다. 그에게 미학은 곧 예술의 문제이기 때문이다. 그는 규칙성, 좌우대칭성, 조화와 같이 추상적인 자연의 아름다움은 영의 자기 실현으로서의 예술의 아름다움에 비해 불충분한 것이라고 본다. 아름다움의 개념은 자연의 모방이 아니라 오직 인간의 자유로운 창조성에 의해 보다 온전히 현실화될 수 있기 때문이다.[3] 예술은 자연의 모방이 아니라 자연성의 극복이다. 다시 말해 헤겔은 왜 인간이 예술을 필요로 하는가라는 질문에 대해, 인간은 자유로운 이성을 가진 영으로서 그 자신의 내적인 자유를 외적인 자연의 필연성 속에 실현시키고자 하는 원초적인 필요를 가지기 때문이라고 답한다. 예술이란 인간이 자신의 자유로운 영을 거칠고 완고한 자연의 물질 속에 실현시킴으로 거기서 자신의 모습을 다시 인식하게 되는 일종의 "자기 이중화(duplication, *Verdoppelung*)" 과정이다.[4]

예술은 인간의 자유의 실현, 자유로운 이성의 실현, 자기의 이중화 과정이다. 그리고 헤겔은 이러한 예술적 자유의 확장 과정에서 자신을 스스로 전개시키는 신의 창조성을 또한 발견한다. 순수예술 혹은 "자유예술"(free art, *freie Kunst*)이 다른 기능적이고 실용적인 "종속예술"(servile art, *dienende Kunst*)과 달리 신학적 예술로서의 우월성을 지니

---

2) Alexander Gottlieb Baumgarten, *Aesthetica*. 1750년에 1권이, 그리고 1769년에 2권이 모두 라틴어로 출판되었다. 이 저작은 팩시밀리판으로 다시 복사되어 출판되었다 (Hildesheim: Georg Olms Verlagsbuchhandlung, 1961).

3) Bungay, *Beauty and Truth*, 14-15.

4) Hegel, *Aesthetics*, 32.

는 이유도 여기에 있다.[5] 순수예술은 인간을 통한 신의 자유의 표현이다.

> 순수예술은 자신의 이러한 자유(自由) 속에서만 진리의 예술(wahrhaft Kunst)이다. 그것은 종교와 철학의 동일한 영역에 자신을 위치시킬 때에만, 자신의 '가장 높은' 사명을 성취하는 것이다. 인류의 가장 깊숙한 관심이자 영의 가장 포괄적인 진리가 되는 '신성한 존재'(the Divine, das Göttliche)를 우리 마음에 가져오고 표현하는 단지 또 하나의 방법이 예술이다. 예술작품 안에 국가들은 자신의 가장 풍부한 내적 직관과 사유를 담았으며, 예술은 종종 그들의 철학과 종교를 이해하는 열쇠가 된다. 많은 국가들의 경우에 있어서는 유일한 열쇠가 된다. 하지만 종교와 철학과 함께 예술은 이러한 소명을 독특한 방식으로 공유한다. 예술은 가장 높은 존재를 감각적 방식으로 표현함으로써, 그러한 존재를 감각과 감정과 자연의 드러남의 양식에 보다 가깝게 가져온다.[6]

헤겔의 논리학이 신의 논리적인 형태들의 만신전(萬神殿)이라고 한다면, 그의 미학은 신의 예술적인 형태들의 만신전이다. 헤겔의 미학은 일종의 신학적 미학인 것이다.

하지만 헤겔은 아우구스티누스나 화이트헤드의 경우와는 달리 어떤 구체적인 미학적 가치를 전면에 내세워서 악의 문제를 해결하는 것으로 직접 제시하지는 않는 듯 보인다. 이미 앞에서 보았듯 신정론은 학문 혹은 철학의 문제, 역사의 문제, 그리고 존재와 신과 자아와 논리의 문제라고 헤겔은 보았다. 더군다나 헤겔이 직접 사용한 표현은 아니지만 이른바 그의 '예술의 죽음'이라는 입장은 어떠한 악의 미학적 해결도 그의 사변철학에서 도무지 가능할 것 같지 않아 보인다. 노년의 헤겔의 철학은 예술의 죽음과 종교의 지양을 통해서만 가능했을 수도 있는 것이다. 《미학》에서의 헤겔의 진술처럼, "사유와 성찰이 순수예술 위에 자신들의 날개를 덮었다(überflügeln)."[7] 필자는 이러한 여러 난제들에도 불구하

---

5) Hegel, Aesthetics, 7.
6) Hegel, Aesthetics, 7-8.

고 헤겔의 신정론 전체를 어떤 깊은 미학적 통찰이 떠받치고 있다고 믿으며, 전체로서의 존재신학에 대한 헤겔의 통찰이 어떤 측면에서는 아우구스티누스와 화이트헤드의 미학적 신정론을 중재할 수 있다고 제안하고자 한다. 이러한 제안을 보충하고 지지하기 위해 헤겔의 신정론이 가지는 세 측면에 대한 세 가지 미학적 가설을 필자는 제시하게 될 것이다. 첫째, 헤겔의 신정론이 가지는 철학적 혹은 학문적 체계의 형식과 관련하여서, 필자는 헤겔의 철학에는 어떤 미학적 근거 혹은 기초가 존재한다고 주장한다. 둘째, 헤겔의 신정론의 자리로서의 역사와 관련하여, 예술이 역사의 이콘 곧 집약적으로 농축된 역사라고 주장한다. 셋째, 마지막으로 헤겔의 신정론의 논리가 존재신학이라는 것과 관련하여, 존재신학은 일종의 계시적 테오드라마라고 제안한다. 만약 이러한 세 가설들이 모두 상대적인 설득력을 가진다면, 헤겔의 신정론을 드라마의 예술적 속성을 주목한 미학적 신정론이라고 특징지을 수 있을 것이다. 악의 문제는 존재, 신, 인간, 논리가 역사의 자리에서 철학의 체계를 통해 전체로서의 하나님의 삶의 성장을 위한 단계들이 된다는 인식을 통해 해결된다고 한다면, 이것은 다시 미학적으로 악의 문제는 기독교 삼위일체 하나님이 역사 안에서 자기 계시를 통해 세계와 드라마적으로 화해하였다는 사실을 통해 해결된다고 해석할 수도 있을 것이다.

I. 철학의 미학적 토대

계시는 논리를 기초한다는 주제를 살펴보도록 하자. 헤겔의 미학, 종교철학, 철학은 같이 이해되어야 한다. 데즈몬드의 주장처럼, "예술의 이해는 헤겔의 절대자 개념에 대한 올바른 이해를 위해 필수불가결한 것이며, 또한 그의 철학 자체에 대한 이해를 위해서도 마찬가지다."[8] 종교

---

7) Hegel, *Aesthetics*, 10.

나 철학과 마찬가지로, 순수예술도 신성한 존재를 우리 마음에 가져오고 표현하는 방법으로 헤겔은 여겼다. 예술도 하나님의 표현이라는 가장 지고한 사명을 마찬가지로 가지지만, 그 자신만의 독특한 방식으로 곧 즉각적이고 감각적인 표현을 통해서 그러한 사명을 수행한다. 예술, 종교, 철학은 각각의 독특한 방식으로 "신성한 하나님께 드리는 예배"가 되는 것이다.[9] 헤겔은 예술, 종교, 철학을 통해 동일한 내용이 각각 "즉각적 직관"(*unmittelbaren Anschauung*), "표상"(*Vorstellung*), 그리고 개념적 "사유"(*Denken*)라는 다른 형식으로 표현된다고 믿었다.[10] 비록 철학적 개념이 그러한 표현의 가장 적합한 형식이라고 그가 생각하였지만, 이것이 예술적 표현이나 종교적 표현을 불필요하고 잉여적인 것으로 만든다고 여기지는 않았다. 만약 정말 그러하다면, 기독교의 하나님은 자신을 계시하고 외화시키기를 꺼려하는 질투의 하나님일 뿐일 것이다. 사유가 절대자의 유일한 중재적 표현은 아니며, 예술도 계시의 매개체인 것이다.

> 만약 … 절대적 주체성(absolute subjectivity) 자체가 또한 외적인 존재에로 나아가지 않았고, 다시 이러한 실재로부터 자신 속으로 귀환하지 않았다고 한다면, 그러한 절대적 주체성은 예술을 피하였을 것이며 오직 사유에 의해서만 도달될 수 있었을 것이다. 이러한 현실성의 단계는 절대자 속에 내재하는 본질적인 것이다. … 절대자 자신 속에 기초하는 이러한 즉각적 존재때문에, 절대자는 자연과 유한한 인간의 존재 속에서 현실적인 신적 주체성의 드러남이라는 스스로의 형태를 가지지 않고 단지 자연과 인간을 취소해버리는 질투스러운 하나님이 되지는 않는 것이다. 오히려 반대로 진정한 절대자는 그 자신을 계시하며, 바로 그 때문에 예술에 의해 포착되고 표현될 수 있게 되는 것이다.[11]

---

8) Desmond, *Art and the Absolute*, xii.
9) Hegel, *Aesthetics*, 101. 또한 *Lectures on the Philosophy of Religion*, Volume 1, 84 와 *The Difference between Fichte's and Schelling's System of Philosophy*, 172를 참조하라.
10) Hegel, *Lectures on the Philosophy of Religion*, Volume 1, 234.

헤겔은 논리학이 절대자의 개념적 형태들을 전시하는 "하나님의 형상들의 판테온"이라고 여겼으며,[12] 동시에 "예술의 광활한 판테온"도 다양한 예술 형식들과 예술 장르들을 통해서 절대자가 자신을 감각적 형상으로 드러내는 것이라고 보았다.[13] 다른 표현 형식들과 마찬가지로 절대자의 예술적 드러남도 영의 자기 운동의 리듬에 기초한 어떤 심층적 구조를 가진다. 헤겔의 존재-신-학에서 발견되는 예술, 종교, 철학의 가장 일반적인 구조를 간략하게 요약해 본다면 다음과 같을 것이다.[14]

       (I) 미학   (II) 신학   (III) 논리학

1) 상징주의적 예술 형태(숭엄함)   유일자, 가장 높은 존재   보편성
2) 고전주의적 예술 형태 (아름다움) 그리스의 다신론적 신들   구체성
3) 낭만주의적 예술 형태 (영성)   기독교의 삼위일체   개체성

헤겔의 신학적 미학은 하나님의 개념적 내용의 전개 과정과, 하나님의 감각적이고 예술적인 형상화의 과정 사이에 일종의 병행적인 상응구조가 존재한다고 제안한다. 아주 개괄적으로 이를 설명해 보도록 하자.

미학과 신학과 논리학은 하나님을 각각 병행적으로 표현하고 있다. 첫째로, 논리적 범주들을 사용하여 설명하자면, (1) 상징주의적(symbolic) 예술 형태는 신성을 일종의 애매한 보편성으로 "추구"(striving, Erstreben)하는 단계이다. 추상적 보편성이라는 내용의 결핍은 표현의 추상성이라는 형식의 결핍을 가져온다. (2) 고전주의적(classical) 예술 형태는 신성의 구체성에 "도달"(attainment, Erreichen)하는 단계이다. 여기서 내용과 형식이 완전한 일치를 이루면서 고전적 아름다움의 극치가 획득된다. (3) 낭만주의적(romantic) 예술 형태는 신성의 개체성이라

---

11) Hegel, *Aesthetics*, 519-520.
12) Hegel, *The Encyclopaedia Logic*, 138 (86절 추가부분2).
13) Hegel, *Aesthetics*, 90.
14) Hegel, *Aesthetics*, 70-81 참조.

는 역사적 사건으로 인해 예술이 "초월"(transcendence, *Überschreiten*)
되는 단계이다. 심화된 영성의 내용은 예술이라는 형식을 파열시키고 초
월하여 예술 자체의 극복을 가져온다.[15]

둘째로, 이러한 논리적 뼈대를 다시 종교들의 신학에 관련하여 표현
해보도록 하자. (1) 상징주의적 예술은 헤겔이 "동양"이라고 표현하는 여
러 숭엄함(sublimity)의 종교의 예술 형식이다.[16] 조로아스트교, 힌두교,
이집트 종교, 이슬람교, 유대교 등의 동양 종교들은 아직 신성을 알 수
없는 숭엄한 어떤 실체로서만 상상한다. 숭엄함의 종교는 헤겔에게 있어
서 "스핑크스"가 상징하는 대답 없는 물음의 단계이다. "아침에는 네 다
리였다가, 낮에는 두 다리이고, 저녁에는 세 다리가 되는 것은 무엇인
가?"[17] 숭엄함의 종교는 여기에 대해 대답할 수 없다. 그것은 오직 다음
단계인 아름다움의 종교에 와서야 발견되기 때문이다. (2) 고전주의적
예술은 그리스의 아름다움(beauty)의 종교이다. 신성은 알 수 없는 신비
한 실체에서 보다 구체적이고 신인동형론적인 인간의 형태를 부분적으
로 지닌 존재들로 이해된다. 아름다움의 종교는 "외디푸스"의 대답으로
상징되는 인간 주체의 발견에 토대한다. 종교의 내용과 형식 모두가 인
간에서 일치하는 것이다. 델피에 있는 아폴로 신전에 새겨져 있는 "너
자신을 알라"는 격언처럼, 그것은 바로 인간이라는 외디푸스의 대답에
스핑크스의 수수께끼는 무너지게 된 것이다.[18] 하지만 이러한 그리스 종
교의 신인동형론은 아직 충분히 진정으로 완전한 신인동형론에 도달하
지는 못했다. 그것은 오직 기독교에서만 가능하기 때문이다. (3) 낭만주
의적 예술은 기독교의 영성(spirituality)의 종교이다. 성육신을 통한 기
독교의 신인동형론의 완성은 예술로 하여금 이제 더 이상 하나님을 수
수께끼같은 실체로 표현하거나, 일군의 반인반수 형태의 신들로도 상상

---

15) Hegel, *Aesthetics*, 81.
16) Hegel, Aesthetics, 303.
17) Hegel, Aesthetics, 361.
18) Hegel, Aesthetics, 361.

하지 않고, 역사 안의 한 개체성으로서의 예수 안에 하나님을 내용으로 가지게 만들었다. 예술의 내용은 더 이상 그 스스로의 상상에 의해서가 아니라 "육신이 된 하나님의 역사"에 의해 주어지게 된 것이다.[19] 이처럼 하나님은 숭엄함의 종교에서 실체(substance)로서, 아름다움의 종교에서 실체적 주체(substantial subject)로서, 그리고 마침내 영성의 종교에서 진정한 절대적인 주체(subject)로서 그 스스로를 점진적으로 영성화시키고 있는 것이다.

마지막 셋째로, 이러한 논리적이고 신학적인 전개 과정은 예술 장르의 구분에서도 그대로 반영되고 있다. 헤겔은 자신의 《미학》에서 건축, 조각, 회화, 음악, 시(문학)라고 하는 크게 다섯 가지 장르의 예술을 다루고 있다. 그리고 이것들은 세 단계의 영성화 과정이라는 관점에서 순차적으로 해석된다. (1) 스핑크스의 질문에서처럼, 상징주의 예술은 신성의 획득이라기보다는 그것의 추구이다. 바로 이 때문에 하나님의 존재에 대한 직접적 표현은 불가능하고 오직 그러한 신성의 거주 공간으로서 "건축"만이 가능한 것이다. 상징주의 예술은 신이 아니라 신을 위한 신전을 건축한다. (2) 외디푸스의 대답에서처럼, 고전주의 예술은 인간의 몸에서 신성함의 내용과 형식이 완벽하게 일치하는 것을 발견한다. "조각"을 통한 신성의 개별적 형태의 표현은 다양한 아름다움의 극치를 가져온다. 상징주의 예술이 준비한 신전의 건축 안으로 고전주의 예술의 다양한 신들은 발걸음을 옮겨 들어오는 것이다. (3) 예수의 성육신과 십자가에서처럼, 낭만주의 예술은 아름다움이 영성을 위해 죽어야 함을 감지한다. 그리스 예술이 아름다움의 극치이기는 하지만 아직 기독교 예술의 영성의 극치에는 도달하지 못했기 때문이다. 따라서 낭만주의 예술은 "회화", "음악", "시"를 통한 아름다움의 영성화를 시도하게 된다. 회화는 돌과 같이 삼차원적인 예술적 매체를 버리고 평면이라는 보다 영성화된 이차원적인 매체를 사용한다. 음악은 이러한 이차원적 공간이라는 매체

---

19) Hegel, *Aesthetics*, 506.

마저 버리고 소리의 시간적 매체를 사용한다. 그리고 마지막으로 시는 가장 영적이고 내면적인 예술적 매체인 언어를 마침내 사용하게 된다. 헤겔은 여기에 서사적 시, 서정적 시, 드라마적 시를 포함시키고 있다. 오늘날의 문학을 의미하고 있는 것이다. 드라마적 시 혹은 드라마는 헤겔 예술 체계의 마지막 절정에 위치한다. 그러나 이 시점에서 예술은 그 자신을 넘어가는 문지방에 있게 된다. 예술은 건축, 조각, 회화, 음악, 시 라는 점진적 영성화의 과정을 거쳐 그 자신을 초월해 가는 것이다. 바로 예술의 영성화의 마지막인 단계인 시에서 헤겔은 "이제 예술은 예술 그 자신을 초월해야 한다"고 말한다.[20] 예술은 더 이상 실제적 만듦이 아니라 그러한 만듦에 대한 사유로 전환되어야 한다. 예술의 문지방을 넘어 "예술 철학"이 되는 것이다.[21]

요컨대 이러한 논리, 종교, 미학 사이의 병행적 상응구조가 바로 헤겔이 다양한 예술적 형식들과 장르들을 체계적으로 정리하는 원칙으로 기능하고 있는 것이다.

> 영의 개념(*Begriff des Geistes*)과 상응하여, 예술의 형상화(*Gestaltung*)가 성취한 영성으로서의 이러한 보다 높은 진리의 지점에, 바로 예술철학의 구분이 가능한 기초가 존재하는 것이다. 왜냐하면 영은 자신의 절대적 본질로서의 진정한 개념에 도달하기 이전에, 여러 단계들을 거쳐야만 하며 이러한 순차적 단계들은 이러한 개념 자체에 기초하고 있기 때문이다. 영이 자신에게 부여하는 이러한 내용의 과정에 상응하여, 예술의 형상화와 즉각적으로 연결되는 과정이 존재하는 것이다. 예술의 형상화 속에서 영은 예술가로서 자기 자신에게 자기 자신의 의식을 부여한다.[22]

헤겔이 논리적인 개념과 미학적인 형상화 사이에 상응하는 발달과정이 존재한다고 주장하는 것은 인용문에서 분명하게 드러나고 있다. 철학과

---

20) Hegel, *Aesthetics*, 89.
21) Hegel, *Aesthetics*, 611.
22) Hegel, *Aesthetics*, 72.

미학 모두는 동일한 전체로서의 하나님을 담는 영의 표현이기 때문이다. "모든 철학은 그 자체로 완성된 것으로, 본질적인 예술작품과도 같이 그 자체 안에 전체를 담고 있다."[23)]

하지만 우리가 지금 관심하고 있는 것은 이러한 논리적인 것과 미학적인 것의 상응구조가 또한 논리적인 것의 미학적인 '기초' 제공으로 해석될 수 있는지의 유무이다. 헤겔이 예술에 일종의 사형선고를 내릴 때, 과연 이러한 사유의 미학적 토대가 도대체 가능한 것일까? 흔히 그에게 돌려지듯 '예술의 죽음'이라는 표현을 헤겔 자신이 사용하지는 않았지만, 다음과 같이 진술한 적은 있다. "예술은 그 자신의 가장 높은 사명을 고려할 때, 우리에게 과거의 것(ein Vergangenes)이고 과거의 것으로 남아야 한다."[24)] 필자는 이 진술에 대해 두 가지 상관이 있는 해석을 제안하고자 한다. 첫째, 헤겔의 견해에 있어서 예술의 부족함은 다신론(多神論, polytheism)의 부족함과 본질적으로 관계가 있다는 사실이다. 둘째로, 헤겔이 공공연하게 밝히듯 그의 목표는 예술의 외적 이미지와 종교의 내적 이미지들을 초월하여 순수한 개념적 사유에로 나아가는 것이지만, 헤겔의 철학적 개념들이 이러한 예술과 종교의 이미지들에 본질적으로 내재한 설명의 힘에 의지하는 경우가 종종 있어 보인다는 것이다. 이런 의미에서 미학적 메타포는 잠재적인 개념인 것이다.

헤겔이 철학을 위하여 예술을 버렸다는 식의 이른바 '예술의 죽음' 해석은 그를 지나치게 단순화시켜서 이해하는 것이다. 예를 들어 하트숀에 따르면, "헤겔은 마치 철학이 종교와 과학과 예술을 삼켜버리고 소화시켜 버리는 것처럼 쓰고 있다".[25)] 하지만 헤겔은 예술은 우리에게 과거

---

23) Hegel, *The Difference Between Fichte's and Schelling's System of Philosophy*, 89.
24) Hegel, *Aesthetics*, 11. 또한 Ibid., 9-10, 102-103, 529, 604, 608, 1236 등도 참조하라.
25) Charles Hartshorne, *Insights and Oversights of Great Thinkers: An Evaluation of Western Philosophy* (Albany: SUNY Press, 1983), 209. 예술, 종교, 철학에 대한 헤겔의 진술에 하트숀이 이러한 강렬한 부정적 반응을 보이는 것은 어쩌면 지나친 단순화의 오류 이상의 것이다. 왜냐하는 하트숀은 우연적 진리와 필연적 진리 사이의 관

의 것이라는 진술에서 예술 '자체'에 대한 일반적 비판을 제공하고 있다고 보이지는 않으며, 절대자의 표현 형식으로서의 예술의 본질적 기능과 관련하여 어떤 매우 구체적인 비판을 하고 있는 것으로 보인다.[26] 우리는 예술의 판테온에서 그리스의 조각된 신들 앞에 더이상 무릎 꿇지 않는다. 절대자는 우리의 마음 속에서 발견된다고 믿기 때문이다. 달리 말해 헤겔은 예술에 대한 순수하게 미학적인 비판을 감행하고 있는 것이 아니라, 예술의 메타-미학적인(meta-aesthetic) 혹은 존재신학적인

계에 있어 헤겔과 본질적으로 다른 견해를 가지기 때문이다. 하트숀은 특히 신정론의 맥락에서 헤겔의 "교활한" 이성이 단지 "엄격한 필연주의"라고 여기는 반면, 자신은 정반대의 입장을 고수한다. 하트숀에 따르면, "필연적 진리는 오직 필연적 진리만을 포함할 수 있다. 따라서 우연적 진리와 필연적 진리의 결합은 오직 우연적 진리가 될 수 있을 뿐이다. 포괄적인 개념은 우연성이다." 하트숀의 궁극적인 신념은 포괄적이고 구체적인 진리는 우연성을 지닌다는 것이다. 따라서 "철학의 헤게모니"에 대한 헤겔의 주장은 하트숀에게 "헤겔의 범논리주의(panlogism)"를 의미할 뿐이며, 반대로 하트숀 자신은 화이트헤드의 과정 형이상학에 기초하여 "보편적인 것은 가치의 미학적 척도이다"라는 미학의 헤게모니를 주장한다(ibid., 195-211). 하지만 필자는 철학의 필연적 진리와 미학의 우연적 진리 사이의 이러한 엄격한 대조가 지나치게 날카롭게 극단화되고 있는 면이 없지 않다고 본다. 만약 영의 교활함이 단지 엄격한 필연주의일 뿐이라고 한다면, 그러한 영은 교활하기보다는 오히려 우둔할 것이다. 그것은 단지 고전적 유신론에로의 회귀일 뿐이다. 반면 헤겔은 미학적 자유와 미학적 필연성 사이의 어떤 깊은 상응을 발견한 듯하며, 그것은 전체로서의 하나님의 테오드라마에서 영의 점증적으로 증가하는 역동적 즉흥성, 그러나 구조화된 계획을 지닌 즉흥성의 힘을 가리키는 것으로 보인다. 파켄하임(Fackenheim)이 주장하듯, "헤겔의 전체 철학은 우연한 것을 부정하는 것과는 거리가 멀며, 오히려 반대로 우연한 것의 필수불가결성을 증명하고자 노력한다"고 해석할 수도 있는 것이다. Emil L. *Fackenheim, The Religious Dimension in Hegel's Thought* (Bloomington & London: Indiana University Press, 1967), 4.

26) 동일한 해석이 카터(Curtis L. Carter)에 의해 제공된다. 그는 헤겔의 예술 비판을 자신의 기독교의 종교적 관점에 기초한 "매우 구체적인 것이지, 일반적이거나 모든 것을 포괄하는 것은 아니다"라고 주장한다. Curtis L. Carter, "A Re-examination of the 'Death of Art' Interpretation of Hegel's Aesthetic," Warren E. Steinkraus and Kenneth I. Schmitz ed., *Art and Logic in Hegel's Philosophy* (New Jersey: Humanities Press, 1980), 92-93.

비판을 제공하는 것이다. 구체적으로 예술의 이러한 "가장 높은 사명"의 측면에서 그것의 본질적 결함은 다신론적인 편협성과 지역성에 본질적으로 묶여있는 것이라고 헤겔은 본 것이다. 예를 들어 조각된 아테나 여신상의 경우처럼, 예술은 절대자를 오직 어떤 하나의 구체적인 형상으로 표현할 수 있을 뿐이다. 또한 거기에 담긴 아테네 사람들의 민족정신(*Volksgeist*)처럼, 이러한 예술적 표현에는 오직 어떤 제한되고 지역적인 내용만이 담길 수 있을 뿐이다. 여기서 결함이 있는 형식과 결함이 있는 내용은 서로가 서로를 더욱 강화시킨다. 요컨대 메타-미학적이고 존재신학적인 차원에서 이해된 예술의 본질적인 결함은 그것이 하나의 절대정신 혹은 절대영을 여러 다양한 민족적 신들로 쪼개어 분열시키는 데 있다. 이러한 다신론적인 왜곡은 예술가의 어떤 불순한 의도에서 기인하는 것이 아니라, 영의 즉각적이고 감각적인 구체적 외화라고 하는 예술적 표현의 본질에서 기인하는 것이다.

> 절대정신 혹은 절대영은 그러한 개개의 예술적 형상들 속에서 분명하게 드러날 수는 없다. 따라서 순수예술의 영은 제한된 민족정신이다. 영의 암묵적 보편성은 그것을 보다 풍부하게 표현하고자 하는 예술적 시도들에서 일종의 모호한 다신론으로 쪼개어지게 되는 것이다. …예술은 어떤 형식적인 것을 달성한다. 따라서 거기에서 드러나는 사유 혹은 표상의 내용은 예술이 그것을 만들어내기 위해 사용한 재료와 마찬가지로 가장 다양하고 어떤 의미에서는 비본질적이기까지 하다. 하지만 작품 그 자체는 여전히 아름다운 어떤 것, 예술 작품일 수 있다.[27]

예술 작품 그 자체를 고려한다면, 그것은 긍정적으로 아름다울 수 있다.

---

27) 필자는 여기서 하지슨의 영어 번역을 따랐다. Hodgson, G. W. F. Hegel, 140. 밀러(A. V. Miller)의 다른 번역으로는 Hegel, Philosophy of Mind, 294 (559절) 참조. "민족의 윤리적 정신"의 표현으로서의 예술에 대해서는 Hegel, *System of Ethical Life and First Philosophy of Spirit*, 254-255에 나오는 로젠크란츠(Rosenkranz)의 진술을 참조하라.

하지만 다신론이라고 하는 그 신학적 함의에서 볼 때 예술은 결함이 있다는 것이 헤겔의 논지이다. 다양한 국가들과 민족들이 존재하듯이, 그들의 민족정신의 예술적 표현들은 하나의 절대정신 혹은 절대영에 대한 예배에는 미치지 못하는 것이다. 헤겔은 "고전적 예술의 원리에 절대적으로 본질적인 것은 다신론이다"라고 한다.[28] 자신들의 지역적이고 고유한 정당성을 주장하며, 다신론의 아름다운 신들은 서로가 서로에게 충돌하게 된다.[29] 유한한 주체성 혹은 민족정신에 대한 이러한 "지역적, 시간적" 표현은 기독교 종교의 절대영으로서의 하나님 안에서 극복되어야 한다.[30] 그리스의 다신론이 기독교의 유일신론에게 자리를 내어주는 것이다. 이것이 왜 "순수예술은 오직 해방의 한 단계일 뿐이지, 아직 지고한 해방 자체는 아닌 이유이며", "순수예술이 그 자신의 고유한 종교와 마찬가지로 본질적인 종교 안에서 그 미래를 가지는 이유이다."[31] 요컨대 이른바 예술의 죽음과 다신론의 문제가 본질적으로 서로 관련이 있다는 사실은 예술 사학자 혹은 예술 비평가들이 헤겔의 미학을 평가하는 시각과 신학자들이 그것의 신학적 함의를 평가하는 시각 사이에는 차이가 있을 수 있다는 점을 드러내어 준다.[32]

---

28) Hegel, Aesthetics, 486. 예술과 다신론의 관계에 대해서는 Hegel, *Lectures on the Philosophy of Religion*, Volume 2, 163-64, 167-71, 184, 377, 387-388, 458-460, 469-470, 472, 583, 그리고 Aesthetics, 175 등을 참조하라. 그리스의 다신론적 예술 종교와 기독교의 유일신론적 영성 종교 사이의 대조에 대해서는 Hegel, *Philosophy of Mind*, 18-20 (384절 추가 부분), *Aesthetics*, 175-176 그리고 519, *Lectures on the Philosophy of World History*, 111-112 등을 참조하라.
29) Hegel, *Lectures on the Philosophy of Religion*, Volume 2, 184.
30) Hegel, *Lectures on the Philosophy of Religion*, Volume 2, 472.
31) Hegel, *Philosophy of Mind*, 297 (562절) 그리고 297 (563절). 필자는 여기서 하지슨의 영어 번역을 따랐다. Hodgson, G. W. F. Hegel, 142-143.
32) 따라서 "헤겔의 예술에 대한 관찰은 그의 존재론에 대한 헌신이 수반되지 않고도 수긍될 수 있다"는 카민스키(Jack Kaminsky)의 주장에 필자는 동의하지 않으며, 오히려 헤겔의 미학과 헤겔의 존재신학을 분리하는 것이 매우 인위적일 뿐만 아니라 헤겔의 사유를 더욱 모호하게 만든다고 본다. Kaminsky, *Hegel on Art*, viii. 그리고 헤겔

예술은 비록 민족들의 최후의 스승은 아닐 지라도 "민족들의 최초의 스승"이었다고 헤겔은 생각한다.[33] 문명의 진보는 예술과 시에 많은 빚을 지고 있다. 달리 말해 절대정신 혹은 절대영의 영역에 대한 헤겔의 구조화의 시도 자체가 철학의 미학적 근거 혹은 미학적 기초를 보여주고 있는 것이다. 문명의 시원에서 예술은 종교나 철학보다 먼저 도래하였다. 헤겔에게 있어서 철학이 결국 예술을 대체하였다는 통속적인 해석에 반대하여, 데즈몬드(William Desmond)나 오레건(Cyril O'Regan)같은 해석자들은 헤겔의 철학 전체의 저류에 깊이 흐르고 있는 어떤 미학적인, 보다 구체적으로 말한다면 이야기적이고 드라마적인, 토대를 강조한다. 예술의 철학에 대한 어떤 종속을 부정하지는 않지만, 데즈몬드는 동시에 "예술과 철학의 '상호보충성'"과 나아가서 "예술에 대한 철학의 필연적인 '개방성'"을 헤겔이 믿었다고 주장한다.[34] 헤겔이 일종의 전체주의적 폐쇄성으로 사유를 끝낸 철학자라고 보는 대신에, 데즈몬드는 헤겔의 사유가 사유 이전의 예술이라는 본질적인 뿌리에 토대를 두고 어떤 열린 개방성을 지닌 전체성을 향해 운동하여 나갔다고 해석한다. 만약 헤겔의 철학이 정말 데즈몬드가 제안하듯 "그 필연적인 근거로서 예술의 구체적인 풍부성과 궁극성"을 전제하고 있다면, 이러한 사유의 미학적 기초는 "예술에 대한 철학적 사유의 진정한 개방성을 필수적으로 만들 것이다."[35]

이 말한 예술의 죽음이란 "낭만주의 예술의 해체"라는 녹스(T. M. Knox)의 대안적인 해석으로는 그의 에세이 "The Puzzle of Hegel's Aesthetics," Warren E. Steinkraus and Kenneth I. Schmitz ed., *Art and Logic in Hegel's Philosophy* (New Jersey: Humanities Press, 1980), 9를 참조하라.

33) Hegel, Aesthetics, 50. 또한 그는 예술이 "종교적 관념들의 최초의 해석자"라고도 말한다(ibid., 316). 유사하게 시(詩)는 "인류의 스승"이라는 이름을 헤겔로부터 부여받는다. Harris, *Hegel's Development: Toward the Sunlight*, 254.

34) Desmond, *Art and the Absolute*, xv.

35) Desmond, *Art and the Absolute*, xx.

이렇게 말할 수도 있을 것이다: 일종의 미학적 차원이 헤겔의 논리적 사유의 스타일에 뿌리 깊게 침투하고 있다. 단지 헤겔의 미학 뒤에는 어떤 철학적 체계가 놓여있다는 것만이 아니다. 물론 이것도 사실이다. 하지만 보다 중요한 것은 철학적 체계라는 것에 대한 헤겔의 개념은 그 역동적인 형태, 유기적 통일성, 그리고 전체성에 대한 강조에서 분명하며 오해할 수 없는 미학적 울림 혹은 미학적 색조를 가진다.[36]

보다 구체적으로 데즈몬드는 헤겔의 두 가지 중요한 저작 곧 《정신현상학》과 《논리학》이 그 형식, 유기적 통일성, 그리고 전체성에 있어 "매우 높은 정도의 '드라마적' 구조"를 보여주고 있다고 해석한다. "《정신현상학》이 구체적인 의식의 가능성들이 드라마적으로 펼쳐지는 것을 보여준다면, 《논리학》은 순수 사유의 논리적 가능성들의 드라마를 드러내고 있다."[37] 헤겔의 철학은 이런 의미에서 영의 모험의 기록 혹은 영의 성장소설(*Bildungsroman*)이라고 여겨질 수 있을 것이다. 따라서 계승론 혹은 대체론의 관계와는 거리가 멀게, 예술과 철학은 헤겔의 사유의 전체 체계에서 표현의 보충적인 양식들로 기능하고 있는 것이다. 나아가 "헤겔 안에 존재하는 철학적 예술가가 이성적 논리주의자로서의 헤겔 안에 어떤 본질적인 것을 결정한다"라고 데즈몬드는 말한다.[38] 그는 이런 맥락에서 미학적인 것과 논리적인 것의 관계에 대한 로티(Richard Rorty)의 다음과 같은 진술을 옹호적으로 인용한다. "우리의 대부분의 철학적 신념을 결정하는 것은 명제라기보다는 그림이며, 진술이라기보다는 메타포이다."[39] 발타자도 헤겔의 "예나 논리학은 겉으로 확연하게 드러나는 미학적 기초를 가진다"고 평가한다.[40]

---

36) Desmond, *Art and the Absolute*, 30.
37) Desmond, *Art and the Absolute*, 31.
38) Desmond, *Art and the Absolute*, 30.
39) Desmond, *Art and the Absolute*, 173 n 4. Cf. Richard Rorty, *Philosophy and the Mirror of Nature* (Princeton: Princeton University Press, 1979), 12.
40) Balthasar, *The Glory of the Lord*, vol. 5, 588.

헤겔 사유가 지닌 미학적이고 드라마적인 토대에 주목한 또 다른 사람은 오레건이다. 그는 헤겔의 철학이 지닌 내러티브성 곧 이야기적 구성을 섬세하게 분석한다. 폴 리꾀르와 마찬가지로 오레건은 어떤 독특한 종류의 "변증법적 셔틀"(dialectical shuttle)이 헤겔 안에 작동하고 있다고 보았다.[41] 헤겔이 미학적이고 종교적인 표상을 통해서 철학적인 개념에 도달하게 되지만, 이어서 그러한 개념이 자신을 되돌이켜서 미학적이고 종교적인 표상을 다시 묘사하고 다시 해석하게 된다는 것이다. 전자가 헤겔 철학이 지닌 미학적 기초 혹은 헤겔의 존재신학이 지닌 이야기적 구성을 드러낸다면, 후자는 개념적 사유가 지닌 독립성과 자율성을 보여준다. 리꾀르식으로 말하자면, 상징은 사유를 가져오고 사유는 다시 상징에로 돌아가게 되는 것이다. 우리는 여기서 헤겔의 신정론과 관련하여 사유의 미학적 기초라는 전자에만 주목하도록 하자. 헤겔의 존재신학이 지닌 내러티브성 혹은 이야기성에 관한 오레건의 주장에 따르면 "개념은 뗄 수 없이 밀접하게 표상에 묶여있으며, 철학적 삼단논법은 뗄 수 없이 밀접하게 존재신학적 이야기에 묶여있다."[42] 헤겔이 철학적 개념을 통해서 종교적 이야기가 지닌 세 가지 결함 곧 순차적인 시간성, 우연적인 특징, 그리고 의지중심주의를 극복하고자 의도했다는 것을 오레건은 인정한다. 이러한 철학적 개념을 통한 극복은 본질적으로 "후차성 혹은 선차성과 같은 이야기적 순서의 전복"과 관련된다. 하지만 오레건은 동시에 헤겔의 존재신학의 절대적인 최소한의 조건으로 "바꿀 수 없는 순서의 질서"가 존재한다는 것을 증명하고자 희망한다. 왜냐하면 이러한 원초적 순서의 질서를 전복시킨다는 것은 "포괄적 삼위일체의 이야기성에 대한 철저한 파괴"와도 같은 것이기 때문이다.[43] 만약 기독교 종교와 헤겔의 철학이 진정으로 동일한 내용을 공유한다면, 바꿀 수 없고 되돌릴 수 없는 원초적 이야기 순서의 질서가 보존되어야 할 것이다. 오레건

---

41) O'Regan, *The Heterodox Hegel*, 360.
42) O'Regan, *The Heterodox Hegel*, 358.
43) O'Regan, *The Heterodox Hegel*, 341.

은 헤겔의 《종교철학 강의》와 《엔찌클로페디》를 해석하며, 헤겔이 학문의 우월성이란 바로 다양한 철학적 삼단논법들의 "순환성"에 놓여 있다고 본 것을 인정한다. 삼단논법들의 순환성이란 철학적 사유가 '보편성(Universality) - 구체성(Particularity) - 개체성(Individuality)'이라는 대표적 순서에 고착되지 않고, 구체성-개체성-보편성(P-I-U) 혹은 개체성-보편성-구체성(I-U-P)과 같은 새로운 형태로 전개될 수 있다는 것을 가리킨다. 하지만 그는 최종적으로 분석해 볼 때 헤겔이 이러한 무제한적 순환성을 전적으로 신뢰하지는 않았다고 제안한다. 만약 무제한적 순환성이 가장 주요한 종교적 삼단논법(보편성-구체성-개체성, 혹은 성부-성자-성령)의 우월성을 파괴하는 것을 의미한다면, 예를 들어 두 번째 삼단논법(구체성-개체성-보편성)은 일종의 "유물주의자-진화론자 헤겔"을 만들어 낼 것이기 때문이다. 따라서 삼단논법들의 순환성을 철저하게 무제한적이라고 보는 대신에, 오레건은 그러한 순환성을 종교와 철학이 대전제로 공유하는 동일한 원초적 이야기 속으로의 "다른 출입문들"이라고 해석한다.[44] 따라서 헤겔의 만유재신론 혹은 존재신학은 단지 변증법적 구조만을 가지는 것이 아니라 일종의 이야기적 구조 혹은 "심층-이야기적"(depth-narrative) 구조를 가지며, 철학의 "개념(Begriff)은 이러한 심층-이야기적 구조를 폐기하는 것과는 거리가 멀게 그것의 영속적인 생명력을 증언한다."[45] 요컨대, 미학적 토대와 논리적 개념의 뗄 수 없는 융합이 바로 헤겔의 구체적 이성을 구성하고 있는 것이다.

헤겔의 존재신학적 이야기가 지닌 바꿀 수 없는 순차적 구조에 대한 오레건의 주장은 헤겔의 신정론에 대한 그의 해석에도 직접적으로 연관을 가진다. 헤겔의 존재신학에 있어 내재적 삼위일체가 지니는 위치는 그의 논리학의 가장 주요한 삼단논법(U-P-I)에서 보편성의 위상에 해

---

44) O'Regan, *The Heterodox Hegel*, 354-355.
45) O'Regan, *The Heterodox Hegel*, 298, 357.

당한다. 따라서 만약 내재적 삼위일체(immanent Trinity)가 포괄적 삼위일체(inclusive Trinity)의 첫 번째 단계 혹은 문법적 주체가 아니라고 한다면, 일종의 테오고니적(theogonic)이고 신발생학적인 악의 기원에 대한 헤겔의 설명은 다시 이전의 전통적인 인간발생학적(anthropogonic) 설명으로 되돌아가는 것일 뿐이다. 오레건의 진술을 그대로 인용하자면, "악의 신발생학적 기원을 설명하면서 헤겔은 또한 신성한 타락, 악의 신성한 발생이라는 개념에 적합하게 상응하는 '다행스러운 범죄'(*felix culpa*)라는 것도 설명한다. 여기서 '다행스러운 범죄'의 지평은 인간들의 이야기가 아니라 신성한 하나님의 세계포함(世界包含, englobing)의 이야기이다."[46] 그는 헤겔의 신정론이 지닌 이러한 미학적이고 이야기적인 토대가 그것을 스피노자의 형이상학적 신정론과 결정적으로 구분하는 표식이라고 주장한다. 궁극적으로 말해서, 헤겔의 신정론은 "자기-의식적으로 기독교적인 이야기의 신정론"(a self-conscious-ly Christian narrative theodicy)이라고 오레건은 결론내린다.[47]

이제까지 살펴본 것을 기초해서 우리는 아우구스티누스, 화이트헤드, 헤겔의 신정론 모두가 그 방법론의 측면에서 미학적 토대라고 하는 일종의 공통된 측면을 공유하고 있다고 제안할 수 있을 것이다. 유비에 기초한 영혼의 상승이라는 아우구스티누스의 입장은 그림의 감각적이고 미학적인 이미지에서 출발하여 우주의 아름다운 조화라고 하는 지성적 진리에 도달하는 것이다. 철학적 일반화라는 화이트헤드의 방법은 예술 속의 부조화가 지닌 미학적 가치에서 출발하여 그것이 바로 고난을 통한 구속이라는 일반적인 진리의 예증이라고 여긴다. 또한 헤겔의 철학 혹은 학문으로서의 신정론은 기독교 종교의 미학적이고 이야기적인 신정론을 폐기하는 것과는 거리가 멀게, 오히려 영의 존재신학적 드라마에 내재한 심층-이야기적 구조의 영속적인 토대에 대한 철학적 증언으로

---

46) O'Regan, *The Heterodox Hegel*, 167.
47) O'Regan, *The Heterodox Hegel*, 318.

볼 수 있다. 그것은 이성의 필연적인 미학적 토대를 증언하는 것이다.

이성의 가장 높은 행동, 이성이 그것을 통해 모든 사유들을 포괄하는 최고의 행동은 바로 미학적 행동이라는 것을 나는 이제 확신한다. '진리와 선함은 오직 아름다움 안에서 자매가 된다.' 또한 철학자는 시인만큼이나 미학적 능력을 지녀야 한다. 미학적 감각이 없는 사람이란 우리 시대의 이른바 철학 박사들의 모습이다. 정신의 철학, 영의 철학이란 바로 미학적 철학이다.[48]

II. 역사의 이콘으로서의 예술

예술은 역사의 이콘이다. 인간은 무대의 연극과 텔레비전의 드라마에서 끝나지 않은 인간 삶의 축소판을 가상적으로, 그러나 집약적이고 본질적으로, 체험한다. 예술은 본질적인 시간의 집약을 가능케 한다. 반대로 어떠한 인간도 역사 전체를 경험할 수는 없다. 역사의 끝은 항상 인류의 존재 너머에 있다. 역사는 최후의 인간이 아직 살아있는 한 끝나지 않은 것으로 남게 되며, 역사의 종언으로서 그 최후의 인간이 죽는 순간 그러한 역사 전체를 경험하기 위해 아무도 남아있지는 않을 것이다. 여기에 바로 헤겔의 역사적 신정론이 지니는 필연적인 딜레마가 드러나게 되는 것이다. 헤겔이 주장한 것처럼 "세계의 역사가 바로 세계의 재판소

---

48) "I am now convinced that the highest act of Reason, the one through which it encompasses all Ideas, is an aesthetic act, and that *truth and goodness only become sisters in beauty*—the philosopher must possess just as much aesthetic power as the poet. Men without aesthetic sense is what the philosophers-of-the-letter of our times are. The philosophy of the spirit is an aesthetic philosophy." Hegel, "Earliest System-Programme of German Idealism" (Berne, 1796), Harris, *Hegel's Development: Toward the Sunlight,* 511에 인용되고 있다. 이 부분의 저작권에 대한 논쟁이 헤겔 연구자, 횔더린 연구자, 셸링 연구자 사이에 진행되었다. 이에 대해서는 ibid., 510 n 1 참조.

이다(Die Weltgeschichte ist das Weltgericht)"라는 것을 우리는 '어떻게' 알 수 있는가?[49] 시간의 최종적 끝에 가서 역사는 결국 아주 의미있는 것으로 판명날 수도 있을 것이다. 혹은 핵재난이나 다른 이유에서의 역사의 종말은 그 반대를 보여줄 수도 있을 것이다. 하지만 문제는 누가 이러한 역사의 끝까지 가볼 수 있는가이다. 논리적으로 인간은 역사의 끝에 지금 모습의 인간으로는 설 수 없다. 그렇다면 헤겔의 역사로서의 신정론에 대한 가능하고 타당한 해석은 그것이 필연적으로 아나로기아(*analogia*)의 지식, 아니 나아가 아나로기아의 희망이라는 것이다. 모든 지식이 그렇듯 헤겔도 부분적인 인간의 경험을 예감하는 전체에 유비적으로 투사하고 있는 것이다. 그리고 헤겔의 역사적 유비의 한 토대가 되는 것이 바로 형이상학적 세계 지도(*mappa mundi*)로 이해된 이콘으로서의 예술이다. 예술은 세계의 역사 속에 운동하는 정신과 영의 보편적 자유를 보다 작은 규모에서 집약적으로 재현하는 것이다. 예술과 역사는 둘 다 자기 실현을 하는 영의 창조적 모험이다.

보편적 관념으로서의 영은 참되는 반면, 보편적 관념의 구체적 존재로서의 영은 참되면서도 아름답다. 헤겔은 "아름다움"을 "관념의 감각적인 드러남"(*das sinnliche Scheinen der Idee*)이라고 정의내린다.[50] 우리는 이러한 미 개념의 정의에서 예술 작품과 역사가 둘 다 영의 자기 표현의 자리라고 하는 유비의 정당성을 발견하게 된다. 동일한 영이 예술의 소우주를 만들어가듯, 또한 역사의 대우주도 만들어가는 것이다. 이미 앞에서 언급했듯 헤겔에게는 하나의 철학만이 있을 뿐이고, 거기에서 노동하는 하나의 영만이 존재한다. "영은 예술가이다"라고 헤겔 스스로 말하고 있다.[51] 예술 작품 속에서 예술가 영은 외부 세계의 완고한 낯설

---

49) Hegel, *Heidelberg Encyclopaedia*, 448절 (G. E. Mueller trans., *Encyclopedia of Philosophy*, 256), *Philosophy of Mind*, 277 (548절), 그리고 *Philosophy of Right*, 216 (340절). *Cf. Kaufmann, Hegel*, 265.

50) Hegel, *Aesthetics*, 111.

51) Hegel, *Phenomenology of Spirit*, 424 (698절). 또한 *Aesthetics*, 72 그리고 *Lectures*

음을 벗겨내고 세계 속에서 외적으로 실현된 자기 자신의 존재의 삶을 향유한다. 헤겔은 이런 맥락에서 강물에다 자신이 스스로 돌을 던진 후에 수면의 동그라미에 대해 경이감을 느끼는 소년에다가 예술가를 비유한다.[52] 마치 강가의 소년과 물이나 돌과 같은 외부적 물체들이 그 중간을 이루는 소년의 돌던짐이라는 자유로운 행동에 의해 통합되고 화해되듯이, 예술 작품이라는 것은 본질적으로 외적 대상들 속으로의 영의 자기-생산 혹은 자기-창조라는 것이다. 헤겔은 내적 세계와 외적 세계의 화해를 위해서 예술에 대한 보편적 필요성을 발견한다. 예술은 영과 자연을 화해시킨다. 예술 작품이란 예술가 자신의 외재적 "복제"(*Verdoppelung*)이며, 거기서 예술가는 자신의 자유의 드라마틱한 완성을 인지하게 된다.[53] 예술가가 자신의 가장 내면적인 본질을 자신 밖의 자연에 드러내어 자기-의식의 완성으로서 예술 작품을 실현시키듯, 세계의 영은 동일한 방식으로 자신을 시간에 외화시켜 자기-의식의 완성으로서 역사를 실현시키는 것이다. 예술과 역사는 둘 다 영의 실현된 자유인 것이다. 헤겔의 미학적 신정론에 대한 이러한 유비의 접근법은 "제유"(提喩, synecdoche)로서의 아름다움이라는 윙엘의 생각이나, 혹은 "예술적 소우주"(artistic microcosm)라는 데즈몬드의 생각에 의해서도 지지되는 것으로 보인다.

윙엘(Eberhard Jüngel)은 자신의 미학에 관한 한 논문에서 아름다움 안에 발견되는 위안의 현상에 주목한다. 왜 역사의 참혹한 비참함에도 불구하고 아름다움이 조금이라도 위안하는 것일까? 윙엘에 따르면 "전체가 진리라고 한다면(헤겔)", 아름다움은 전체의 부분이며, 진리의 미리 드러남이며, 신성한 빛을 동경하는 창조된 빛이며, 절대적인 무한한 전체를 예견 속에서 기다리는 "상대적 전체"(*a relative whole*)이다.[54] 아름

---

on the Philosophy of World History, 101 참조.

52) Hegel, *Aesthetics*, 31.
53) Hegel, *Aesthetics*, 32.
54) Eberhard Jüngel, " 'Even the beautiful must die'—Beauty in the Light of Truth: Theo-

다움이란 전체를 부분적으로 미리 형상화한 것이다. 그것은 전체의 암호 해독문이다. 따라서 윙엘의 표현을 사용한다면, 아름다움이란 진리의 제유법이다.

> 아름다운 것 속에서, 부분은 전체를 위해서 드러난다. 아름다운 것은 전체를 위한 부분(pars pro toto)이다. 그것은 제유를 통해 기능한다. 이런 방식으로 보다 큰 전체는 '깨어진' 실존, '의미 없는' 삶, 그리고 바로 정확하게 그렇기 때문에 인간 존재의 '잃어버린 전체성'을 확실하게 표현할 수 있는 것이다. ... [55]

아름다움이란 진리의 제유법이다. 또한 예술은 역사의 제유법일 것이다. 미학적 아름다움은 전체로서의 진리의 부분적 표식이며, 미리 예견하는 제유이며, 유비적인 희망인 것이다. 끝은 아직 도래하지 않았지만, 이러한 아름다움의 "전체를 위한 부분"이라는 특성때문에, 이미 악의 추함은 '원칙적'으로 극복된 것이다. 이런 맥락에서 아름다움과 예술이 비록 도덕이나 정치 등과 같이 삶의 여러 측면들 중의 하나임을 인정하지만, 동시에 보다 근본적인 신학적 의미를 지닌다. "계시(revelation)란 그 정의에 있어서 미학적 사건(an aesthetic event)이다"라는 사실을 윙엘은 강조한다.[56] 계시는 미학적 사건이다. 모든 인간의 논리가 성립하기 이전에, 그러한 논리의 토대를 기초놓는 세계의 미학적 계시가 먼저 존재한 것이다. 자연은 하나님의 이성이 써놓은 거대한 책이다. 읽는다는 것은 미학적 행동이다. 또한 악의 극복으로서 삼단논법의 논리, 변증법의 부정의 부정성, 사변철학의 성 금요일이 있기 이전에, 그 이전에 갈보리 언덕의 역사적 성 금요일에서 미학적 계시가 먼저 죽음을 극복한 것이다. 헤겔은 「신앙과 지식」을 다음과 같은 결론으로 끝내고 있다.

Theological Observations on the Aesthetic Relation," J. B. Webster ed., *Theological Essays* II (Edinburgh: T & T Clark, 1995), 78.
55) Jüngel, "Even the beautiful must die," 64.
56) Jüngel, "Even the beautiful must die," 76.

철학은 절대자유의 관념을 다시 만들어야 하며, 그것과 함께 절대수난을 다시 만들어야 한다. 역사적 성 금요일(the historic Good Friday)의 자리에서 사변적 성 금요일(the speculative Good Friday)을 다시 만들어야 한다. 성 금요일은 하나님에게서 버림받음이라는 그 혹독함과 그 전체의 진리 안에서 사변적으로 다시 만들어져야 한다."[57]

철학은 역사적 성 금요일을 사변적 성 금요일로 다시 만들어야 하는 사유의 과제를 가지지만, 그것은 또한 사변적 성 금요일 이전에 역사적 성 금요일이 먼저 있었다는 것을 보여준다. 철학적 사유 이전에 미학적 계시가 우선함을 보여주는 것이다. 역사의 갈보리는 하나님이 스스로 죽음으로써 죽음을 죽이는 미학적 사건의 무대이다. 십자가는 하나님의 미학적 사건이다. 하나님의 미학적 십자가가 먼저 있었고, 오직 사유는 그 뒤를 따를 수 있을 뿐이다. 헤겔이 말하고 있듯 "종교적 직관처럼 예술적 직관도, 아니 오히려 이 둘 모두를 포함할 뿐만 아니라 학문적 사유도 전부 경이로움(wonder)에서 시작하였다."[58] 경이로움은 미학적 행동이다. "이 사람을 보라(*Ecce homo*)!"(요한 19:5).

헤겔에게 예술이란 보편성을 구체화시키는 과정이다. 예술은 보편적인 것을 하나의 감각적이고 구체적인 작품으로 형상화시킨다. 예술이 교화나 도덕성의 향상을 위해 봉사해야 한다는 도덕주의적 미학관에 대항하여, 헤겔은 예술의 진정한 목표가 신성함의 미학적이고 감각적인 구체화에 있다고 주장한다. 예술은 이런 의미에서 신성함의 표현이다. 종교적 이콘과 마찬가지로, 예술은 그 자신의 목적과 대상을 이미 자신 속에 담고 있는 구체적 보편성(a concrete universal)이다. "예술 작품은 보편성 그 자체가 아니라, 절대적으로 개체화되고 감각적으로 구체화된 보편성을 바로 그 내용으로 우리 눈 앞에 표현해야만 한다."[59] 문명의 최초

---

57) Hegel, *Faith & Knowledge*, 191.
58) Hegel, *Aesthetics*, 314.
59) Hegel, Aesthetics, 51.

의 스승으로서 예술은 보편적 진리를 추상적인 철학적 명제의 행태가 아니라, 돌과 벽과 종이에 구체적 형태로서 실현된 보편성으로 전달하여 준 것이다. 구체적 보편성으로서의 예술이라는 이러한 헤겔의 생각에 기초하여, 데즈몬드는 방법론의 차원에서 다음과 같이 한편으로 예술적 소우주와 다른 한편으로 역사와 우주 전체의 대우주 사이의 '아나로기아'를 제시하고 있다.

> 앞에서 언급하였듯 만약 예술이 지니는 잠재적인 형이상학적 의미를 우리가 기억한다면, 그리고 만약 헤겔에게 예술이 지니는 종교적 의미를 우리가 고려한다면, 예술적 소우주(藝術的 小宇宙)의 풍부한 구체성이 우리로 하여금 대우주(大宇宙)의 유비적인 구체성(analogous concreteness)에 눈뜨게 한다고 말할 수 있을 것이고, 나아가 우리로 하여금 절대정신 혹은 절대영의 구체화 자체로서의 우주에 눈뜨게 한다고 말할 수 있을 것이다.[60]

그는 미학적 전체성이 철학적 개념의 전체성보다 존재론적으로 우선한다고 제안하기까지 한다. 여기서 철학이란 예술의 전(前) 사유적인 전체성을 개념적 형식을 통해서 의식적으로 다시 만들어보고 모방하여 보는 것이기 때문이다. 데즈몬드의 견해에 따르면, "예술 작품의 완전성은 우리에게 일종의 시적(詩的)인 전체성을 가져다 주며, 철학적 개념은 이러한 전체성을 따라잡으려고 시도하는 것이다."[61]

구체적 전체성(concrete wholeness)으로서의 예술은 우리로 하여금 어떻게 극단적인 무역사주의나 극단적인 역사상대주의에 빠짐이 없이 역사를 진지하게 받아들일 수 있는지 실마리를 제공한다. 이러한 맥락에서 필자는 예술 작품의 두 중요한 특징을 제시하고자 한다. 첫째, 경험적 사실의 수집으로서의 사료 편찬보다 예술은 훨씬 더 농축된 방식으로

---

60) Desmond, *Art and the Absolute*, 23.
61) Desmond, *Art and the Absolute*, 28.

그 시대의 정신과 영을 드러낸다. 데즈몬드의 말처럼, "우리가 '신문'이 보여주는 역사라고 부를 수 있는 이런저런 우연성 속에서보다 훨씬 더 응축된 방식으로 예술은 역사 내 정신을 계시한다."[62] 역사의 시간에 널리 흩어져 있는 것이 예술 작품을 통해서 하나의 "응축된 충만성"(compacted fullness)으로 모이기 때문이다.[63] 따라서 경험주의적인 사료편찬의 과정과는 다른 의미에서, 역사를 응축하는 예술의 이콘적 기능은 보다 영의 진리에 가까운 역사를 표현할 수 있는 것이다. 우리는 예술에서 역사의 의미를 보다 참되게 배울 수 있는 것이다. 헤겔에 따르면 단순한 사료 편찬으로서의 역사 이해에 비교할 때,

> 예술은 이러한 나쁜, 순간적인 세계의 순전한 가상과 기만으로부터 현상들의 진정한 참된 내용을 해방시킨다. 예술은 그 현상들에게 영으로부터 다시 태어난 보다 높은 현실성을 부여한다. 따라서 단지 순전한 가상과는 거리가 멀게, 예술의 현상들은 일상적인 현실과 비교할 때 오히려 보다 높은 실재성과 보다 참된 존재를 가지는 것으로 여겨질 수 있다.[64]

둘째로, 끝이 개방된 예술의 전체성은 동일하게 끝이 개방된 특성을 역사가 가질 수 있다는 것을 보여준다. 예술은 끝이 개방된 완전성이 어떤 것인지를 우리로 하여금 어렴풋이 알 수 있게 한다. 예술 작품은 항상 그 자체로 하나의 완전한 아름다움이다. 하지만 그러한 완전함이 또 다른 완전한 아름다움을 불가능하게 하지는 않는다. 우리는 미켈란젤로 이후에도 렘브란트와 샤갈을 가지는 것이다. 그렇다고 미켈란젤로의 피에타가 완전히 아름답지 않단 말인가? 이것이 바로 완벽한 아름다움 옆에 또 다른 완벽한 아름다움을 끝없이 창조하는 예술의 마술이다. 예술은 항상 끝나고, 항상 그 옆에서 새롭게 시작한다. 예술은 개방된 종결이다.

---

62) Desmond, *Art and the Absolute*, 70.
63) Desmond, *Art and the Absolute*, 70.
64) Hegel, *Aesthetics*, 9.

역사도 구조 없는 시간의 덩어리, 단지 나쁜 무한성의 연속이라기보다는 항상 구체화되는 예술 작품에 가깝다. 역사의 의미는 일종의 플롯 혹은 이야기 전개의 구조를 요구한다. 앞의 괴테와 헤겔의 비교에서처럼, 이러한 플롯으로 구조화된 이야기로서의 역사관은 기독교 신앙의 한 가운데에 놓여 있다고 필자는 본다. 하지만 여러 헤겔 해석자들의 의견과 달리, 필자는 예술의 개방된 종결성에 대한 통찰이 헤겔의 역사 철학을 단지 나쁜 형태의 전체주의 철학이라는 평가와는 다르게 해석할 수 있는 여지를 제공한다고 믿는다. 예술의 열린 완전성은 역사에 대한 전체주의적이고 결정론적인 종결이 아니라 미학적으로 그 끝이 개방된 드라마적 종결의 가능성을 암시한다. 헤겔은 "본질적인 예술 작품"은 그 자신 속에 영의 완성되었지만 동시에 항상 증가하는 "총체성"을 가지고 있다고 주장하면서, 미학적 완성과 미학적 다원주의 사이에 어떤 이율배반적인 모순도 존재하지 않는다고 여겼다.

> 만약 라파엘이나 셰익스피어가 아펠레스 혹은 소포클레스의 작품을 알았다면 그것을 단지 자신들을 위한 예비적인 습작품이 아니라 친척같고 동료같은 영의 힘찬 표현으로 여겼을 것처럼, 마찬가지로 이성도 자신의 이전의 형태들을 단지 자신을 위한 도구적으로 유용한 전주곡으로 여기지 않는다.[65]

예술적 완성이란 일단 성취된 이후에도 다른 시대에 다른 방식으로 끊임없이 새롭게 시도되어야 하는 것처럼, 역사 내 이성도 또한 마치 불사조의 신화에서처럼 항상 자신을 새롭게 다시 완성시키는 것이다. 이전의 모습이 완전하지 않았고 미래의 완전을 위한 도구였다는 뜻이 아니다. 완전성은 항상 다르게 다시 시도되고 도달될 수 있다는 뜻이다. 아름다움은 다른 아름다움을 정복해야 할 도구가 아니라 축하해야 할 친구로 대하는 법을 가르쳐준다. 예술의 아름다움은 질투 없는 아름다움의 다원

---

65) Hegel, *The Difference between Fichte's and Schelling's System of Philosophy*, 89.

주의를 가능케 한다. 이처럼 경험의 미학적 양식은 어쩌면 우리 자신의 경험을 최고의 가치있는 것으로 여길 수 있게 만드는 동시에, 다른 이들의 유비적 경험들에게 이러한 동일한 최고의 가치를 부여할 수 있게 만드는 유일한 다원주의적 경험 방식인지도 모르겠다. 형식 논리에서 불가능해 보이는 것이 아름다움의 드넓은 영역에서는 가능한 것이다. 이런 의미에서 "역사의 종말"에 대한 헤겔의 주장은 이러한 "열린 종결"로서의 완성을 의미한다고 데즈몬드는 제안한다.[66] 역사는 종말론적 연기 없이 항상 지금 여기서 완성되지만, 시간적으로 그리고 논리적으로 '동시에' 또 다른 완성을 위해 그 끝이 항상 열려 있다. 이런 역사의 개방적 종결성을 예술이 가르쳐준다는 의미에서, 예술은 역사의 이콘이다.

III. 테오드라마의 미학적 신정론

헤겔의 사유 안에서 이성의 미학적 토대가 존재한다는 것을, 그리고 예술이 역사의 응축된 이콘으로 기능한다는 것을 만약 우리가 인정할 수 있다면, 다음 질문은 그의 신정론의 논리를 가장 적절하게 보여줄 수 있는 예술 장르 혹은 미학적 메타포는 무엇인가 하는 것이다. 세계가 하나님의 조화로운 '그림'이라는 고전적 메타포는 아닐 것이다. 필자는 헤겔의 간주관적이고 사회적인 절대성으로서의 전체를 역동적으로 드러낼 수 있는 메타포는 영의 희비극적 '드라마'라고 본다. 헤겔의 논리학과 헤겔의 미학 혹은 드라마에 대한 견해는 상호침투적이다. 데즈몬드의 지적처럼, "본질적인 사유 형태들이 전개되는 드라마에 대한 설명으로서 《논리학》은 이성 자신의 철학적 예술을 드러낸다. 헤겔의 미학에 대한 논의들 중에서 가장 강력하고 영향력 있는 견해들이 드라마(drama)와 관련하여서, 보다 구체적으로 비극(tragedy)과 관련하여 발전된 것이라

---

66) Desmond, *Art and the Absolute*, 68.

는 사실은 우리를 전혀 놀라게 하지 않는다."[67]

데즈몬드는 헤겔의 신정론이 지닌 미학적 측면에 주목한 몇 안 되는 학자들 중의 한 사람이다. 그는 헤겔의 미학 전체가 일종의 암묵적 신정론이라고 주장한다. 이 세계의 아름다움이 영의 감각적인 드러남일 뿐만 아니라 현실성의 궁극적 가치로서 긍정된다면, 미학은 존재의 긍정으로서의 신정론의 기능을 수행하는 것이다. 아름다움이 악을 대답하는 것이다. 데즈몬드는 헤겔의 신정론으로서의 미학을 이렇게 해석한다.

> 마지막으로 아름다움의 개념은 헤겔에 있어서 그 자신이 너무도 그 어마어마한 황폐화의 힘을 잘 알고 있었던 악, 인간의 고통의 경험, 죽음, 그리고 부정성에 대한 의미 부여라고 하는 종교적 모티프로부터 분리될 수 없다. 또한 아름다움의 개념은 존재하는 것의 가치, 현실적인 것 자체의 궁극적 가치를 긍정하고자 한 헤겔 사유의 종교적이고 철학적인 모티프로부터 분리될 수도 없다. 사실 여러 측면에 있어서 헤겔의 미학(美學)은 독특한 신정론(神正論)이라는 것을, 아름다움의 의미 있는 감각성을 통해서 '영'(Geist)이 현실적으로 제시된다는 것을 예술을 통해 강조한 신정론이라는 것을 우리는 여기서 제안할 수 있을 것이다. 역사의 "교수대"를 직면하여 그 자신이 신정론으로 분명하고 직접적으로 제시하고 있는 헤겔의 역사철학(philosophy of history)은 미학적 신정론(an aesthetic theodicy)의 많은 특징들을 드러내고 있다. 즉 그것은 이 세계의 아름다움을 전체의 조화의 구체화로서 긍정하는 것이다.[68]

앞에서 우리가 논의하였듯 대우주와 소우주 사이에 존재하는 유비적 관계는 헤겔의 보다 직접적인 역사의 신정론과 그의 보다 간접적인 예술의 신정론 사이에 공통성이 존재할 수 있도록 만든다. 아름다움이 어떤 의미에서는 악을 취소하고 극복하고 변화시키는 것으로 보인다. 하지만 문제는 아름다움이 '어떻게' 그렇게 하는가이다.

---

67) Desmond, *Art and the Absolute*, 31.
68) Desmond, *Art and the Absolute*, 104.

아름다움에 대한 헤겔의 사유가 일종의 미학적 신정론을 구성한다는 것을 보여주기 위한 자신의 노력에서, 데즈몬드는 헤겔의 신정론의 가장 본질적인 논리를 조금은 성급하게도 고전적인 "피타고라스주의적" 조화 (調和, harmony)의 모델에 상응한다고 제안한다. 데즈몬드는 헤겔의 아름다움을 우주적인 "천체들의 음악"(the music of the spheres)에 비교하며, 그러한 수학적인 조화의 음악이 우리의 소외와 파편화의 경험 혹은 "세계의 소음"을 우주라는 조화로운 전체의 한 필연적인 부분으로 만든다고 본다.[69] 신정론의 가장 대표적인 행태들을 아우구스티누스의 "자유의지 신정론"(free-will theodicy), 존 힉의 "미덕 신정론"(virtue theodicy), 그리고 피타고라스의 "미학적 신정론"(aesthetic theodicy)이라는 셋으로 구분한 후에, 데즈몬드는 세 번째 형태의 미학적 신정론이 "전체의 조화"를 옹호하는 악의 목적론적 변증의 가장 분명한 형태라고 여긴다.[70] 데즈몬드는 이러한 조화의 미학적 신정론의 계보가 피타고라스, 플라톤, 유대교와 기독교 전통, 토마스 아퀴나스, 그리고 현대에는 화이트헤드와 헤겔 등으로 이어지는 것으로 본다. 먼저 피타고라스의 "천체들의 음악"에 대한 신비적 통찰은 그 가장 근본적인 특성에 있어 일종의 미학적 우주론이다. 플라톤은 데미우르고스(Demiurgos)가 영원의 "평온한 조화"에 상응하는 가능한 가장 최고의 세계를 만들어 낸 위대한 예술가라고 생각한다. 유대교와 기독교 전통의 창조주 하나님은 역사의 불협화음과 소음을 "종말론적 조화" 속으로 통합시키는 우주적 예술가이다. 토마스 아퀴나스는 악에 대한 의미 부여를 위해 "그림의 메타포"를 사용하며, 하나님의 우주적 그림 속에서는 그림자와 어두움조차도 전체의 아름다운 질서를 대조적으로 드러내기 위해 필요하다고 보았다 (《신

---

69) Desmond, *Art and the Absolute*, 105 그리고 195 n 2.
70) Desmond, *Art and the Absolute*, 152. 필자는 아우구스티누스가 피타고라스의 "미학적 신정론" 전통과 대조될 수 없고 오히려 그것의 기독교적 형태를 가장 먼저 철저하게 실현시킨 사람이라고 보며, 나아가 토마스 아퀴나스의 미학적 신정론은 아우구스티누스에 대한 충실한 해석이라고 본다. 필자의 《아름다움과 악》 2권을 참조하라.

학대전》, 질문 47-49). 오늘날 우리의 시대에 와서는 화이트헤드가 "궁극적 선과 전체의 미학적 아름다움의 동일화"를 다시 소개하였다고 데즈몬드는 해석한다.[71] 마지막으로, 데즈몬드는 존재신학적 전체로서의 헤겔의 신정론의 논리가 "진리는 전체라고 헤겔이 강조할 때, 미학적 신정론의 전통" 안에 서있는 것으로 제안한다.[72]

하지만 필자는 헤겔의 미학적 신정론을 피타고라스주의적 계보의 미학으로 본 것은 데즈몬드의 실수라고 여긴다. 헤겔의 진리의 전체성에 대한 사유는 깊은 미학적 함의를 가지는 것이 사실이다. 데즈몬드가 자신의 책 6장의 "미학적 신정론과 추함의 전환"이라는 부분에서 헤겔의 존재에 대한 긍정과 사르트르의 존재에 대한 《구토》를 대조시키듯이, 헤겔은 부분적인 추함으로부터 움츠려들지 않고 존재하는 것의 전체가 지닌 가치의 중요성을 긍정하고자 한다.[73] 헤겔의 표현처럼 예술가의 진정한 능력은 자신의 예술적 창조를 통해 세계의 낯설음을 극복하고 "자신의 세계 속에 고향처럼 머무는 것"에 있는 것이다.[74] 하지만 추함의 전환이 단지 우주에 대한 피타고라스주의적인 외재적 목적론으로만 이해한다면, 곧 하나님이 우주의 바깥에서 추함과 악을 아름다움의 대조적 물감으로 사용하는 것으로만 이해한다면, 이러한 해석은 헤겔의 존재신학적 전체가 보여주는 드라마적 아름다움의 깊이에는 미치지 못하는 것이라고 필자는 생각한다. 앞에서 우리가 보았듯, 헤겔에게 악은 단지 부조화의 얼굴만을 가지는 것이 아니라 어쩌면 피타고라스주의에서 벗어나지 않는 사소함이라는 조화의 얼굴도 이중적으로 가질 수 있는 것이다. 헤겔의 미학적 신정론이 지닌 역동적 드라마로서의 성격, 테오드라마로서의 성격은 데즈몬드에 의해 피타고라스의 조화의 이론에 상응하는 것으로 해석되면서 최소한으로 주변화되는 것으로 보인다. 사실 이러

---

71) Desmond, *Art and the Absolute*, 152-153.
72) Desmond, *Art and the Absolute*, 154.
73) Desmond, *Art and the Absolute*, 150.
74) Hegel, *Aesthetics*, 1048.

한 해석은 헤겔의《정신현상학》과《논리학》이 지닌 드라마적 성격을 강조했던 데즈몬드의 앞에서의 원래적 의도와도 맞지 않는 것이다. 엘리(Stephen Lee Ely)가 화이트헤드의 모험의 미학적 신정론을 단지 아주 기교가 뛰어난 우주적 화가로서의 하나님이라고 하는 고전적이고 피타고라스주의적인 조화 이론에로의 복귀라고 오해하여 해석한 것처럼, 데즈몬드도 동일한 실수를 헤겔의 신정론 해석에서 하고 있는 것이다.[75] 헤겔의 미학적 신정론은 신플라톤주의적인 거대한 존재의 사슬에 대한 또 하나의 정태적 이론이 아니라, 성장하는 절대영의 테오드라마에 대한 미학적 보고서인 것이다.

어쩌면 이러한 오해가 헤겔의 변증법적 전체론은 "논리학자의 오만"에 기초하고 있다고 평가한 보다 후기의 데즈몬드의 비판적 저작들의 근원적인 뿌리인지도 모르겠다.[76] 후기의 데즈몬드는 자신의 비판에서 헤겔과 아우구스티누스를 두 가지 측면에서 결정적 차이가 난다고 비교한다. 첫째로, 아우구스티누스의 섭리론에 있어서는 "세계의 역사가 궁극적인 윤리적 재판소는 전혀 아니다"; 다시 말해, 헤겔의 제안과는 달리 "세계의 역사가 바로 세계의 재판소는 아니다(*Weltgeschichte* is not *Weltgericht*)". 하나님의 도성과 인간의 도성 사이에는 항상 타자성이 남아있기 때문이라는 것이다. 반면에, 헤겔의 악에 대한 역사적 목적론은 시간의 질서와 영원의 질서를 "하나의 단일론적 통일성"으로 만들어 버리며, 그러한 통일성이 비록 헤겔의 변증법적 전체론에 의해 복잡하게 규정된 것이라 하더라도 그 결과는 별로 차이가 없다고 데즈몬드는 본다. 둘째로, 데즈몬드는 '다행스러운 범죄'(*felix culpa*)로서의 악에는 두

---

75) Cf. Stephen Lee Ely, *The Religious Availability of Whitehead's God: A Critical Analysis* (Madison: The University of Wisconsin Press, 1942), 51. 이와 관련하여 해리스(H. S. Harris)는 헤겔의 철학이 단지 "라이프니츠에로의 직접적 회귀" 곧 "존재의 거대한 사슬" 이론으로의 회귀라고 볼 수 없으며, 오히려 존재를 "유기체적 체계"로 보려고 한 이론적 설명이라고 주장한다. Hegel, *The Difference between Fichte's and Schelling's System of Philosophy*, 43-44에 나오는 해리스의 서론을 참조하라.

다른 견해가 존재한다고 주장한다. 아우구스티누스의 '다행스러운 범죄'에 대한 견해는 악의 근원적인 기원의 신비를 "일종의 수수께끼"로서 보존하는 반면, 헤겔은 그러한 수수께끼와 같은 이해불가능한 악의 자생성을 부정하며 그것을 하나님의 역사적 삶에서 "필연적으로 발생하는 하나의 논리적 단계"로 만들어버린다는 것이다. 이처럼 악을 헤겔주의적 선을 향한 기나긴 여정에 있어 전환기의 한 에피소드로 여김으로써 헤겔은 사실상 하나님의 절대적 선하심을 훼손시킨다고 데즈몬드는 주장한다.[77] 여기서 헤겔의 변증법적 목적론은 데즈몬드에 의해 또 다시 고전적인 조화의 미학적 신정론과 동일한 것으로 제시되고 있다.

> 전체의 관점에서 볼 때, 모든 파열시키는 타자성은 선에 대한 공헌으로 드러난다. 마치 아름다운 그림에 있어서 여기 저기의 그림자가 지닌 어두움이 그 자체로 전체의 옳음에 본질적인 공헌을 제공하는 것과도 마찬가지다. 종종 지적되었듯이, 현재의 악을 미래의 완성의 관점에서 옹호하는 것에는 무언가 무례하고 사악한 면이 있다.…세계 역사의 보편성의 그림자가 현재에 어둡게 드리운다. 역사의 앞으로 실현될 미래적 목표가 현재의 악을 사면시키고, 현재의 악은 그러한 목표를 실현하기 위해 도구적으로 필요한 것으로 여겨진다. 우리는 현재의 피로서 미래의 거름이 되는 것이다.[78]

결론적으로, 데즈몬드는 헤겔의 견해가 "논리적이 되는 것과 윤리적이 되는 것을 혼동하고 있다"고 거부한다. 대신 그는 악은 어떤 설명불가능한 괴물성을 지닌 것이라며, 악의 근원적인 이해불가능성과 백치성(白痴性)을 옹호한다. 데즈몬드에 따르면 "다양한 타자성의 형태들이 존재하며 악도 그 중의 하나이지만, 악에서 변증법은 파괴된다."[79]

---

76) Desmond, *Beyond Hegel and Dialectic*, 191.
77) Desmond, *Beyond Hegel and Dialectic*, 210-211.
78) Desmond, *Beyond Hegel and Dialectic*, 219.
79) Desmond, *Beyond Hegel and Dialectic*, 223, 그리고 248.

인간의 고통을 단지 다른 어떤 목적을 위한 유용한 도구로 전락시키는 것에 대한 데즈몬드의 정당하면서도 고결한 분노는 존중되어야 할 것이다. 하지만 우리는 여기서 이러한 해석이 헤겔의 미학적 신정론에 대한 충실한 분석인지를 질문하고자 한다. 먼저 첫째로, 데즈몬드 자신이 이전에 제기하였듯, 아름다움의 미학적 완전성이란 개방된 종결성(open-endedness)이라는 특징을 가진다. 그것은 계속적으로 다시 성취되어야 할 어떤 것이다. 이러한 개방된 종결성으로서의 미학적 완전성은 헤겔의 의도가 미래의 연기된 목적을 위해 현재를 희생시키는 것과는 거리가 있음을 드러낸다. 현재는 항상 완성되는 것이고, 그러한 완성은 또 다른 미래의 현재에 있을 수 있는 또 다른 미학적 완성에 그 스스로를 개방하는 것이다. 영은 항상 오늘밖에 가지지 않는다. 다석 유영모 선생의 표현을 빌리자면, 영은 항상 오늘살이이다. 혹은 헤겔의 우아한 문학적 표현처럼, 이성의 장미는 현재의 십자가 '안에' 항상 있으며, 그러한 장미의 아름다움은 새로운 완성으로 또 다시 자라나는 것이다. 아름다움에는 끝이 없다. 둘째로, 도구화에도 좋은 형태와 나쁜 형태 혹은 유한성의 형태와 무한성의 형태가 있을 수 있다. 만약 도구화된 부분들이 "순수한 금속으로부터 분리된 찌꺼기"처럼, 혹은 "완성된 그릇으로부터 분리되어 잔존하는 도구"처럼 절대정신 혹은 절대영에 의해 밖으로 버려져 버린다면, 그러한 종류의 나쁜 도구화는 불순하고 저속한 사유의 폭력에 불과할 것이다.[80] 하지만 영에 의해 도구화된 요소가 바로 영 자신이라고 한다면, 그리고 자신의 자기 도구화가 자기 성장의 목표를 향한 한 전환기의 순간이라고 한다면, 여기서의 도구화는 보다 높은 차원의 의미를 지니게 되는 것이다. 이런 좋은 형태의 도구화에서는 사실 도구와 작품 사이의 구분이 존재하지 않는다. 무한성이 자신의 무한성의 한 부분으로서의 유한성을 도구화하는 것이다. 따라서 타자를 도구화하는 영의 이기주의라는 비판은 잘못된 것이다. 헤겔은 신성한 숲을 하나

---

80) Hegel, *Phenomenology of Spirit*, 22-23 (39절).

님이 부재한 단지 목재 덩어리로 여기지 않았으며, 인간의 정신을 하늘의 예술가가 사용하는 단지 팔레트의 물감 정도로 여기지도 않았다. 오히려 하나님의 영 그 자신이 스스로를 쪼개어 외화한 결과로서의 신성한 생명의 한 부분이 바로 자연이며 역사인 것이다. 그것들은 아주 문자적 의미에서, 그리고 아주 근원적인 의미에서 하나님의 생명 그 전체의 순간들인 것이다. 요컨대, "진리는 전체이다"고 본 헤겔의 통찰이 전체의 미학적 신정론이라고 데즈몬드가 제안한 것은 옳은 반면, 그러한 헤겔의 역동적 전체성을 단지 피조된 존재들의 피타고라스주의적인 수학적 조화로 해석한데 있어서 데즈몬드는 설득력을 잃고 있다. 헤겔의 전체는 단지 파타고라스의 천체들의 조화를 가리키는 것이 아니다. 그것은 세계 이전의 하나님(내재적 삼위일체, 논리학), 세계로서의 하나님(성육신, 자연철학), 그리고 이 둘의 영적 화해(성령, 정신철학) 모두를 가리키는 '전체'로서의 하나님을 의미한다. 나아가 우리는 또 다른 중요한 사실로 헤겔의 조화는 항상 드라마적 갈등과 긴장을 지닌 조화라는 것을 기억해야 한다. 부정성의 심각함이 부재한 느슨하게 평온한 아름다움이란 오직 무기력한 아름다움 혹은 사랑의 자신과의 유희에 불과할 뿐이다. 죽음을 모르는 사랑은 아직 신성한 사랑이 아니다. 하지만 헤겔이 본 숭엄한 아름다움은 "죽음"의 기억과 "몸의 완전한 해체"의 상처들을 자신 속에 가지고 있는, 죽음을 넘어 "영으로부터 태어났고 다시 태어난 아름다움"이다.[81] 헤겔이 예수 그리스도를 "기독교 종교의 가장 아름다운 순간"이라고 부른 것은 결코 우연이 아니다.[82] 바로 이 슬픔의 사람 속에서, 바로 이 죽음을 기다리는 고뇌의 하나님 속에서, 이 즉각적이고 단일한 개인 속에서 존재 전체의 아름다움이 완성되는 것이다.

필자는 헤겔의 신정론이 테오드라마(theo-drama)라는 미학적 메타포에 의해 가장 적절하게 묘사될 수 있다고 본다. 건축과 관련하여 헤겔

---

81) Hegel, *Phenomenology of Spirit*, 19 (32절); *Aesthetics*, 2.
82) Hegel, *Lectures on the Philosophy of Religion*, Volume 3, 115.

은 "숫자들의 관계로 환원될 수 있는 조화"는 하나님의 "신전"을 위한 미학적 메타포로 적절할 지는 모르지만, 세계와 함께 하는 하나님 존재 전체의 생명의 역동적 리듬을 표현할 수는 없다고 보았다.[83] 또한 진리는 형태 없는 흰색이라는 하나의 색깔만을 가진 "절대적으로 단일색조의 그림"도 아니지만, "오직 두 가지 색깔만을 지닌 화가의 팔레트"로 그린 이원론적 형식주의의 그림도 아니다. 오히려 그것은 생명이며, "진리의 생명이다."[84] 건축(architecture), 조각(sculpture), 그림(painting), 혹은 음악(music)조차도 충돌하고 화해하는 정신들의 행동에 있어 오직 어떤 특정한 측면 이상을 우리에게 보여줄 수 없다. 반면 "그 가장 완벽하고 근원적인 운동 속에 있는 아름다움"을 보여주는 특권은 바로 "드라마 예술"(dramatic art)이 가지는 것이다.[85] 헤겔에 있어 극시(劇詩) 혹은 드라마는 예술의 가장 높은 장르이다. "드라마는 내용과 형식의 가장 완벽한 총체성으로 발전되었기 때문에, 그것은 시와 예술 일반의 가장 높은 단계로 여겨져야 할 것이다."[86] 형식적인 측면을 고려할 때, 건축이나 조각이나 그림의 경우에서처럼 다른 외부적인 돌, 나무, 염료 등의 재료를 사용하지 않고 드라마는 오직 언어만을 사용할 뿐이다. 언어는 다른 모든 것들 중에 가장 영적인 재료이다. 내용적인 측면을 고려할 때, 드라마는 사진처럼 고정된 한 행동의 측면만을 보여주는 것이 아니라, 완전한 행동 곧 정신의 전체 흐름과 운동을 보여준다. 이런 의미에서 헤겔의 존재신학의 전체는 근원적으로 드라마적이다. 테오드라마는 하나님과 세계 사이의 상호적인 행동이지만, 동시에 그러한 행동의 문법이 언제나 세계 이전의 내재적 삼위일체 하나님의 근원적이고 규범적인 이성의 리듬에 근거한다. 바로 이 때문에 드라마의 앞에 '테오'(theo-)가 선행하는 것이다. 테오드라마의 세계 무대에서 절대정신 혹은 절대영은

---

83) Hegel, *Aesthetics*, 662.
84) Hegel, *Phenomenology of Spirit*, 27 (47절), 30-31 (51절).
85) Hegel, *Aesthetics*, 205.
86) Hegel, *Aesthetics*, 1158.

비극적인 행동과 희극적인 플롯 둘 다를, 조화의 형식과 느낌의 강렬한 내용 둘 다를, 하나의 용서와 생명의 아름다운 이야기로 엮어나가는 어마어마한 지성을 보여주는 것이다. 윌리엄즈는 헤겔의 희비극 개념을 다음과 같이 해석하고 있다.

> 헤겔은 비극이 화해와 중재를 배제하지는 않는다는 독특한 견해를 가지고 있다. 괴테는 그리스의 고전적인 비극이 배제시켰던 것으로 보이는 화해와 중재의 가능성을 헤겔의 비극 개념이 허용하고 있다고 비판하였다. 하지만 이것은 헤겔이 순전히 고전적인 비극 개념과는 다른 개념을 가졌다는 사실만을 설정할 뿐이다. 헤겔에게 있어 독특한 것은 비극과 희극의 변증법적 중재이다. 형이상학적 전통에 대해 헤겔은 그것이 비극적인 것으로부터 희극적인 것을 분리시켜서, 이 둘을 서로가 서로를 배제하는 단지 순수한 형식들로 보았다고 비판한다.[87]

희극과 비극, 플롯과 행동, 형식의 조화와 느낌의 강렬함 사이의 균형상태는 항상 이런 저런 극단으로 떨어질 위험성을 내포한다. 자유로운 행동 없는 기계적인 플롯은 단지 부동의 동자로서의 하나님이 홀로 연출하는 세계 희극에 불과할 것이다. 반대로, 플롯 없는 행동은 부재한 하나님을 뒤로 하고 단지 인간의 열정과 아이러니만이 충돌하는 세계 비극에 불과할 것이다.

테오드라마의 희비극으로서의 긴장을 유지하고자 하는 헤겔의 노력은 자신의 《자연법》에서 잘 드러나고 있다. 여기서 헤겔은 그리스의 비극과 고대와 현대의 기독교 희극을 중재하고자 한다. 헤겔에 따르면 초기와 중세 가톨릭의 고전적 유신론에서는 돌이킬 수 없는 운명이나 행동의 심각성이 부재한 일종의 행복주의(eudaemonism)의 플롯만을 발견하게 된다. 행복한 결말에 대한 절대적인 확신이 배우로서의 인간에게

---

[87] Robert R. Williams, "Theology and Tragedy," *David Kolb ed., New Perspectives on Hegel's Philosophy of Religion* (Albany: SUNY Press, 1992), 47.

주어지기 때문이다. 인간은 이런 의미에서 하나님이 위에서 당기는 끈에 묶여 있는 "전적으로 무능하고 힘이 부재한" 인형에 불과하다.[88] 사실 인간은 연극의 배우라기보다는 기계적 섭리라는 연극의 관객에 가깝다. 이러한 단일색조의 조화롭지만 지루한 연극에서 개인들은 행동하고 투쟁하지만, 사실 진정한 충돌이 아니라 "충돌의 그림자"만 가져올 뿐이다. 그것은 "날조된 운명이나 공상적인 적과 싸우는 모의 전쟁"이다.[89] 그리고 부동의 동자 하나님은 자신이 상처입을 위험성은 전혀 없이 이러한 모의 연극 바깥에서만 존재할 것이다.

> 단테의《신곡》(Divine Comedy)에는 운명이나 진정한 투쟁이란 존재하지 않는다. 거기에는 아무런 저항 없이 절대자의 존재에 대한 절대적 확신과 보증이 있기 때문이다. 이러한 완전한 평온과 고요 속으로 운동성을 가져오는 어떤 저항도 단지 심각성이 결여된 혹은 내적 진리가 결여된 저항일 뿐이다.[90]

반대로, 헤겔이 살아가던 그 당시 현대의 희극은 끊임없이 가짜 연극 그 자체의 가짜성을 아이러니를 통해 조롱하고, 절대자를 그 절대성의 자리에서 끌어내림으로써 확고한 자기 결정과 심각성을 지닌 행동에 대한 환상을 선물한다. 개신교 전통은 과거 가톨릭에서 주장한 세계의 객관적 드라마를 영혼의 주관적 드라마로 전환시켰다. 예를 들어 슐라이어마허(Schleiermacher)에 있어서 이상적인 개신교 목회자는 일종의 "종교적 예술가"와 같은 존재이며, 전체 교회 회중들을 위한 내적 의식의 중심점을 자신의 예술적 능력으로 창조할 수 있는 사람이다. 하지만 이러한 예술적 창조는 주체성이라는 개신교 원칙을 위반하지 않기 위해서는 내향적으로만 남아 있어야 한다. 따라서 드라마는 가장 관대하게 여기더라도

---

88) Hegel, *Natural Law*, 106.
89) Hegel, *Natural Law*, 105.
90) Hegel, *Natural Law*, 105-106.

내향적으로 점차 사라져야 할 것에 불과하다. 슐라이어마허에게 있어 개신교의 종교적 예술이란 "영원히 예술 작품이 없는" 예술이어야만 한다.[91] 결과적으로 개신교적 영혼은 어떠한 외부적 플롯이나 신성한 목적 없이 자기 자신의 행동이 모든 것에 거울처럼 반사되는 것을 발견할 뿐이다. 신앙은 일종의 "소극"(笑劇)이자 "죽지 않는 환상"이 된다.[92] 과거 가톨릭의 희극에서는 유한한 존재와 그 행동들이 환상으로 여겨졌던 반면, 현대 개신교의 희극에서는 절대자와 그의 플롯이 환상으로 여겨지는 것이다. 그러나 가톨릭의 무력한 지루함이나 개신교의 아이러니의 웃음 둘 다에서 영은 무한한 슬픔과 진정한 비극을 발견하지는 못한다.

> 따라서 희극은 윤리적인 것을 두 영역으로 분리하고, 각각의 영역이 완전히 자기 자신의 기초에서 진행될 수 있도록 한다. 한편에서는 갈등과 유한자가 실체를 지니지 못한 그림자인 반면, 다른 한편에서는 절대자가 환상이다. 하지만 진정한 그리고 절대적인 관계는 하나가 다른 하나를 조명해 주는 것이다. 각각은 자신의 타자 속에서 살아 있는 관계를 가지며, 각각은 자신의 타자의 심각한 운명이다. 그러므로 절대적 관계는 비극 속에서 설정된다.[93]

과거의 가톨릭적인 객관적 희극과 현대의 개신교적인 주관적 희극은 둘 다 비극의 절대 관계 속으로 통합되지 않고는 그 자체로 일방적이며 불완전하게 남는다. 오직 "각각은 자신의 타자의 심각한 운명"이 될 때, 비극이 가능한 것이다. 유한자와 절대자는 둘 다 자신의 의도와 계획의 잠재적인 비극적 실패로 인해 상처받을 가능성을 준비해야 한다. 오직 거기에만 죽음같이 진지한 영의 심각성이 존재할 수 있는 것이다. 바로 이

---

91) Hegel, *Faith & Knowledge*, 151.
92) Hegel, *Natural Law*, 107. 이런 맥락에서 윌리엄즈(Robert Williams)는 "포이에르바흐가 신학을 인간학으로 환원시킨 것은 희극(comedy)에 대한 일종의 현대적 표현이다"고 제안한다. Williams, "Theology and Tragedy," 57 n 31.
93) Hegel, *Natural Law*, 108.

때문에 자신의 자기중심적인 고정성을 죽음에 두는 데에는 "용기"가, 하나님에게조차 용기가 필요한 것이며, 그러한 심각한 비극에서 "죽음 자체가 극복된다."[94] 유한자와 절대자 사이의 살아있는 심각한 드라마는 미리 결정되어 있거나, 혹은 한편에 의해서 다른 한편에게로 단지 건네질 수는 없다. 그것은 오직 세계 무대에서 간주관적으로 공연될 수 있을 뿐이다. 이러한 영의 드라마의 공동체에서 극작가와 배우는 서로에게서 분리될 수 없는 관계를 지니며, 여기에서는 어느 누구도 단지 관객은 아니다. 우리는 헤겔이 극장 보관용을 위한 대본의 형태를 제외하고는 어떤 연극도 단지 읽혀지도록 활자로 출판되어서는 안 된다고 반대하였으며 오직 공연되어야 한다는 의견을 제시한 것이 결코 우연히 아니라는 것을 알 수 있다.[95] 오직 이런 방식으로만 극작가의 플롯과 배우의 행동이 각각 서로의 본질을 깊숙히 침투하여 하나의 드라마적인 생동성 혹은 역동적 즉흥성을 보존할 수 있기 때문이다. 조화로운 플롯이라는 아우구스티누스의 고전적이고 가톨릭적인 미학적 신정론과 강렬한 행동의 모험이라는 화이트헤드의 현대적이고 개신교적인 미학적 신정론은 이러한 방식으로 서로가 서로를 침투할 때 헤겔이 철학적 직관을 통해 본 '영의 희비극으로서의 테오드라마'에서 각각의 완성을 이룰 수도 있을 지 모른다. 그것은 자신의 심각한 운명으로서의 죽음을 자신 속에 담고 다니는, 그래서 영으로 거듭 다시 태어난 신성한 아름다움의 완성일 것이다.

> 죽음은, 만약 우리가 이러한 비현실성을 그렇게 부르고자 한다면, 모든 것들 중의 가장 무서운 것이다. 죽은 것에 굳게 머무를 수 있는 것은 가장 위대한 힘을 요구한다. 힘을 결핍한 아름다움(*die kraftlose Schönheit*)은 오성(*Verstand*)이 그 자신이 할 수 없는 것을 요구하기 때문에 미워한다. 하지만 영의 생명/삶(*das Leben des Geistes*)은 죽음으로부터

---

94) Hegel, *Natural Law*, 104. 또한 *Phenomenology of Spirit*, 454-455 (752절), 476 (785절); 그리고 *Lectures on the Philosophy of Religion*, Volume 3, 125, 219-20, 326-328, 370 참조.
95) Hegel, *Aesthetics*, 1184.

움츠리고 황폐함이 자신을 만지지 못하도록 피하는 그런 것이 아니라, 그것을 견디고 그 속에서 자신을 보존하는 것이다. 그것은 완전한 몸의 해체 속에서 자신을 발견하게 될 때, 오직 그 때에 자신의 진리를 획득하게 된다. 우리가 어떤 것에 대해 이것은 아무 것도 아니라거나 거짓이라고 말하며 이것과의 관계를 끝내고 등을 돌려서 다른 어떤 것으로 옮겨갈 때처럼, 부정적인 것에 눈을 감아버리는 어떤 단지 긍정적인 힘이 그것은 아니다. 오히려 그것은 부정적인 것의 얼굴을 바로 직시하며 그것에 머무를 수 있는 힘이다. 부정적인 것과의 이러한 머무름은 부정적인 것을 존재로 변환시키는 마술적인 힘이다. 이러한 힘은 우리가 앞에서 주체라고 불렀던 것과 동일한 것이다.[96]

하나님의 신성한 아름다움은 죽음을 모르는 "힘을 결핍한 아름다움"이나 죽음과 생명을 절대적으로 가르는 비판철학의 "오성"의 힘이 아니라, 죽음과 생명 그리고 비극과 희극을 그 자신 속에 동시에 간직하는 "영의 생명/삶"이다. 이런 이유에서 영의 드라마는 완전히 전적으로 "다행스러운"(*felix*) 것이나 행복한 것은 아니다. 그것은 이미 잊을 수 없는 슬픔과 기형적인 운명과 황폐한 버림받음과 그리고 어두운 죽음 자체에 의해 만져진 것이기 때문이다. 피타고라스의 무시간적 정적의 고요함으로서의 아름다움은 역사의 상처를 미워하지만, 헤겔의 영의 사회적 테오드라마로서의 아름다움은 역사가 존재하도록, 역사가 상처받고 질곡의 어둠을 거치지만 동시에 자유롭게 존재하도록 한다. 그러나 역사의 부정성에 굳게 머물러 지체함으로써, 영은 자신의 상처받은 이들을 포기하지 않고 그들의 강렬한 상처를 의미 있고 견딜 수 있는 어떤 것으로 바꾸어 준다. 헤겔은 이러한 치유의 "마술적" 순간을 다름 아닌 "사변적 성 금요일"이라고 부른다.[97] 역사적 성 금요일의 상처와 비극을 사변적 성 금요일은 희극과 함께 자신 안에 머물게 함으로써 가장 높은 전체 곧 조화와 부조화의 조화를 이룬다. 우리는 여기서 하나님의 사흘 간의 침

---

96) Hegel, *Phenomenology of Spirit*, 19 (32절).
97) Hegel, *Faith & Knowledge*, 189-191.

묶을 변증법의 일종의 한 논리적 단계로 환원시키지 않는 헤겔의 신비주의적 진리에 대해 말할 수 있을 지도 모르겠다. 헤겔의 철학적 신학에는 논리적으로 설명되었다기보다는 미학적으로 관찰되었다고 말하는 것이 더 적합한 것들이 존재하는 것처럼 보인다. 우리는 앞에서 헤겔의 변증법적 논리 자체도 어쩌면 계시의 미학적 드러남에 기초하였을 수 있다고 제안하였다. 우리는 오직 영의 길을 본 후에야 그것을 설명할 수 있는 것이다. 이런 맥락에서 앞에서 인용한 윙엘의 진술은 헤겔의 테오드라마로서의 미학적 신정론을 간결하게 잘 요약하여 주는 것이다: "계시란 그 정의에 있어서 미학적 사건이다."[98] 우리가 역사 안에서 바라보는 것은 인간의 영이 악의 가능성을 비극적으로 끔찍한 사실적 악으로 현실화시키는 것, 그리고 하나님의 신성한 영이 고요하고 무기력한 아름다움과 죽음의 엄청난 어두운 힘을 변환시켜서 영으로부터 태어나고 다시 거듭 태어난 희비극의 아름다움으로 만든다는 것이다. 십자가 위의 그리스도는 기독교 드라마학에서 가장 강렬하고 아름다운 순간이다. 나아가 어떤 논리적 필연성에 기초한 변증법이 이러한 죽음으로부터의 그리스도의 부활을 반드시 일어나게 만든 것이 아니라, 그리스도의 죽음과 부활이라는 역사적 사건이 헤겔의 변증법을 가능하게 한 미학적 기원이 되는 것이다. 드라마학(dramatics)은 변증법(dialectics)을 앞선다.[99]

마지막으로, 우리는 헤겔의 사유에 정말 이러한 신과 인간 사이의 사회적 드라마성이 존재하는지 묻고 싶을 지도 모르겠다. 그의 삼위일체론적 전체론에 특별히 어떤 드라마적인 특성이라도 있다는 말인가? 헤겔의 테오드라마는 결국 궁극적으로 볼 때 또 하나의 단테적인 혹은 피타고라스적인 신곡, 곧 신의 희극을 약속하지 않는가? 거기서도 결국은 모든 충돌이 충돌의 그림자가 되고, 모든 악이 '다행스러운 범죄'가 되지

---

98) Jüngel, "Even the beautiful must die," 76.
99) 이런 의미에서 폰 발타자가 신학적 미학(theological aesthetics), 신학적 드라마학 (theological dramatics), 신학적 논리학(theological logic)의 순서로 자신의 체계를 전개시킨 것은 중요한 통찰을 제공한다.

않는가? 데즈몬드는 최근의 저서인 《헤겔의 하나님: 가짜 이중성?》에서 이러한 가능성을 제기하고 있다. 여기서 그는 헤겔의 전체성의 논리를 단지 초월성을 내재성으로 환원시켜버리고, "전체 너머의 하나님"(God beyond the whole)을 "전체의 하나님"(God of the whole)으로 바꾸어 버리는 에로틱한 욕망의 논리라고 비판한다.[100] 아가페의 희생적 사랑과는 달리, 에로스의 욕망의 논리는 하나님과 세계 사이의 간주관적 화해의 드라마를 사실은 하나님의 자신과의 놀이로 만들며 "타자 속에서 그리고 타자를 통해서 자신을 중재하는 일종의 순환적 화해"로 만든다는 것이다.[101] 헤겔의 하나님은 하나님의 타자를 사랑하는 것 속에서 하나님 자신을 사랑할 뿐이며, 이러한 타자는 진정한 타자라기보다는 하나님이 소유한 타자이다. 여기서도 하나님은 사랑하지만 오직 에로스의 방식으로, 특히 자기 에로스의 방식으로 사랑한다. 계몽주의의 '주체-객체'라는 이중적인 논리를 극복하고자 시도하는 가운데, 헤겔이 '주체 속의 주체-객체' 혹은 '주체(주체-객체)'라고 하는 삼중적인 논리에 빠지게 되었으며 사실 이러한 삼중적인 논리는 단일론적 논리일 뿐이라고 데즈몬드는 해석한다. 헤겔도 사실은 모든 소가 검게 보이는 셸링의 동일성의 밤에 빠져있다는 것이다. 왜냐하면 여기서 대상의 타자성은 항상 이미 주체의 의식 속에서 중재되기 때문이다.[102] 데즈몬드는 이러한 '주체(주체-객체)'의 에로스의 논리가 헤겔의 내재적 삼위일체와 포괄적 삼위일체 둘 다에 작용하고 있으며, 이 둘 모두는 부분적으로는 피타고라스주의라는 철학적 전통에 관련된다고 주장한다.[103] 헤겔이 약속한 절대

---

100) William Desmond, *Hegel's God: A Counterfeit Double?* (Burlington: Ashgate Publishing Company, 2003), 87ff. 그리고 137ff.
101) Desmond, *Hegel's God*, 40.
102) Desmond, *Hegel's God*, 92.
103) 내재적 삼위일체와 관련하여 데즈몬드는 이렇게 말한다. "자신의 《종교철학 강의》에서 헤겔은 기독교 교부들의 사변적 성찰들보다는 피타고라스주의자들, 플라톤주의자들, 영지주의자들, 필로를 더 자주 언급한다." Desmond, *Hegel's God*, 103. 포괄적 삼위일체와 관련하여 데즈몬드는 또 다시 헤겔의 정체적인 수학적 피타고라스주의

적 역동성 대신에 데즈몬드는 절대적 정체성을 피하기 어렵다고 본다. 물론 데즈몬드도 헤겔이 스피노자주의를 역사화하였다는 것을 인정한다. 스피노자의 "자연으로서의 하나님"(deus sive natura)은 헤겔의 "역사로서의 하나님"(deus sive historia)으로 전환된 것이다.[104] 하지만 스피노자의 정체적인 무(無)우주론(acosmism)이 헤겔에 의해 역사화되고 역동적이 되었을 가능성을 살펴보는 대신, 데즈몬드는 헤겔의 역사에 대한 신학적 견해가 정체적이 되고 무우주론적이 되었다는 정반대의 해석을 제안한다. 이른바 헤겔의 에로틱한 삼위일체는 세계가 하나님의 진정한 타자가 되게 하는데 실패함으로써, 오직 일종의 가짜 화해만을 제공하고 있다는 것이 데즈몬드의 가장 근본적인 의심인 것이다. 이러한 욕망의 에로틱한 논리로부터는 어떠한 탈출구도 없으며, 그것이 하나님과 세계 사이의 희비극을 단지 "다행스러운 범죄"(felix culpa)의 일방적인 욕망의 희극으로 만들어 버린다는 것이다.[105]

우리는 이러한 비판에서 악의 문제와 타자성의 문제에만 집중하고자 한다. 욕망의 자기 에로스의 논리로서의 헤겔의 내재적 전체성에 대한 데즈몬드의 설명에 따르면, 하나님이 모든 것을 하신다. 거기에는 진정한 타자가 존재할 수 없기 때문이다. 따라서 하나님의 타자에 의해 행해지는 악이란 사실은 하나님의 행동에 대한 착각이며 오해일 뿐이라는

를 의심하고 있다. "진정한 삼위일체는 바로 이러한 포괄적으로 자기를 구체화하는 삼위일체로서, 그것은 하나님과 피조물의 (이중적인) 차이를 넘어서 극복하고 자신에게로 귀환하는 과정 속에서 자기 자신의 가장 높은 완전성을 이루게 된다. 이것은 오직 기독교 종교 안에서만 인식되었으나, 헤겔은 이러한 삼중적 사유를 설명하고자 '철학자들'과 몇몇 '이단적인' 문서들을 이용한다. 그런 이유에서 숫자 3의 중요성에 대하여 피타고라스주의자들, 플라톤, 영지주의자들, 그리고 필로가 언급되는 것이다"(bid., 107). 결론적으로 헤겔의 포괄적 삼위일체는 "'모든 것 위에 있는' 충만한 자의 아가페적 의미에서가 아니라 에로틱한 자기 기원, 자기 구체화의 논리"를 통해서 설명된다는 것이다 (ibid., 119 n 6).

104) Desmond, *Hegel's God*, 143.
105) Desmond, *Hegel's God*, 158.

것이다. 그의 말을 몇몇 인용하면 "악은 하나님의 자기 드러냄이다"; "악은 본질적으로 타자성과 관련이 있으며, 그것 자체는 하나님의 자기 타자화이다"; "타자화 혹은 차별화 그 자체가 존재론적 죄이며, 동시에 원초적인 전체의 심판(Ur-teil)이다."[106] 요컨대 하나님만 있고 타자는 없다는 것이다. 악은 타자가 아닌 하나님 자신의 행동이라는 것이다. 헤겔의 전체에 대한 피타고라스주의적 혹은 스피노자주의적 해석 때문에 데즈몬드는 헤겔 안에 존재하는 몇몇 기술적인, 하지만 논리적으로 중요한 구분들을 강조하는 데 실패한 것으로 보인다. 예를 들어 하나님의 자기 타자화(Entzweiung)로서의 세계 창조와 창조된 세계의 자기 소외(Entfremdung)는 시간적이 아니라면 논리적으로 구분되어야 한다. 선이 곧 악이고 악이 곧 선이라는 선과 악의 정체적인 수학적 동일성(Identität)의 논리는 영의 자기 성장의 과정에서 선이 곧 악이 되고 악이 곧 선이 된다는 선과 악의 역동적인 통일성(Einheit)의 논리로부터 구분되어야 한다. 또한 헤겔의 악에 대한 사변적 개념에는 단지 주체와 객체의 쪼개짐 혹은 파열로서의 소외(Entfremdung)의 형태만이 있는 것이 아니라 주체의 허영 혹은 주체의 자기중심적 고착성(Eitelkeit)의 형태도 존재한다는 것도 기억되어야 할 것이다. 따라서 창조는 하나님의 타자화의 행동인 동시에 하나님 자신의 악의 창조이며, 결국 악은 하나님 스스로의 행동이라는 데즈몬드의 해석은 헤겔의 신정론에 대한 지나친 단순화라고 필자는 본다. 물론 창조 이전의 하나님에게 타자는 없었을 것이다. (여기서 내재적 삼위일체의 간주관성 혹은 타자성이 진정한 타자성

---

106) Desmond, *Hegel's God*, 152-153. 데즈몬드는 헤겔의 "Urteil"이 지닌 이중적 의미를 여기에서 전제하고 있다. 보통 독일어 "Urteil"은 죄와 악에 대한 심판(judgment)을 의미한다. 헤겔은 또한 그것을 "Ur-"(시원적인, 근원적인)와 "Teil"(부분) 혹은 "teilen"(부분으로 나누다)로 이루어져 있다고 보며, 태초에 하나님이 자신을 쪼개서 세계를 창조하신 시원적인 타자화(primordial division)의 행동을 의미하는 것으로도 사용한다. 데즈몬드는 이러한 이중적 의미를 가운데에 하이픈을 둠으로써 강조하는 것이다. 하나님의 세계와의 시원적인 분리로서의 세계 창조가 바로 동시에 하나님의 세계에 대한 심판인 것이다. 창조와 악의 사이에는 시간의 경과가 없게 된다.

인가는 논외로 하자.) 하지만 하나님이 자신의 안에 마련한 공간에서 하나님의 부분으로 타자가 쪼개어져 나오고, 그러한 타자가 스스로 자유롭게 존재케 하는 것이 하나님의 뜻이라는 것이 바로 기독교의 창조교리의 핵심이 아닌가? 하나님 안에서 쪼개어져 나온 타자는 진정한 하나님의 타자가 아니라 하나님의 자기 에로스의 논리일 뿐이라는 주장은 마치 어머니 안에서 태어난 자식이 진정한 타자성을 지니지 못하는 가짜 이중적인 어머니라는 정도의 주장밖에 될 수 없다. 모든 어머니는 이것이 사실이 아니라는 것을 안다. 또한 타자성 자체가 본질적으로 악은 아니다. 필자가 아는 한, 헤겔은 결코 세계의 존재 자체가 악이라고 말한 적이 없다. 하나님의 자기 타자화로서의 창조는 타자성으로서의 악의 창조가 아니라 타자성으로서의 선의 창조이며, 영의 사소하고 허영에 찬 자기중심성 혹은 자기고착성으로서의 악의 극복인 것이다. 창조는 악의 기원이 아니라 선의 탄생이다. 물론 타자성의 탄생으로서의 창조는 두 번째 악의 형태인 급격한 소외 혹은 분열의 가능성을 가져다준다. 화이트헤드가 우아하게 표현하였듯, 우리의 형이상학적 상황이 지니는 비극적 본질은 어떤 형태의 선을 창조하기 위해서는 논리적으로 반대 형태를 지닌 악의 가능성을 감수해야 한다는 점이다. (비극으로서의 이러한 형이상학적 상황은 화이트헤드의 경우처럼 존재의 근원적인 상태로 여겨질 수도 있지만, 헤겔의 경우처럼 하나님 존재의 근원적인 상황으로 또한 해석될 수 있을 것이다.) 하지만 가치의 '창조'는 반대가치의 '가능성'과 동일시될 수 없으며, 이러한 불평등성이 우주를 진보하게 하는 것이다. 악이란 하나님 자신의 행동이라며 갑작스레 신정론의 담론을 서둘러 종결하기보다는, 비록 미묘하지만 중요한 개념적 구분들을 보존하며 그 함의들을 끈질기게 사유하는 것이 보다 우리에게 도움이 될 것 같다. 그중에서 화이트헤드의 과정철학에 병행하여 몇몇만 언급하도록 한다: (1) 화이트헤드의 악의 가능성으로서의 부조화(discord), 그리고 헤겔의 악의 가능성으로서의 분리 혹은 타자화(division, *Entzweiung*); (2) 화이트헤드의 현실적 악으로서의 부조화의 독점적 지배(domination of discord), 그리고 헤겔의 현실적 악으로서의 분리의 고착화 혹은 소외(alienation, *Entfremdung*); (3) 화이트헤드의 악의 가능성으로서의 사소함(triviality), 그리고 헤겔의 악의 가능성으로서의 자기중심성(self-centeredness, *Insichgehen*); 그리고 (4) 화이트헤드의 현실적 악으로서의 불필요한 사소함(unnecessary triviality) 그리고 헤겔의 현실적 악으로서의 자기중심성의 고착화 혹은 허영(vaniety, *Eitelkeit*).

어쩌면 데즈몬드의 비판은 이보다 더 철저하고 근원적인지도 모른다. 이러한 모든 부분적인 개념적 차이들이 헤겔의 철학이 일종의 단테적인 신곡 혹은 피타고라스적인 행복한 하나님의 자기 희극이라는 본질을 가릴 수는 없다고 보았을지도 모른다. 헤겔의 사유에서는 오직 가짜 하나님만이 플롯을 구성하고, 오직 가짜 하나님만이 행동한다고 여겼을 것이다. 왜냐하면 진정한 타자는 그 어디에도 없기 때문이다. 데즈몬드에 따르면, "헤겔의 신정론은 하나님이 하나님 '자신'과 화해하는 이성의 역사이다"; "역사의 하나님이 범죄자인 동시에 재판관이며, 십자가에 못박힌 자인 동시에 십자가에 못박는 자이며, 구원하는 자인 동시에 구원받는 자이다"; "헤겔의 하나님은 절대적인 전체의 자기 화해 속에서 하나님 자신의 악을 구속한다."[107] 이러한 비판적 관찰에 직면하여 우리의 질문은 다음과 같은 것이 된다: 헤겔의 테오드라마는 하나님과 세계 둘 다의 희비극(tragicomedy)인가, 아니면 하나님의 자기희극(auto-comedy)일 뿐인가? 세계는 진정 하나님의 심각한 운명인가, 아니면 단지 하나님의 에로틱한 논리에서의 조작된 운명일 뿐인가? 이러한 차원에서 우리는 서로 다른 세계의 직관에 기초한 서로 다른 형이상학적 꿈을 직면하게 된다. 여기서 우리는 동의하거나 동의하지 않을 수 있을 뿐이다.

필자는 '헤겔이 스피노자를 역사화시켰다'는 데즈몬드의 통찰에 동의하고 감사한다. 이런 과정에서 헤겔의 역사신학이 스피노자주의적이되고 정체적이 되었다고 데즈몬드는 생각하지만,[108] 그 반대의 해석도

---

107) Desmond, *Hegel's God*, 144 그리고 159.

가능하다. 스피노자의 정체적 하나님이 역사 속의 역동성을 처음으로 획득하게 된 것으로 볼 수도 있다. 타자성의 문제는 철학적 가치의 문제로서 단지 이런 저런 부분적인 언어적 스케치를 통해 옹호되거나 비판될 수 있는 성격의 문제가 아니라, 자신의 이론적인 해석의 틀 전체를 설득적으로 제공함으로 동의하거나 동의하지 않거나 할 수 있을 뿐이다. 이 문제는 본 연구의 범위를 벗어나는 것으로 보이기에, 여기서 필자는 단지 헤겔의 삼위일체적 전체론이 드라마틱하고 희비극적인 심각성을 지녔다는 것을 옹호하기 위해 몇몇 단편적인 사유를 제공하고자 한다.

데즈몬드는 에로틱한 삼위일체로 바깥이 없는 전체의 하나님이라는 "이 개념에 의해 어떠한 '바깥'이라는 생각도 완전히 이해할 수 없게 되어버렸다"고 보는 반면, 필자는 하나님에게는 바깥(outside)이 없지만 하나님 안에는(inside) 타자성이 존재한다고 본다.[109] 헤겔이 본 하나님은 바깥이 없는 분이다. 세계도 바깥일 수 없다. 악도 바깥일 수 없다. 나아가 존재하지 않는 무도 바깥일 수 없다. 바깥이 있다면 그것은 하나님이 아니라 "거짓 무한성"(spurious infinity)이다. 유한성을 바깥으로 가지는 무한성은 거짓 무한성이다. 칸트의 비판철학에서처럼 거짓 무한성은 유한성을 자신의 바깥으로 만들고 인간 이성의 한계를 그음으로써 스스로 유한화된 무한성이 된다. 바깥인 유한성에 의해 제한되는 무한성은 절대적으로 무한하지는 않다. 하지만 헤겔이 본 참된 무한성으로서의 하나님은 유한성과 무한성, 존재와 무, 자연과 영을 포괄하는 바깥이 없는 전체로서의 진리이다.

> 무한성을 유한성으로부터 거리를 두고 순수하게 유지하는 바로 그것에 의해, 무한성은 유한하게 될 뿐이다. 무한성은 …이러한 [거짓] 무한성과 유한성의 자기-지양으로서의 '하나의' 과정이다. 바로 이것이 '참된' 혹

---

108) Desmond, *Hegel's God*, 122. 그는 이러한 정체성의 모티프를 스파노자뿐만 아니라 피타고라스에, 그리고 궁극적으로는 파르메니데스에 관련시킨다.
109) Desmond, *Hegel's God*, 147.

은 '진정한' 무한성이다.[110]

거짓 무한성은 유한성이라는 바깥을 가지는 또 다른 유한성의 허영된 거짓 이름이다. 반면에 모두를 포괄하는 절대적인 전체가 바로 커다란 전체로서의 하나님의 정의이다.

서구 형이상학의 완성으로서의 헤겔의 철학적 신학이 한국의 다석 유영모 선생의 기독교 해석과 상통하는 것을 발견하는 것은 참으로 뜻 깊다고 할 수 있다. 유영모 선생은 하나님을 없이 계시는 분, 존재와 무를 초월하여 하나로 만드시는 분으로 이해하였다. "유무를 합쳐 신을 만들고(固有虛無一合神), 천지유무를 통하는 것이 신통이다. 신은 하나이다."[111] 헤겔의 전체로서의 하나, 그리고 유영모 선생의 없이 계신 분으로서의 하나는 모두 유무를 포괄하는 영의 통전적 전체성으로서의 하나님을 뚜렷하게 지시하고 있는 것이다. 다석 유영모 선생은 영으로서의 하나님에 대해 이렇게 말한다.

> 하느님이 없다면 어떻습니까? 하느님은 없이 계십니다. 그래서 하느님은 언제나 시원합니다. 하느님은 몸이 아니라 얼(靈)입니다. 얼은 없이 계십니다. 절대 큰 것을 우리는 못 봅니다. 아직 더 할 수 없이 온전하고 끝없이 큰 것을 무(無)라고 합니다. 나는 없는 것을 믿습니다. 인생의 구경(究竟)은 없이 계시는 하느님 아버지를 모시자는 것입니다.[112]

정양모는 유영모 선생의 신론에 대해 이렇게 말한다. "그리스도인이라면 절로 다석 선생의 신관과 기독관을 눈여겨보게 마련이다. 선생은 하느님을 일컬어 '없이 계시는 분'이라고 하였는데, 이처럼 멋진 하느님 정의

---

110) Hegel, *Science of Logic*, 137. 또한 *The Encyclopaedia Logic*, 149-150 (94절) 참조.
111) 유영모, 「여오」, 《다석일지》(영인본) 상, 1982, 832. 박재순, 《다석 유영모》(서울: 현암사, 2008), 347에 인용되고 있다.
112) 박영호, 《진리의 사람 다석 류영모 (下)》(서울: 두레, 2001), 372에 인용되고 있다.

를 들어본 적이 없다. 하느님은 있음(有)과 없음(無)을 넘어선 절대 초월자라는 것이다."[113] 유영모의 "없이 계신 하느님"은 헤겔이 본 바같이 없으신 전체, 무한성과 유한성을 포괄하는 진정한 무한성과 그 뿌리에서 하나이다. 그것이 바로 기독교의 하나님인 것이다. 하지만 이것이 하나님에게 어떠한 타자나 타자성도 없다는 것을 의미하지는 않는다. 타자성은 하나님의 '안'에 존재하기 때문이다.

필자는 철저히 문자적인 의미에서 기독교의 창조교리를 다음과 같이 헤겔이 해석하고 있다고 본다. '무로부터의 창조'는 '하나님으로부터의 창조'이며, '하나님으로부터의 창조'는 '하나님 안에서의 창조'이다 (creation out of nothing = creation out of God = creation inside God). 이것은 창조에 대한 새롭거나 이방적인 해석이 아니라 기독교 신학이 오랫동안 전통적으로 주장한 내용의 핵심이다. 예를 들어 기독교 신학의 아버지라 할 수 있는 아우구스티누스는 창세기 1장 1절의 "태초에 하나님이 천지를 창조하시니라"(*in principio creavit Deus caelum et terram*)에 대한 자신의 해석에서, 태초로 번역된 시작 혹은 원리(*principium*, principle)를 시간적 시작이 아니라 창조의 원리이자 말씀이신 그리스도라고 해석하였다.

> 우리는 하나님이 시작 속에서, 시간의 시작 속에서가 아니라, 그리스도 속에서 천지를 창조하셨다고 대답한다. 그리스도는 성부와 함께 계신 말씀이시며, 그를 통해서 그리고 그의 안에서 모든 만물들이 만들어졌기 때문이다. 유대인들이 그분이 누구신지 물었을 때, 우리 주님이신 예수 그리스도는 "나는 처음(*principium*; the principle)이다. 바로 이때문에 너희에게 말한다"[요한복음 8:25]라고 대답하셨다.… 하나님은 시간도 또한 창조하셨다.[114]

---

113) 다석학회 엮음, 《다석강의》(서울: 현암사, 2006), 6.
114) Augustine, *De Genesi adversus Manicheos*, 1.2.3. 영어 번역본으로 Roland J. Teske이 번역한 *The Fathers of the Church*, vol. 84: *Saint Augustine on Genesis: Two Books on Genesis against the Manichees and On The Liberal Interpretation*

이것이 바로 전통적이고 정통적인 기독교 유일신론의 철저한 신학적 문법이다. 시간, 공간, 물질은 창조의 시작이 될 수 없고 오직 창조의 내용일 뿐이다. 창조 이전에는 아무 것도 존재하지 않았으며, 창조는 원리와 말씀으로서의 그리스도 하나님 안에서 시작된 것이다. 이처럼 세계의 창조가 그리스도 하나님 안에서의 창조라면, 세계는 하나님의 바깥에서 창조된 것이 아니다. 만약 하나님이 세계를 자신의 바깥에 창조했다면, 이러한 바깥이라는 비신성한 공간은 신학적으로 어떻게 유일신론의 틀에서 해석될 수 있단 말인가? 모순적 어법을 사용하자면, 이러한 세계라는 바깥이 또한 하나님 안에 있지 않다면 도대체 그것은 어디에서 온단 말인가? 기독교는 하나님과 하나님의 바깥으로서의 비(非)하나님이라는 이방적인 이원론으로 돌아가야 한단 말인가? 오히려 이것이 창조의 논리 자체를 파괴하고 있지는 않는가? 무로부터의 창조는 오직 하나님 안에만 가능하다. 하나님은 존재와 무의 전체이기 때문이다. 어머니의 내부 공간에서 잉태된 자녀는 서서히 잠재적 타자로 성장하다가, 탯줄을 끊는 순간 진정한 타자의 존재론적 탄생이 이루어진다. 하나님의 자녀인 우리와 세계도 마찬가지이다. 하나님의 가장 깊은 내부에 인간과 자연과 우주가 존재한다고 해서, 창조의 탯줄을 끊는 순간 탄생한 타자성이 무화되는 것은 아닐 것이다. 자유가 탄생한 것이다. 결론적으로, 바깥이 없는 신성한 "전체"로서의 하나님이라는 공간적이고 기하학적인 메타포가 세계의 심각한 타자성을 논리적으로 불가능하게 반드시 배제하는 것은 아니다. 세계는 하나님이 잉태한, 하나님 속의 타자이다. 세계의 무화시키고 없이 만드는 죽음같은 타자성을 자신의 존재 안에 품은 "없이 계신 하나님"으로서의 헤겔의 존재신학의 드라마는 끔찍할 정도의 심각성을 가진다.

---

of Genesis: An Unfinished Book (Washington, D.C.: The Catholic University of America Press, 1991)이 있다.

4장 헤겔의 비평가들

여기서 우리는 《아름다움과 악》 1권에서 논의한 바 있는 악의 극복에 대한 분석철학의 4가지 척도라는 관점에서 헤겔의 신정론을 살펴보고자 한다. 곧 악을 극복하는 구원의 범위(範圍)에 있어 (1) "개인적"(individual) 구원과 (2) "우주적"(global) 구원, 그리고 악을 극복하는 구원의 방식(方式)에 있어서 (3) 악의 "균형잡기"(balancing-off)와 (4) 악에 대한 "승리"(defeat)라는 네 척도 중에서 헤겔의 신정론은 어떤 요소들을 충족시키는지 보고자 한다. 하지만 이러한 평가가 헤겔의 경우에 있어 그리 용이한 것만은 아니다. 아우구스티누스의 신정론을 분석철학적으로 해석한 파이크(Nelson Pike)의 경우나 화이트헤드를 그렇게 해석한 그리핀(David Griffin)의 경우처럼 이 둘의 해석자들은 종종 분석철학적인 담론을 친화적으로 채용하였으나, 헤겔 해석자들이 이러한 식의 접근을 한 경우는 거의 부재하기 때문이다. 어쩌면 이러한 분석철학적 담론을 적용하는 것 자체가 헤겔의 사유가 지니는 사변적 역동성과 시적인 직관의 깊이를 배신하고 그것의 본 뜻을 감소시킬 수 있다고 생각했기 때문일 것이다. 헤겔 자신도 즐겨 말했듯 정신과 영의 생명력은 이런 저런 요소들 자체에 있는 것이 아니라 이것들의 되어감이라는 과정에 있다. 하지만 그럼에도 불구하고 필자는 아우구스티누스와 화이트헤드와 헤겔이라는 거대한 세 신정론의 산맥을 이해하기 쉽게 대조하고, 이러한 대조가 우리에게 유익한 사유의 출발점을 제공할 수 있다고 믿기에, 다소 단순할 수도 있는 이러한 척도들을 가지고 인상주의적인 헤겔의 초상화를 그려보고자 하는 것이다. 여기서 필자의 유일한 위안은 "단순성을 추구하라, 그리고 그것을 불신하라"는 화이트헤드의 권면이다.[1] 우리는 아래에서 구원의 범위와 관련하여 헤겔의 신정론이 개인적 구원과 우주적 구원을 독특한 존재신학적 차원에서 결합시키고 있다는 것을 제안할 것이다. 헤겔의 사유에서 영으로서의 하나님이라는 단일한 미학적 테오드라마는 이러한 두 접근법을 동시에 요구하는 것으로 보이기 때문이다. 또한 다음으로 구원의 방법과 관련하여 헤겔은 악에 대한 사법적인 균형잡기의 방법보다는 악에 대한 미학적인 승리의 방법을 분명히 선호한다는 사실을 보여주고자 할 것이다.

먼저 구원의 범위의 문제를 살펴보도록 하자. 헤겔과 마찬가지로 발타자(Hans Urs von Balthasar)는 악의 문제를 기독교의 삼위일체 교리의 맥락에서 논의한다. 발타자는 십자가 위의 그리스도가 지닌 신성한 아름다움과 영광이 어떻게 모든 세속적인 아름다움의 개념들을 깨뜨려 버리고 동시에 완성시키는지를 보여주고자 의도한다. 이러한 미학적 성육신을 중심으로 한 테오드라마에서 발타자에 따르면, "삼위일체 교리는 세계의 유일하게 가능한 신정론으로 보인다. 그것의 빛을 통해서만 우리는 다른 모든 신정론의 부적절성을 분명하게 보게 되기 때문이다. (그리고 이것은 선험적인 아프리오리적 방식으로 말해지는 것이다.)"[2] 하지

---

1) Alfred North Whitehead, *The Concept of Nature* (Cambridge: Cambridge University Press, 1920), 163.
2) Hans Urs von Balthasar, *The Glory of the Lord: A Theological Aesthetics, vol. 1: Seeing the Form* (San Francisco: Ignatius Press, 1998), 507. 테오드라마에 대한 헤겔의 견해와 발타자의 견해를 비판적으로 비교한 논문으로는 J. B. Quash, "'Between

만 이러한 분명한 삼위일체적 관심의 유사성에도 불구하고 발타자는 헤겔의 테오드라마에서 옹호되고 변증된 것은 기독교의 하나님이 아니라 이방적인 이성 혹은 '누스'(*nous*)라고 본다. 기독교 신앙의 경건성은 철학적 지식에 의해 완전히 대체되었다는 것이다. "따라서 헤겔에게 있어서 영광은 절대정신 혹은 절대영 자체의 전체성 안에서만 발견될 수 있을 뿐이고 다른 어디에도 존재하지 않는다. 절대사유는 그것을 승리의 빛으로 방출하며, 이러한 승리는 라이프니츠의 승리에 비교될 수 있을 것이다. 그러나 그것은 이제 더 이상 신정론(theodicy)이 아니라 누스정론(noödicy)일 뿐이다."[3] 더군다나 헤겔의 《미학》은 철학적인 누스로서의 미네르바의 올빼미가 펼치는 사변적 놀이이며, 여기서 이성은 전체 역사의 지형을 그 비극의 사건들이 이미 발생한 후에 태평하면서도 무관심하게 반복적으로 포착할 뿐이라고 발타자는 본다.

> 헤겔의 저작들 중에서 가장 풍부한 내용을 지녔으며 가장 성공적이었던 바로 그《미학》이 사실은 절대지식 자신의 화려한 행복에 대한 인식의 초상화에 지나지 않는 것이다. 그것은 (가장 어려우면서도 가장 고통스러운 것조차 포함해서) 모든 것을 이해하며, 모든 것을 옹호하며, 모든 것을 승인한다.…바로 여기에서 미네르바의 올빼미에 대한 헤겔의 말이 사실임이 드러난다. 미네르바의 올빼미는 오직 황혼에 날기 시작하며, 그래서 미학(美學)을 고안하였다.[4]

헤겔의 신정론은 단지 라이프니츠의 이방화된 미학적 누스정론에 불과하며, 거기에서 개인적 존재들은 "보다 선호되는 전체를 위해서 개인

---

the Brutally Given, and the Brutally, Brutally Free': Von Balthasar's Theology of Drama in Dialogue with Hegel," *Modern Theology* 13.3 (1997), 293-318을 참조하라. 흥미롭게도 쿼시는 이 글에서 "발타자가 자신의 어마어마한 신학적 삼부작의 중간 부분[테오드라마 혹은 신학적 드라마]을 설명하는 장르로서 '드라마'를 선택한 것에는 어떤 헤겔적인 기초들이 존재한다는 사실"을 증명하고자 한다(ibid., 293).

3) Balthasar, *The Glory of the Lord*, vol. 5, 573-574.
4) Balthasar, *The Glory of the Lord*, vol. 5, 586-7.

으로서는 지양된다(*aufgehoben*). 개인은 물리적으로는 자신의 죽음을 통해서, 그리고 미학적으로는 자신의 죽음을 통해서, 미학적으로는 전체를 위한 자기 희생을 통해서 지양되는 것이다."[5] 하지만 문제는 개인이 그것을 위해 자기를 희생하는 헤겔의 전체가 불행하게도 기독교의 하나님이 아니라 철학의 영(*Geist*)이라고 발타자는 비판한다.

이러한 동일한 이중적 비판은 데즈몬드(William Desmond)에 의해서도 제기된다. 그도 헤겔이 기독교 전통에 충실하지 않을 뿐 아니라 개인의 영원불멸성이라는 필요성에 대해서도 무심하다는 것이다. 데즈몬드는 악의 문제에 대한 세 가지 가능한 접근법을 실존적, 논리적, 세계사적 관점으로 각각 구분한 후에, 헤겔의 사유는 악의 "실존적인" 긴장감을 "논리적인" 관점과 "세계사적인" 관점을 통해서 집어삼켜버린다고 주장한다.[6] "헤겔이 인식의 관점에서 불멸성을 다시 규정함으로써 '개인적인'(*individual*) 영원불멸성은 사라지게 된다." 사람들의 개인적이고 인격적인 비극은 역사 내 정신 혹은 영의 자기 전개 과정에 있어서 논리적인 필연적 구성요소로 통합됨으로써 사실상 그 심각성이 희석된다는 것이다. 데즈몬드는 이것을 마치 경주 도중에 말을 갈아타는 것과 마찬가지라고 여긴다. 헤겔의 신정론이라는 경주에서 논리적이고 세계사적인 "앎의 영원불멸성"이 승자로서 마침내 종착점에 귀환하게 되지만, 그 말의 가슴에는 자신의 고유한 번호가 아니라 "개인적인 영원불멸성이라는 종교적 말"의 번호를 대신 달고 있다는 것이다. 종교적 진리에 대한 헤겔의 철학적 재해석은 동일한 내용을 다시 다르게 진술하는 것이 아니라 사실은 종교를 철학으로 대체하는 "개념적인 위치 전환"이라고 데즈몬드는 주장한다.[7] 따라서 헤겔의 견해가 그 자체로 설득력이 있고 옹호될 수 있는 것이라고 하더라도, 그것이 기독교 신앙의 진리에 대한 충

---

5) Balthasar, *The Glory of the Lord*, vol. 5, 589.
6) William Desmond, "Evil and Dialectic," David Kolb ed., *New Perspectives on Hegel's Philosophy of Religion* (Albany: SUNY Press, 1992), 195-196.
7) Desmond, "Evil and Dialectic," 205.

실한 재해석으로 여겨질 수는 없다고 데즈몬드는 결론내린다. 이와 비슷한 맥락에서 뢰비트(Karl Löwith)는 헤겔의 역사적 신정론의 비기독교성을 강조한다.[8] 이폴리트(Jean Hyppolite)도 헤겔에 있어 역사의 "범비극주의"(pantragedism)와 논리학의 "범논리주의"(panlogism)는 하나이며 동일한 것이라고 제안한다.[9] 그리고 카우프만(Walter Kaufmann)도 헤겔의 역사적 신정론은 철학의 "'현실성'의 재정의"에 기초한 "일종의 말 속임수"와도 같다고 혹평한다.[10] 이러한 헤겔의 비평가들 모두는 헤겔의 신정론이 피조된 인간 개개인들의(individual) 행복에 관심하고 그들의 삶을 인격적으로 돌보는 선한 하나님 대신에, 개인들의 희생 위에 역사 전체의 선 혹은 우주적인 선을 필연적으로 창조하는 교활한 이성의 하나님을 철학적으로 옹호한 가장 전형적인 우주적(global) 신정론이라고 평가하는 것으로 보인다.

   헤겔의 신정론이 지니는 비기독교성 혹은 이단성이라는 문제는 간략하게 요약적으로 취급될 수 있는 성질의 것은 아니다. 헤겔은 그 자신이 기독교 전통을 철학적으로 재해석하고 있다고 분명히 스스로 생각한 것은 사실이다. 그러나 그의 철학적 재해석의 실제적인 결과물이 기독교적인 것인지의 물음은 각각의 해석자가 기독교의 전체 진리를 어떻게 자신은 생각하는지에 대한 광범위하고 철저한 논의 이후에야 판단할 수 있는 문제이다. 따라서 필자는 여기서 개인의 영원불멸성이라는 문제에만 보다 천착하고자 한다. 개인적 신정론이 아니라 우주적 신정론이라는 비판은 결국 이 문제에 기초하기 때문이다. 헤겔이 이러한 비판을 어떤 스타일로 대응할지 한 번 상상해 보자. 그는 개인적 신정론과 우주적 신정론이라는 이러한 분석철학적 구분의 시도 자체를 하나의 추상이라고 비판하며 시작할 것처럼 보인다. 헤겔의 절대 관념론의 입장에서 볼 때 오성의 사유가 종종 보여주는 객체화의 경향성은 근본적으로 불만족스

---

8) Löwith, *Meaning in History*, 58-59.
9) Hyppolite, *Genesis and Structure of Hegel's Phenomenology of Spirit*, 19 n 19.
10) Kaufmann, *Hegel*, 261-262.

러운 것이다. '먼저 분리하고, 오직 이후에 그 관계를 생각하라'는 비판철학의 근본 신념을 헤겔은 깊은 시적 혹은 존재신학적 통찰로 '그것으로는 부족하다'고 덮어버릴 것이다. 존재의 유기적 전체성이 이러한 사유의 해부학적 객체화를 통해 조각조각 잘리게 되고, 비판철학의 분석은 존재의 거짓되고 죽은 시체만을 장난감으로 가지고 놀게 된다고 여길 것이다. 생명은 주체와 객체로의 해부를 거부하는 살아있는 전체이다. "진리는 전체이다(Das Wahre ist das Ganze)"는 것이 바로 타협할 수 없는 헤겔의 근본명제이다.[11] 따라서 헤겔은 인간 개인, 역사, 자연과 우주, 아니 존재신학적인 전체를 추상 속에서, 달리 말해 고립적으로 사유하기를 거부할 것이다. 사실 이 모두는 깊이 그 존재에 있어 연결되어 있다. 그리고 위에서 언급한 신정론의 4가지 리트머스 테스트는 분석철학의 전통 안에서 의식적으로 구성된 것이라는 사실을 잊지 말아야 한다. 헤겔은 이러한 분석철학적 구분을 자신이 칸트의 오성에 기초한 비판철학을 비판했듯이 동일하게 비판할 것이다. 보다 구체적으로 상상해 본다면 헤겔은 신정론의 맥락에서 마치 한 개인이 "시간 안에서의 지속"이라는 형태로, 혹은 그 사람이 하늘로 "올라감"이나 "시간 밖으로 끄집어 올려짐"의 형태로 "영혼의 불멸성"이 존재할 것이라는 생각을 그림적 사유라고 거절할 것이다.[12] 더 나아가 헤겔은 우리가 개인적이고 사적인 영혼이 없어지지 않고 자기중심성을 유지하며 미래에도 남는 것에 종교적으로 집착하는 것을 오히려 악한 것으로 여길 것이다. "만약 한 사람이 화해되지 않고 분리된(unresolved) 순간으로서의 자신의 인격성에 집착한다면, 그는 악을 가진다."[13] 하지만 이러한 것들에도 불구하고 헤겔이 개인의 불멸성이라는 개념 자체를 부정했다는 것은 아니다. 그는 어떻게 추상적인 인격성이 아니라 구체적인 인격성이 불멸할 수 있는지를 보여주고자 원한 것이다. "우정과 사랑 속에서 나는 내 자

---

11) Hegel, *Phenomenology of Spirit*, 11 (20절).

12) Hegel, *Lectures on the Philosophy of Religion*, Volume 1, 195.

13) Hegel, *Lectures on the Philosophy of Religion*, Volume 3, 194.

신의 추상적 인격성을 포기하고, 그렇게 함으로써 그것을 다시 구체적인 것으로 획득하게 되는 것이다."[14] 헤겔의 재판관과 죄인의 변증법이 보여주듯 불멸한다는 것은 우정과 사랑과 자유의 구체성 속에서, 다시 말해 사회적인 간주관적 방식으로 타자 속에서 자신을 다시 발견하는 것이다. 나의 환원할 수 없는 타자에게로의 관계성을 아는 것이 바로 나의 구체적인 불멸성을 획득하는 것이다. 여기서 헤겔은 "하나님을 이해하는 자는 누구이든지 하나님과 함께 존재한다"(*cum Deo est quidquid intelligit Deum*)고 했던 아우구스티누스를 연상시킨다(*De Ordine*, 2.2. 4). 또한 "인간의 불멸성이라는 생각은 실현된 가치의 불멸성"을 가리킨다는 화이트헤드의 통찰과도 그리 거리가 멀지 않을 것이다.[15] 헤겔 자신의 표현을 빌리자면, 하나님이 영이시기에 또한 영으로서의 인간이 불멸하는 것이다. 오직 영만이 영을 인식한다. 이러한 영의 상호인식으로서의 전체가 불멸한다.

> 인류는 오직 인식의 지식을 통해서 불멸한다. 오직 사유의 행동 속에서 인류의 영혼은 동물같이 죽을 수밖에 없는 가사적인 것이 아니라 순수하고 자유롭기 때문이다. 인식과 사유는 인간 생명의 뿌리이며, 자신 속에 있는 전체로서의 인간의 불멸성의 뿌리이다. 동물의 영혼이 몸의 육체성에 침잠되어 있는 반면, 정신 혹은 영은 자신 속에 있는 전체이다.[16]

진정한 영의 인식은 단지 몸의 육체성을 배제하는 조잡한 종교적 이원론과는 거리가 멀다. 헤겔의 전체로서의 절대정신 혹은 절대영은 자연의 필연성이라는 자궁에서 태어난 인식의 자유이기 때문이다. 자유로서의 인식은 우리가 우리의 외화된 자신으로서의 타자를 향해 나아갈 수 있

---

14) Hegel, *Lectures on the Philosophy of Religion*, Volume 3, 286.
15) Alfred North Whitehead, "Immortality," *Paul Arthur Schilpp ed. The Philosophy of Alfred North Whitehead* (1941; New York: Tudor Publishing Company, 1951, second edition), 688.
16) Hegel, *Lectures on the Philosophy of Religion*, Volume 3, 304.

고 그를 자신 속에 품을 수 있는 유일한 영의 길이다.

헤겔은 개인의 불멸성을 절대문화 안의 사회적 불멸성(social immortality)으로 본다. 다시 말해 그가 말하는 구체적 인격의 불멸성은 어떤 의미에서는 과정신학 안에서 제기된 적이 있는 사회적 불멸성의 개념과도 매우 유사하다. 해리스(H. S. Harris)는 이러한 유사성을 다음과 같은 해석을 통해 제시하고 있다. "다자(多者)의 일자(一者) 안에서의 긍정적인 구원은 그가 보다 높은 영적인 공동체와 자신을 동일시할 수 있는 이성적 능력에 달려있다." 바로 그러한 공동체는 예술, 종교, 철학과 같은 "절대문화(絶對文化, Absolute Culture)의 세계"이다. 헤해리스가 로젠크란츠의 진술을 인용하듯, "그것에 의해 운명의 어떤 것도 바뀌지는 않는다." 오직 운명에 대한 우리의 태도가 바뀌었을 뿐이다. 해리스는 절대문화라고 하는 "이러한 종류의 '객관적인'(objective) 진술, 곧 한 사람이 참되다고 보고 아는 것에 대한 단지 설득력 있는 진술을 통해 과거의 세계들은 현재의 의식 속에서 부활한다"고 결론내린다.[17] 헤겔에 있어 개인의 불멸성이란 예술, 종교, 철학의 절대문화의 세계 안에 사상적으로 존재한다는 것이다. 하지만 우리는 헤겔의 신학과 과정신학 사이의 두 가지 중요한 차이점도 동시에 주목해야만 할 것이다. 첫째로, 과정신학의 신정론은 최소한 하트숀의 해석에 따른다면 사회적 불멸성이라기보다는 객체적 불멸성에 기초한다.[18] 개인은 인류의 사회적 기억이 아

---

17) Harris, *Hegel's Development: Night Thoughts,* 72, 179-180.
18) Charles Hartshorne, *Creative Synthesis & Philosophic Method* (La Salle, Open Court, 1970), 289. "개인적"(individual), "사회적"(social), 그리고 "객체적"(objective) 불멸성의 차이에 대해서는Barry L. Whitney, *Evil and the Process God* (Toronto: Edwin Mellen Press, 1985), 54를 참조하라. 특히 휘트니는 객체적 불멸성을 옹호하며 어떤 의미에서는 헤겔주의적인 측면도 지닌 사회적 불멸성으로는 불충분한 이유를 이렇게 말한다. "사회적 불멸성은 우리 삶의 궁극적인 의미와 가치를 인간 후손들의 기억 속에 위치시킨다. 하지만 이러한 것은 가치의 영속성을 보존하는데 실패할 수밖에 없다. 우리 인간이라는 종족이 언젠가는 멸종하게 될 가능성이 (사실 거의 그렇게 확실히 될 가능성이) 있기 때문이다"(ibid., 159). 어쩌면 이러한 차이는 헤겔의

니라 하나님의 신성한 기억 속에서 영원히 불멸한다는 것이다. 반면에 헤겔의 신정론은 사회적 불멸성과 객체적 불멸성이 사실 거의 동일한 것이라고 여긴다. 현대의 핵공포 이전의 시대를 산 헤겔은 절대문화와 하나님의 관계를 과정 신학자들보다는 훨씬 더 가깝고 내재적인 것으로 볼 수 있었다. 둘째로, 바로 이러한 객체적 불멸성과 사회적 불멸성의 차이로 인해, 과정 신정론의 경우에 있어서처럼 하나님의 결과적 본성 안에서의 대리적 만족이라는 문제는 헤겔에게 일어나지 않는다. 헤겔의 사유 체계 안에서 개인은 자신의 인격적 정체성이 하나님의 결과적 본성 안에서 고정될 때까지 불멸성을 기다려야 하는 것은 아니다. 영혼의 불멸성은 헤겔에게 있어서 "어떤 보다 미래의 시간에 있는 현실성"이 아니라 바로 "현재적인 속성"이기 때문이다.[19] 다시 말해 헤리스의 제안처럼 신성한 영이 현실 세계의 가장 본질적이고 심층적인 구조를 이루고 있다는 절대문화의 통찰과 인식이 그러한 경험적 세계안의 어떤 것도 바꾸는 것은 아니며, 오직 우리의 세계에 대한 태도만이 바뀔 뿐이다. 하지만 어쩌면 이러한 태도의 변화가 단지 말의 철학적 속임수가 아니라 현실 세계 안에서 자유의 공동체가 성장하는 방식일 수도 있는 것이다. 헤겔의 신정론에서 악에 대한 하나님의 궁극적인 변증은 바로 이러한 영의 자신에 대한 앎, 곧 인식으로서의 자유라는 자신의 존재가 성장한다는 것이고, 이러한 이성의 유기체적 성장은 사회적이며 동시에 신적인 것이며, 개인적이며 동시에 우주적인 것이며, 따라서 그 전체의 특성을 볼 때 존재신학적 성장이라는 사실에 있다. 이런 의미에서 헤겔의 포괄적 삼위일체 혹은 세계적 삼위일체는 악의 개인적 극복과 악의 우주적

시대가 핵무기 이전의 시대였다면, 과정 신정론자들의 시대는 더 이상 그렇지 않다는 데 존재하는 것으로 보인다. 인류의 종족으로서의 불멸성이 결국에 가서는 불가능하게 될 것이라는 생각을 헤겔은 어쩌면 그리 심각하게 하지 않았을 것이다. (하지슨은 헤겔이 이러한 절대문화의 종말과 인류의 종말 이후의 하나님 존재에 대해 생각하였거나 생각할 수 있었을 것이라고 필자와의 사적 대화에서 제안한 적이 있다.)

19) Hegel, *Lectures on the Philosophy of Religion*, Volume 3, 208.

극복이 사실은 둘이 아니라는 사실을 보여줌으로써 이러한 정체적 구분 그 자체를 해체한다. 존재, 하나님, 개인, 이성은 해부학적으로 나누어질 수 있는 둘이 아니라 영의 한 성장하는 생명이다. 학문 혹은 철학으로서의 신정론의 과제는 이처럼 "자기 의식적인 이성"(reason that is conscious of itself)으로서의 개인의 정신과 "존재하는 이성"(reason that is)으로서의 자연적 혹은 역사적 우주가 단지 서로 분리된 둘이 아니라 상호의존적인 하나의 전체, 하나의 이성, 하나의 영이라는 것을 증명하는 것이다.[20] 이처럼 자연과 정신, 나와 절대문화가 둘이 아니라는 인식에서 "영은 영원하다."[21]

그렇다면 오직 철학자만이 구원받는가? 아이가 더듬더듬 말을 배워나가는 것처럼, 사유는 세계의 문법을 또한 배워나갈 것이다. 하지만 여기에 도달하기 전에 너무 일찍 시간이 데려가버린 아이들은 어떻게 되는가? 인식하지 못하는 자는 구원받지 못하는가? 이성의 인식에까지 성장하지 못한 개인은 영의 순례길에서 버려질 수밖에 없는가? 많은 비평가들은 헤겔의 신정론이 악을 넘어서는 테오리아(*theoria*)라는 철학적 엘리트주의에 기초하고 있음을 지적한다. 필자도 헤겔의 존재신학적 신정론이 지닌 구조적 장점이 신학적으로 매우 매력적이라고 생각함에도 불구하고, 헤겔의 신정론의 약점이 또한 여기에 있다고 생각한다. 이러한 절대문화 안의 인식으로서의 구원이라는 견해에 대해 오직 호의적이고 다소 수동적인 옹호만을 필자는 시도할 수 있을 뿐이다. 결국 모든 신정론은 완전히 만족스럽지는 못한 것으로 보인다.

먼저 헤겔의 인식이라는 개념은 매우 폭넓은 것임을 지적할 수 있다. 신앙도 지식의 한 형태이며, 미학적 직관 혹은 그저 바라봄도 인식의 한 형태이다. 아이는 세계를 미학적으로 바라보며 나뭇가지가 녹색으로 짙어지는 것을 경이롭게 바라본다. 어쩌면 이미 그러한 경이에 구원이 있

---

20) Hegel, *The Encyclopaedia Logic*, 29 (6절).
21) Hegel, *Lectures on the Philosophy of Religion*, Volume 3, 208-209.

는지도 모른다. 앞에서 우리는 헤겔의 철학적 사유가 지닌 미학적이고 종교적인 토대를 보여주고자 노력하였다. 헤겔의 말처럼 "인류는 최초로 진리를 의식하고 인식하기 위해서 철학을 기다려야만 하지는 않았다."[22] 우월감이란 근본적으로 비본질적일 수밖에 없다. 아이에 대한 철학자의 우월감도 마찬가지일 것이다. 영으로서의 하나님은 인식의 양으로 판단하시지는 않는다. 물론 리꾀르가 지적한 것처럼 헤겔은 미학적이고 종교적인 상징이 철학적인 사유를 가능케 한 것은 주목하였지만, 반대로 개념적 인식과 사유가 비판이나 혹은 또 다른 영감을 위해 다시 그러한 상징에로 되돌아 온다는 것을 의식적으로 강조하지는 않았다. 이러한 반대 방향의 운동이 없다면 개념 그 자체도 고정되고 죽은 것이 될 위험성이 있을 것이다. 하지만 개념으로 표현될 수 없는 번역이 불가능한 상징이라는 또 다른 극단도 피해야 할 것이다. 상징 안에는 개념으로 번역될 수 있는 것 이상의 것이 항상 존재한다. 그러나 이것이 개념으로부터 고립된 철저한 침묵의 번역불가능성은 아닐 것이다. 요컨대 상징과 개념은 영의 영원한 리듬 안에서 같이 성장한다. 만약 그렇다면, 개인의 구원과 우주의 구원이 둘이 아니라는 인식이 노년의 철학자의 절대정신에서만이 아니라 나뭇가지를 쳐다보는 아이의 미학적 바라봄 속에서도 이미 존재하는 것은 아닐까? 상징에서 개념으로, 그리고 개념에서 상징으로 이어지는 거대한 순환운동은 그 어디에도 하나의 시작점이 없으며 모든 부분이 진정한 시작점이 아닐까? 노인과 소년은 둘 모두 마치 시원적인 중심을 돌고 있는 영들과도 같다. 거대한 순환운동이 완성되기도 하지만 그것은 또다른 시작일 뿐이다. 작은 순환운동이 더듬더듬 시작되지만 그것이 이미 종착점에 놓여 있는 것일 수도 있다. 혹은 노인과 소년, 개념과 상징, 철학과 종교와 예술 모두 원들의 원으로서 이미 구조적으로 신성한 영의 영원한 리듬에 참여하는 것일 수 있다. 참여에 있어 더 큰 순환운동이라는 우월감은 비본질적이다. 문제는 원이 더 크다거나 원을 마

---

22) Hegel, *Lectures on the Philosophy of Religion*, Volume 1, 251.

쳤다거나 하는 것이 아니다. 우리 모두는 항상 자신이 그린 원을 마치지 못하고 끝날 것이다. 문제는 그 원을 도는 것이다. 오직 이러한 포괄적이고 전체적인 인식의 의미에서만 필자는 "인류는 오직 인식의 지식을 통해서 불멸한다"는 헤겔의 제안에 동의할 수 있다.[23] 인식의 천국은 노인만이 아니라 어린 아이의 것도 되어야 한다.

둘째로, 그리고 마지막으로, 악을 극복하는 방식으로서의 "균형잡기"(balancing-off)와 "승리"(defeat)를 생각해보도록 하자. 헤겔은 어떻게 하나님이 보복 없이 악을 극복하는지를 보여준다. 악의 원인이자 뿌리가 자기중심성이라는 영의 존재 양식이며 이것이 끔찍한 파괴적 결과를 가져온다면, 하나님은 악을 외부로부터의 혹은 위로부터의 심판을 통해서가 아니라 안으로부터 이러한 자기중심성을 해체함으로써 극복한다. 구속에 대한 사법적이고 형벌적인 견해에 헤겔이 비판적이었던 사실을 기억할 때, 지옥의 형벌이나 천국의 보상으로 악을 균형잡는다는 생각은 헤겔의 신정론에 적용될 수 없는 그림적 이미지일 뿐이다. 우리는 이러한 균형잡기가 "수학적이고 덧셈적"이라는 것을 앞에서 지적하였었다.[24] 균형잡기의 논리는 악이 동일한 정도의 무게를 지닌 혹은 그 이상의 무게를 지닌 반대적인 가치에 의해 상쇄될 때 극복된다는 생각이다. 이러한 균형잡기에 본질적인 것은 정의란 각자에게 각자의 몫을 주는 것이라는 키케로의 정의관이다. 기독교 신학에서도 이러한 균형잡기의 논리가 사용되곤 하였다. 예를 들어 구속에 대한 전통적인 '속전설'(贖錢說, ransom theory)의 모델은 인류의 죄의 무게와 그리스도의 희생의 무게 사이의 사법적이고 나아가 덧셈뺄셈적인 균형 논리에 기초하고 있다. 악마는 타락한 인류에 대한 적법한 권리를 가지는 반면, 모든 인류의 죄의 무게와 동등하거나 그것을 훨씬 초과하는 가치를 가지는 궁극적인 '속전'으로서의 그리스도의 죽음을 통해 악마의 권리는 폐기되었다는 것이

---

23) Hegel, *Lectures on the Philosophy of Religion*, Volume 3, 304.
24) Marilyn McCord Adams, *Horrendous Evils and the Goodness of God* (Ithaca and London: Cornell University Press, 1999), 21.

다. 이러한 속전설의 전통을 따르는 신학자들은 세부적 부분들에서는 의견을 달리 하기도 한다. 속전은 누구에게 치루어진 것인가? 하나님인가 악마인가? 하지만 그들은 하나님의 선하심이 균형잡기라는 도덕적 정의에 의해 드러난다는 근본 생각에서는 모두 동의하는 것이다.

헤겔의 영의 존재신학은 이러한 사법적이고 칸트주의적인 도덕적 세계관에 대한 거대한 도전과도 같은 것이다. 헤겔은 보복적 정의의 논리가 근원적으로 영적이지는 못하다는 불신을 가졌다. 우리는 소년 헤겔이 하나님은 자신의 피조물을 심판하고자 불운, 혹독한 날씨, 기근, 홍수, 태풍, 화산, 지진, 전염병을 결코 보내시지는 않는다고 확신한 사실을 기억할 것이다. 화이트헤드가 하나님을 "잔혹한 도덕주의자"로 사유하기를 거부하였듯이,[25] 헤겔도 하나님을 "도덕성과 행복 사이의 조화를 가져오는 세계의 주인이자 통치자", "순수한 의무라는 신성한 법률의 입법자", "신성한 도덕적 법률의 수여자" 등으로 보는 신학적 상상력의 한계를 비판한다.[26] 만물의 심판관이자 "척도"로서의 하나님 개념은 영의 순례에 있어 오직 중간적인 단계에 속하는 것으로, 고대 히브리인들의 시편들과 그리스인들의 복수의 여신 네메시스 개념 등에서 발견되는 것이다.[27] 어쩌면 구약과 관련하여 헤겔은 여기서 "주님은 모든 것을 잘 재고, 헤아리고, 달아서 처리하셨다"는 구절을 생각하고 있는 듯하다 (공동번역「지혜서」11:20).[28] 대조적인 조화나 균형잡힌 정의로서의 아름다움은 신성한 단계의 한 과도기적 형태일 뿐이지 그것의 완성적인 형태는 아닌 것이다. 이러한 구원의 사법적 모델에서 관련된 두 측인 하나님과 세계, 심판관과 죄인은 영의 공동체로 서로의 존재 안에 다시 인식됨이 없이 단지 외부적인 처벌과 보상의 끈으로 연결될 뿐이기 때문이다. 심

---

25) Alfred North Whitehead, *Process and Reality,* Corrected Edition (New York: The Free Press, 1978), 520.
26) Hegel, *Phenomenology of Spirit,* 370 (606절), 371 (607절), 그리고 380 (626절).
27) Hegel, *The Encyclopaedia Logic,* 170 (107절 추가부분).
28) Hegel, *The Encyclopaedia Logic,* 328 note 36.

판관과 죄인, 도덕의 수여자와 도덕의 죄인, 도덕의 주인과 도덕의 노예 사이의 소외는 아직 여기서 극복되지는 못했다. 이러한 도덕신학의 주인 안에는 아직 비극의 흔적은 없다. 죄인으로서의 타자가 심각한 자신의 운명이 되지 못하고, 심판과 보상의 외부적 대상으로 남아있기 때문이다. 자신의 에세이 《기독교의 영》에서 헤겔은 유대교가 운명이나 비극을 모른다고 비판한다. 심판의 외재적 관계는 비극의 개념이나 그것의 화해를 가져올 수는 없기 때문이다. "율법과 심판은 화해될 수 없으며, 운명이 화해될 때 이 둘이 초월되고 극복될 수 있을 뿐이다." 그리고 오직 "사랑 안에서만 운명은 화해된다."[29] 악과 처벌 사이의 수학적 정확성이라는 이상은 운명과 사랑의 이상에 의해, 곧 영의 희비극에 의해 초월적으로 극복되는 것이다. 바로 이것이 헤겔의 철학 체계에서 도덕이라는 객관성의 영역은 아직 절대정신 혹은 절대영의 영역에 속하지 못하는 이유이다. "도덕적 세계관"에서 하나님은 아직 여전히 도덕적인 수학자로 상상되며, 그의 "세계에 대한 궁극적 목적"은 범죄와 처벌의 정확한 대차대조표를 유지하는 것 곧 "도덕성과 모든 현실의 조화"를 유지하는 것이기 때문이다.[30] 절대정신의 영역인 예술, 종교, 철학에서 우리가 경험하게 되는 존재의 통전성은 하나님이 단지 도덕적인 수학자로서가 아니라 역사를 '세계와 함께 하는 하나님'의 희비극으로 엮어가는 절대적인 연인이라는 것을 증언한다. 운명과 사랑은 악에 대한 미학적 승리의 비밀이다.

궁극적인 것은 선과 악, 존재와 무, 자연과 정신의 단계들 속에서 살아 움직이는 신성한 영이다. 청년 헤겔에 따르면 "생명은 결합과 비결합의 결합"이며, "절대자 자신은 동일성과 비동일성의 동일성이다."[31] 이처럼 우리는 비극과 희극을 영의 생명에서 언제나 동시에 말해야 하는 것

---

29) Hegel, *Early Theological Writings*, 228 그리고 232.
30) Hegel, *Phenomenology of Spirit*, 372-373 (612절).
31) Hegel, *Early Theological Writings*, 312; *The Difference between Fichte's and Schelling's System of Philosophy*, 156.

이다. 이러한 동시성이 영의 드라마를 가능케 하는 것이다. 나중에 헤겔은 이러한 결합-비결합의 결합, 동일성 - 비동일성의 동일성이라는 언어조차도 "영원한 창조, 영원한 생명, 영원한 정신"으로서의 근원적인 삼위일체의 "과정"(*process*)을 표현하는데 충분하지 않다고 본다.[32] 악의 극복으로서의 구원이란 바로 이 존재신학적 과정의 부분이 되는 것이다. 이 전체로서의 과정에의 참여를 통해 악이 미학적으로 패하게 되고 선이 궁극적으로 승리한다는 생각은 여전히 고전적인 '다행스러운 범죄'(*felix culpa*)의 논리이지만, 헤겔에게 있어 그 다행스러운 아름다움은 우주가 아닌 하나님의 존재로 실현되는 것이다. "그렇게 전체로서, 하나님은 영이시다"(*So als Totalität ist Gott der Geist*).[33]

---

32) Hegel, *The Encyclopaedia Logic*, 289 (214절 진술 부분) 그리고 290 (215절).
33) Hegel, *Lectures on the Philosophy of Religion*, Volume 3, 284 n 93.

5장 아름다움과 악, 그 결론에 어정쩡하게 서서

악의 문제는 손쉬운 대답을 가져다 주지는 않는다. 신정론은 압도하는 도전과 빈곤한 대답이라는 이중적 상황에 놓여 있다. 악의 문제에 대한 항변은 실존적인 고통의 비명에 기초하여 끔찍하게 설득력을 가지지만, 거기에 대한 대답은 공감하지 못하는 차가운 이론이나 조잡한 변명에 불과한 경우가 종종이다. 《아름다움과 악》의 시리즈를 마감하는 이 결론에서 본인은 어떤 하나의 이론이 마침내 악의 문제를 해결했다거나, 혹은 어떤 하나의 이론이 다른 이론에 비해 절대적으로 우수하다는 제안을 할 수는 없는 위치에 있다. 단지 보다 겸허하게 아우구스티누스, 화이트헤드, 헤겔의 신정론이 지닌 장단점들을 주목하는 가운데 또 다른 사유의 여행을 준비할 수 있기를 바랄 뿐이다. 그렇기에 여기서의 결론은 결론이라기보다는 신념의 확신인 동시에 그것에 대한 주저하는 불신이다. 우리는 아래에서 이제까지 우리의 여행이 가져다 준 결과를 요약하고, 그것에 대한 비판적 성찰을 제공함으로 또 다른 신정론의 탈향(脫鄕)을 준비하고자 한다.

《아름다움과 악》에서의 우리의 관심은 신학적 미학이 가능한가라는 일반적 물음과, 동시에 보다 구체적으로 그 일례로서 미학적 신정론이 가능한가라는 특수한 물음에 놓여 있었다. 이러한 시도의 토대에 놓여있는 근본적인 신념은 신학이 지니는 변증학적 과제(기초신학), 해석학적 과제(조직신학), 실천학적 과제(실천신학)가 미학적 담론의 도움을 통해서도 충실히 수행될 수 있다는 것이었다. 지금 당대의 신학적 논의에서 미학과 예술의 주변화와 그것의 사실상의 실종을 비판하고 수정해 나가기 위해서, 우리는 구체적으로 악이라는 신학적 난제에 대해 그것이 어떤 도움을 줄 수 있는지를 알아봄으로 신학과 미학의 대화가 지니는 신학적 방법론으로서의 타당성을 강조하고자 하였다.

《아름다움과 악》의 제1권은 신학적 미학의 다양한 차원과 그것이 신정론과 가지는 관계를 설정하고자 하였다. 신학적 미학이 다양하고 이질적인 접근법을 우리에게 제공할 수 있으며, 그것을 우리는 크게 기초신학적 미학(foundational theological aesthetics), 조직신학적 미학(systematic theological aesthetics), 실천신학적 미학(practical theological aesthetics)이라는 세 유형론으로 구분하였다. 첫째가 신학과 미학 사이의 철학적이고 방법론적인 차원에서의 만남이라면, 둘째는 교리적 차원에서의 만남이며, 마지막 셋째는 예배와 실천적 차원에서의 만남을 가리킨다. 앞의 두 차원이 미학적 담론의 도움을 통해서 신학적 이론과 방법론 그리고 중심적 교리를 보다 분명하게 사유하고자 한다면, 마지막 실천신학적 미학은 예배 혹은 신학 안에서 사용되는 예술과 미학적 매개체가 가지는 실천적인 함의 혹은 이데올로기적인 기능에 주목하는 경향을 가진다. 하지만 필자의 의도는 신학적 미학을 몇 개의 고립된 범주로 유형화시키는데 사유의 목적이 있지는 않으며, 이러한 여러 유형의 구분을 통해서 그것이 진정으로 다양한 차원에서 시도될 수 있음을 보여주고자 한 것이다. 신학적 미학의 다원주의라는 이러한 가능성을 제안하기 위해 필자는 악의 문제에 대한 미학적 신정론의 접근뿐만 아니라 미학과 신학의 다른 접점들도 몇몇 에세이를 통해 제시하였다. 예를 들어 실천신학적 미학의 차원에서, 서방교회의 그레고리우스 교황이 글을 모르는 이들을 위해 성화를 옹호한 사실을 고찰하며 기독교 예술 교육론의 가능성을 알아 보았다. 조직신학적 미학의 차원에서, 동방교회의 이콘의 신학은 성육신의 기독론에 기초하여 예술이 지니는 심층적인 계시의 매체로서의 기능에 주목한다. 또한 기초신학적이며 동시에 조직신학적인 미학의 차원에서, 필자는 몰트만의 놀이의 신학에 대한 연구를 통해 한편으로는 미학적 놀이가 지니는 심리학적 전복성을 주목하였고 다른 한편으로는 놀이가 창조론, 기독론, 종말론, 신론에 대해 가지는 신학적 함의도 살펴보았다. 마지막으로 기초신학적 미학의 차원에서, 한국적 문화신학의 방법론으로서 소금 유동식 선생의 예술신학을 연구하였다. 이처럼 신학과 미학, 종교와 예술은 다차원적(多次元的)으로 만날 수 있으며, 나아가 여러 차원들을 한꺼번에 아우르며 다중차원적(多重次元的)으로 만날 수도 있는 것이다. 이처럼 신학과 미학의 만남은 신학의 자유로운 성장을 가져다 줄 수 있는 사유의 촉매제의 역할을 할 것이라고 필자는 믿는다.

이러한 여러 가능성들 중에서 특히 필자는 《아름다움과 악》의 전체 시리즈에서 '아름다움이 악을 극복하는가?'라는 화두를 선택하였다. 악이라는 종교적 문제와 아름다움이라는 미학적 문제를 다중차원적(多重次元的)으로 접근하여, 기초신학적 미학과 조직신학적 미학의 차원에서 이른바 미학적 신정론의 가능성을 살펴본 것이다. 필자의 미학적 신정론 분석이 지니는 기초신학적 혹은 변증학적인 성격은 논리분석철학과의 대화를 통해서 드러나고 있으며, 조직신학적이고 해석학적인 과제는 아우구스티누스, 화이트헤드, 그리고 헤겔의 신학적 사유에 대한 재발굴을 통해 이루어지고 있다. 보다 구체적으로 말해, 아름다움이 악을 극복하는가라는 마음에 깊은 울림을 가져오는 이 화두는 그 설득력의 논리적 분석으로 이어지게 된다. 물론 아름다움이 악을 극복할 수 있다고 생각하는 데에는 다양한 논리적 가능성이 존재할 수 있을 것이며, 그것이 모두 신학에 호의적인 것은 아닐 것이다. 예를 들어 우리는 예술이 지니는 매개체로서의 특질 그 자체가 어떤 고유한 심리적 효과를 가져온다는 프로이드의 대체적 보상의 논리, 그리고 산타야나의 장식과 은폐를 통한 연상작용의 논리를 그러한 반(反)신학적인 예들로 살펴보았다. 하지만 필자는 이러한 심리학적이고 이데올로기적인 차원의 담론보다는 악과 아름다움의 관계를 한편으로는 논리분석철학에서 제기하는 신정론에 대한 척도들과의 대화를 통해서, 다른 한편으로는 기독교에 대한 교리적 성찰을 통해서 시도하였다. 필자가 메럴린 아담스의 네 가지 분석철학적 척도들이라는 문지방을 넘어서 아우구스티누스, 화이트헤드, 헤겔의 사유에로 나아간 이유가 바로 여기에 있는 것이다. 필자는 이 세 사람의 각각 독특한 미학적 신정론을 네 가지 악의 극복에 대한 분석적 척도들에 관련시켜 그 고유한 특성들을 각각 강조하고자 하였다. 이러한 방식으로 이루어진 기독교 사유의 전통에 대한 재해석이 보다 큰 설득력을 가질 수 있다고 보았기 때문이다.

또한 사유의 긴 여행에 앞서 악의 문제라는 신정론의 과제가 무엇인지도 먼저 간략하게 살펴보았다. 신정론의 담론 공동체는 유일신론이라는 경계를 가지는 공동체라고 필자는 제안하였다. 개인적으로 신정론은 어떤 특정한 공동체에도 매이지 않는 인류 전체의 담론도 아닐 뿐만 아니라 기독교 공동체의 배타적인 담론도 아니라고 생각한다. 악이라는 것은 항상 이미 유일신론이라는 종교적 상황 안에서 해석된 인간의 삶의 질에 대한 경험이기 때문이다. 유일신론의 경계를 벗어나는 인간 고통에 대한 다른 가능한 해석은 다루지 않았으며, 대신 우리는 악의 문제를 어떻게 전능하고 전선하신 하나님의 존재가 악의 존재와 공존할 수 있는가라고 하는 흄(David Hume)이 제기한 고전적인 아포리아(aporia)의 형태에서 다루었다. 우리는 이러한 변증적인 목표를 가짐에 있어서 신정론이 악에 대한 구체적인 극복에 적극적으로 참여하기보다는 거짓된 현실의 이해 가능성을 제공하는 일종의 현상유지적인 이데올로기로 전락할 가능성이 있음도 인정하였다. 그럼에도 불구하고, 필자는 신정론을 하나의 추사유(追思惟, Nachdenken)로 규정함으로써 신정론을 신학적 윤리학과 구분해야 한다고 제안하였다. 신정론은 신학적 윤리학의 영역이 오직 끝난 곳에서 시작한다. 다시 말해 되돌릴 수 없는 비극적 사건이 어떤 행동의 가능성도 가지지 않은 채 이미 일어났을 때 바로 신정론의 사유의 노동이 시작되는 것이다. 더군다나 그 이데올로기적 기능의 가능성에도 불구하고, 우리는 신앙인과 비신앙인과 반신앙인 모두를 위해서 신정론이 종교적 헌신의 이론적 장애물을 제거하는 노력으로서 계속 시도되어야 한다고 제안하였다. 마지막으로 어떤 신정론이 과연 보다 성공적이라고 평가될 수 있는가의 문제와 관련하여 우리는 악의 극복의 방법으로서 수학적 균형잡기(balancing-off), 미학적 승리(aesthetic defeat), 그리고 악의 극복의 범위로서의 개인적(individual) 구원과 우주적(global) 구원이라는 네 가지 분석철학의 척도를 제시하였다. 비록 이것들 중에서 어느 하나가 신정론의 성공의 절대적 척도가 될 수 없을 뿐 아니라 보다 많은 척도를 충족시키는 것이 보다 나은 신정론이라는 보장도 없음에도 불구하고, 필자는 이러한 네 가지 기준들이 각각의 서로 다른 신정론을 이해하고 그 근본적 특성을 인상주의적으로 이해하는 데 있어 매우 유용하다고 생각한다. 신정론의 궁극적인 성공 여부는 우리 각자가 과연 그러한 신학적이고 형이상학적인 세계에 이론적으로 기꺼이 거주하기를 동의하는가 하는 통전적 직관과 사유에 달려있는 것이다. 이러한 궁극적 선택을 위해 네 가지 척도는 단지 조력적이고 도구적인 기능을 수행할 뿐이다. 우리는《아름다움과 악》제1권을 시작하며 앞으로의 논의를 미리 예견할 수 있도록 아우구스티누스, 화이트헤드, 헤겔의 미학적 신정론이 이 네 가지 척도와 어떤 관계를 가지는지에 대한 도표를 제공한 적이 있다. 여기에서 기억을 돕기 위해 다시 그것을 반복하도록 하자.

아우구스티누스, 화이트헤드, 헤겔의 미학적 신정론 비교

	아우구스티누스	화이트헤드	헤 겔
중심적 미학 가치:	조 화 (harmony)	모험(adventure)	테오드라마 (theo-drama)
구원의 범위:			
(1) 개인적 구원	X	O	O
(2) 우주적 구원	O	X	O
구원의 방법:			
(3) 균형잡기	O	X	X
(4) 미학적 승리	O	O	O

《아름다움과 악》의 제2권은 아우구스티누스의 조화(調和)의 미학적 신정론을 기독교 사상사의 가장 대표적인 미학적 신정론의 유형으로 연구하였다. 우리는 아우구스티누스의 신정론을 단지 자유의지의 신정론으로 해석하는 통상적인 시도를 보충하고자 그러한 자유의지의 신정론이 아우구스티누스의 전체적인 조화의 미학적 신정론 안에 위치하고 있다고 제안하였다. 그리고 아우구스티누스의 미학적 변증은 궁극적으로 분석해 볼 때 조화로서의 아름다움은 대조적인 부분을 요구한다는 통찰에 기초하고 있음을 살펴보았다. 이질적인 특성을 지닌 부분들의 대조가 바로 전체의 통전적인 아름다움을 증가시킨다는 논지이다. 보다 구체적으로는 아우구스티누스의 대조적 조화의 신정론이 주장하는 하나님의 아름다운 우주-만들기(cosmos-making, cosmogenetic) 과정에서 두 가지 부류의 천사들, 현재의 인간 육체와 부활한 인간 육체, 괴물민족과 정상적인 민족, 첫 번째 자유와 두 번째 자유, 구원받은 자와 유기된 자, 그리고 궁극적으로는 천국과 지옥이 이러한 대조점들로 기능하고 있는 것을 살펴보았다. 요컨대 선과 악이 함께 조화를 이룬다. 모든 것들이 존

재하기 위해서는 추하고 비극적인 부분들도 존재해야 하기 때문이다.

세계 안에 작용하고 있는 이러한 섭리의 조화를 우리는 왜 발견하지 못하는 것일까? 아우구스티누스는 무지의 신학적 인간학에서 그 중심에 인간 존재의 시간적 구조를 위치시킨다. 우주의 이러한 대조적 조화에 대한 인간의 무지와 당혹감이 바로 악의 문제를 제기하게 되는 원인이 된다. 인간은 그 자신의 선재적이고 천사적이던 존재 당시 스스로 범죄함으로 인해 이러한 우주적 전체에 대한 지성적 통찰을 상실하였을 뿐 아니라, 시간이라는 거대한 직물의 여기저기에 하나의 고정된 헝겊조각처럼 꿰매어져 있어서 다시는 세계 안에서 그런 시간의 직물 전체를 볼 수 없게 되었다는 것이다. 이러한 타락 이후의 상황에서 인간은 시간 전체의 아름다움에 대해서 무지할 수밖에 없다. 인간은 흐르는 시간 안의 한 조각이기 때문이다. 우리는 아우구스티누스가 다양한 형태의 악을 그 근본적 뿌리가 되는 도덕적 악 혹은 자만으로 환원시키고 있는 것을 보았다. 자연적 악이나 형이상학적 악으로서의 유한성과 무지도 이미 일종의 징벌의 상태를 가리킬 뿐이다. 이 모두는 영혼이 하나님을 버린 자만의 결과라는 것이다. 하지만 이러한 인간의 당혹감과 무지를 대답해 줄 아름다움을 우리는 시간의 끝에 도래하는 종말론적 안식일에 가서 마침내 바라보게 될 것이다. 그렇다면 도대체 영혼은 처음부터 왜 하나님에 대한 축복받은 영원한 성찰에서 자만 속으로 타락하였던 것인가? 아우구스티누스는 영의 자만 너머의 자만의 이유, 곧 악의 이유 너머의 악의 이유를 무라고 부르며 존재하지 않는다고 보았다. 자유로운 의지의 방향이 잘못된 자기애라는 이유 너머에는 그 어떤 알아야 할 것도 존재하지 않기 때문이다.

하나님의 아름다운 질서와 정의는 우리가 자유의지를 통해 어떤 일을 하든지 항상 유지된다. 범죄는 섭리의 질서를 방해할 수 없으며 오히려 징벌의 기회를 제공하게 된다. 죄로서의 악은 대조적 조화의 논리를 벗어날 수 없는 것이다. 그럼에도 불구하고 징벌은 하나님의 일종의 비상조치는 아니다. 하나님의 전지성과 불변성을 훼손시키는 대신에, 아우구스티누스는 하나님이 자신의 선하심으로 인해 세계가 그 아름다움과 비극 모두를 가질 수 있도록 자유롭게 존재하기를 원하셨다고 변증한다. 하나님이 하나님이기 위해서는 그의 세계에 대한 영원한 지식 속에 어떠한 예상하지 않은 뜻밖의 놀라움도 존재해서는 안 되기 때문이다. 하나님의 신적 의지의 궁극성은 왜 사물들이 지금처럼 존재하는가에 대한 궁극적 원인이다. 더군다나 하나님은 자유의 상처조차도 구원의 역사 속에서 다양한 시간적이고 상징적인 중재물들을 여기저기 적절하게 배치함으로써 인류를 섭리적 보살핌을 통해 자신에게로 예술적으로 인도하시고 치유하신다. 영은 하나님에게서 추락할 자유는 가지지만, 일단 이러한 추락 이후에는 스스로 하나님에게로 상승하여 돌아갈 능력은 가지지 않는다. 이러한 무기력한 영의 순례길을 돕기 위해 하나님은 미리 여러 인문학, 예언자, 성경, 교회, 그리고 궁극적으로 그리스도를 예비하신 것이다. 이런 의미에서 감각적 세계에서 지성적 세계에로의 영의 순례길은 일종의 미학적 상승이다. 그러한 상승의 순례길이 감각적 세계와 지성적 세계 모두 하나님의 신성한 이성과 숫자에 의해 조화롭게 건설되었다는 유비적 희망에 기초하고 있기 때문이다. 따라서 아우구스티누스의 미학적 신정론은 이러한 우주의 대조적 조화와 아름다움이 하나님이 악을 허락하시는 이유라는 것을 안다고 주장하는 것이라기보다는, 오히려 하나님의 의지의 궁극적인 최종성에 대한 신앙의 긍정에 가까운 것이다.

    아우구스티누스의 하나님은 그 구원의 방법에 있어 수학적 균형잡기와 미학적 승리를 모두 사용하여서 우주 전체의 대조적 조화의 아름다움을 만드신다. 아우구스티누스는 이런 의미에서 인간중심주의를 넘어서는 유일신론적 신정론의 대표적 형태를 제공한다고 여겨질 수 있을 것이다. 필자의 제한적인 내재적 비판도 제공되었다. 대조를 통한 아름다움이 단지 우주 전체에서 천국과 지옥 같은 이런저런 외재적 부분들에 의해서만 이루어지는 것이 아니라, 한 개인의 삶의 기억 안에서 죄와 은총의 내재적 대조로도 제안된다면, 아우구스티누스의 신정론은 우주적 극복과 개인적 극복 모두를 가능케 하는 보다 설득력 있는 이론이 될 것이라고 필자는 주장하였다. 이런 측면에서 아우구스티누스의 우주-만들기 신정론은 존 힉의 영혼-만들기 혹은 사람-만들기 신정론에 의해 보충될 수 있을 것으로 보인다.

《아름다움과 악》의 제3권은 화이트헤드의 모험(冒險)의 미학적 신정론을 살펴보았다. 화이트헤드의 가치론적 존재론 혹은 미학적 존재론의 관점에서 볼 때, 우주는 단지 죽은 물질로 이루어진 것이 아니라 느낌의 미학적 경험으로서 구성되어 있다. 미학적 느낌은 우주의 가장 완고하고 굽힐 수 없는 사실이라는 것이다. 이러한 그의 미학적 존재론을 보다 구체적으로 설명하기 위해 두 가지 경쟁적인 미학론이 화이트헤드의 사유 안에 공존하고 있다고 제안되었다. 피타고라스적인 조화의 미학과 자연주의적인 모험의 미학이 바로 그것이다. 존재의 일반적인 구조가 보존의 원리와 변화의 원리라는 두 가지 환원될 수 없는 원리들을 가지는 것처럼, 화이트헤드의 미학도 조화의 축과 강도의 축 둘 모두를 가지는 것이다. 첫 번째 조화의 축에 대한 배타적인 추구는 불필요한 사소성이라는 미학적 악을 가져오게 되는 반면, 그것의 적절한 조화는 평화의 미학적 선을 생산하게 된다. 반대로, 두 번째 강도의 축에 대한 배타적인 추구는 파괴적인 부조화라는 미학적 악을 가져오는 반면, 그것의 적절한 조화는 모험이라는 미학적 선을 가져오는 것이다.

또한 우리는 화이트헤드가 조화의 미학이 아니라 모험의 미학을 궁극적으로 더 선호하였다고 제안하였다. 바로 그것이 화이트헤드의 미학적 신정론을 아우구스티누스의 그것에 대한 반대적 형태라고 여길 수 있는 이유이다. 평화 혹은 조화는 하나님을 포함해서 단지 어떤 한 존재에 의해서가 아니라 모든 현실적 존재들 모두에 의해 은총처럼 주어지는 선물인 반면, 모험은 각각의 현실적 존재의 사명이며 그 존재 이유인 것이다. 아름다움의 유혹은 일종의 형이상학적 필연성이 아니라 모험을 향한 신적인 명령이며, 바로 그러한 아름다움의 열망 때문에 우리는 이상의 비극적 실패 한가운데서도 견디어내는 것이다. 비극은 단지 헛되지는 않는다. 이상 실현의 실패로서의 비극적 아름다움은 전적인 손실이 아니라 또 다른 모험으로의 명령이기 때문이다. 아름다움의 양식들은 항상 공존가능하지는 않게 다양하다. 그러나 이러한 공존불가능한 이상들과 가치들도 모험의 시간적 순차성 속에서는 실현될 수 있는 것이다. 이처럼 화이트헤드의 모험의 미학에 대한 선호는 그 자신의 신정론에도 직접적인 함의를 가지게 된다. 하나님은 우주를 저속한 형태의 조화 혹은 사소함의 상태에서 끄집어내어 아름다움의 보다 높고 진화된 완성을 향하도록 격려하신다. 만약 하나님이 반대의 선택을 하셨다면, 모든 피조물들은 아메바와 같이 유순하지만 무미건조한 조화의 단계에 머물렀을 것이다. 우주의 모험은 신성한 아름다움의 생산을 향하고 있다.

보다 구체적으로 우리는 화이트헤드의 신정론이 세 가지 논리적 옹호로 이루어져있다고 제안하였다. 첫째, 형이상학적 단일론에 대한 화이트헤드의 거부는 우주 안에는 다원적인 복수의 여러 궁극적 요소들이 존재하고 있으며, 하나님이 우리의 형이상학적 상황의 유일한 토대는 아니라는 것을 강조한다. 하나님은 세계 안에 일어나는 모든 것들에 대해 책임을 져야 하는 유일한 형이상학적 궁극자는 아니라는 것이다. 따라서 하나님이 강한 의미에서 발생하는 악에 책임을 가지는 것은 아니다. 과정 신정론은 하나님의 전적인 선하심을 옹호하고자 하나님의 형이상학적 궁극성을 제한한다. 우주가 하나님의 뜻이라는 하나의 통일된 목적론적 지향점을 향해 일사불란하게 나아간다는 전통적인 생각은 사유의 지나친 도덕화로 거절된다. 악은 비극으로 다시 사유되어야 하는 것이다. 하나님의 목적은 단지 어떤 고정된 계획을 실현하는 것으로 사유되어서는 안 되며, 오히려 각각의 개별적 존재의 자유로운 느낌 혹은 가치가 실현되는 것이고 그것의 강도가 점증적으로 확대되는 것으로 이해되어야 한다. 하나님은 역사의 과정을 직접적인 방식으로 결정하는 것이 아니라, 각각의 현실적 존재에게 거기에 합당한 이상의 제시와 느낌의 유혹을 제공함으로 간접적으로 관여하는 것이다. 아름다움을 향한 유혹이 바로 우리로 하여금 사실성이라는 현재적 세계 너머에로 나아가게 만드는 동력이다. 이러한 아름다움의 전진 과정에서 악은 종종 공존불가능한 가치들의 결과로서 생겨나게 된다. 비극의 형이상학적 조건이 바로 느낌의 보존과 느낌의 강도의 획득이라는 미학적 패러독스에 놓여있는 것이다. 우리는 가치의 보존과 가치의 창조를 동시에 가질 수는 없으며 오직 순차적으로 가질 수 있을 뿐이다.

둘째, 화이트헤드는 악의 이유로 존재의 보편적 자유를 든다. 비록 하나님이 가장 최상의 가능한 이상을 가지고 세계를 설득하더라도, 자유와 창조성의 보편적 존재는 이러한 하나님의 뜻과 그것이 우주 안에서 실현되는 현실화 사이의 정확한 상응을 형이상학적으로 불가능하게 만든다. 이러한 상응이 불완전한 한에 있어서 악은 세계 안에 존재하게 되는 것이다. 전통적인 자유의지 신정론은 화이트헤드에 의해 단지 인간만이 아니라 자연을 포함한 모든 존재에게로 포괄적으로 확장된다. 존재한다는 것은 자신과 또한 타자를 위해 자유의 결정을 하는 것이다. 바로 이러한 책임성의 경험이 강탈로서의 인간 삶의 전체적인 느낌의 색조를 채색하고 있다. 강탈이란 세계의 음식화를 뜻한다. 따라서 강탈은 그 정당한 이유, 곧 새로운 중요성의 창조를 요청하는 것이다. 세계의 공공성에도 불구하고 거기에는 항상 사적인 결정의 특성이 남게 된다. 이런 맥락에서 화이트헤드는 전통적으로 하나님에게만 돌려졌던 자기 원인자 (*causa sui*)의 칭호를 모든 존재하는 것들에게도 적용시키는 형이상학적 민주화를 가져온다. 하나님만이 아니라 모든 존재하는 것이 자기의 존재 원인이다.

셋째, 마지막으로 화이트헤드는 객체적 불멸성을 통해 궁극적 소멸의 악이 하나님에 의해 극복된다고 본다. 하나님은 자신의 결과적 본성 안에서 모든 시간 속에서 발생한 존재들의 가치를 보존할 뿐 아니라 이상화한다. 그리고 자신의 자기초월체적 본성 안에서 그러한 객체적 불멸성을 획득한 가치는 세계를 위한 또 다른 하나의 이상적 가능성으로 세계 속으로 소생된다. 보다 구체적으로 말해, 하나님은 개인이 실현시킨 가치를 그가 실현하지는 않았지만 가능했던 가치와 다시 하나님 자신 속에서 결합시킴(re-member)으로써 그 사람을 기억(remember)한다. 종교적으로 말하자면, 하나님은 그를 용서하신다. 그는 부동의 동자도, 통치하는 시저도, 잔혹한 도덕주의자도 아니라 시간의 산물을 소중하게 간직하는 세계의 연인이기 때문이다. 시간의 산물에 대한 하나님의 사랑은 그 속에서는 아무 것도 잃어지지 않는 자상한 인격적 돌보심이다. 전통적인 인간론적 불멸성의 개념은 새로운 가치론적 불멸성의 개념으로 전환되고, 여기서 사람의 불멸성은 하나님의 기억 안에서 그가 실현한 가치의 불멸성으로 해석된다. 우주의 창조적 모험은 여기서 멈추지 않으며, 하나님의 자기초월체적 본성은 이렇게 완성된 가치를 다른 현실적 존재들을 위한 새로운 가능한 존재 양식으로 세계 속에서 소생시킨다. 소생은 부활이 아니다. 그것은 전통적인 몸의 부활을 가리키는 것이 아니라 불멸화된 가치의 생동감을 타자 속에서 다시 일으키는 것이다. 하나님은 이렇게 소생한 가치와 아름다움의 유혹을 통해 인내하며 끈질기게 세계를 이끌어가는 세계의 시인이다. 이러한 미학적 모험에서 하나님은 자기 존재를 위험에 빠뜨리는 용기를 감수해야 한다. 왜냐하면 화이트헤드의 하나님-만들기(God-making, theogenetic)의 신정론에 따르면, 하나님 자신의 운명은 우리가 시간 속에서 실현시키는 가치의 창조에 부분적으로 달려있기 때문이다. 우리가 실현시킨 가치가 하나님 존재에 편입되기 때문이다. 바로 이 때문에 화이트헤드의 신정론은 우리의 삶이 하나님에게 진정 의미를 가진다는 휴머니즘의 원칙을 존중하는 것으로 여겨질 수 있다.

    네 가지 신정론의 척도와 관련하여, 화이트헤드의 신정론은 하나님의 구원의 방식에 있어서 균형잡기가 아니라 미학적 승리를 분명하게 선호하고 있다. 과정신학의 하나님은 힘이 아니라 영원적 객체라는 이상을 통해 세계와 관계를 가지기 때문이다. 그는 힘을 힘으로 맞서는 것이 아니라 세계를 신성한 아름다움으로 미학적으로 극복하신다. 구원의 범위와 관련하여 우리는 화이트헤드의 하나님이 피조물 개개인에게 선하시며 모두를 구원하신다고 옹호한다. 그는 현실적 존재 하나하나에 의해 실현된 가치를 객체적으로 불멸하고 영속적으로 지속하는 가치로서 보존하기 때문이다. 하지만 우리는 동시에 화이트헤드의 우주에서는 악의 우주적 극복이라고 부를 수 있는 어떤 통전적인 목적론적 방향성을 가지지는 못한 것으로 보인다고 평가한다. 오히려 이러한 우주의 방향성의 문제는 우주 안의 새로운 느낌의 증가와 질적 확대라는 문제로 대체된다. 우리는 방향성으로서의 새로움이라는 이러한 재해석이 한편으로는 매력적인 설득력을 가질 수 있음에도 불구하고, 어떤 이들에게는 보다 포괄적인 플롯 구성이나 드라마적 이야기의 종결을 부재할 때 설득력이 떨어질 수도 있음을 지적하였다. 우주는 이야기 혹은 드라마로서의 완결성을 갖지 못할 때, 그 진보와 모험의 의미를 상실할 수도 있는 것이다. 이런 맥락에서 과정 신정론자들이 주장하듯 신정론은 단지 힘의 다원주의의 문제가 아닐 수도 있으며, 보다 전통적으로 신학에서 제기된 유일신론의 문제의 측면도 가지는 것으로 보인다. 이처럼 목적론적 방향성과 하나님의 형이상학적 궁극성에 대한 관심은 우리로 하여금 제3의 가능성으로서 헤겔의 철학적 신학을 주목하게 만들었다.

《아름다움과 악》의 제4권은 테오드라마(theo-drama)로서의 헤겔의 존재신학적 신정론을 살펴보았다. 우리는 헤겔의 신정론이 아우구스티누스의 우주적 플롯에 대한 강조와 화이트헤드의 개별적 존재의 행동에 대한 강조를 하나의 영의 테오드라마로 중재할 수 있을지도 모른다고 조심스레 제안하였다. 이러한 중재의 가능성에 대한 우리의 관심은 다음과 같은 두 가지 신학적인 원칙이 기독교 신학에서 필수불가결한 요소라고 하는 신념에 근거하고 있다: (1) 모든 존재하는 것의 원인으로서 형이상학적 궁극성을 지닌 하나님이 그 선하심을 훼손시키지 않는 방식으로 옹호되어야 한다는 철저한 유일신론(radical monotheism)의 원칙, 그리고 (2) 인간도 우주의 과정에 그것이 방향성을 잃게 만들지 않는 한도 내에서 무언가 중요한 공헌을 할 수 있다는 사실을 통해 인간 존재의 품위와 중요성을 옹호해야 한다는 휴머니즘(humanism)의 원칙. 아우구스티누스의 우주-만들기 신정론(cosmos-making, cosmogentic theodicy)은 인간이 어떤 악한 행동을 하든지 그것조차도 하나님에 의해 아름다운 우주를 만들어가는 과정 속에 통합된다는 사실에서 철저한 유일신론을 옹호한다. 화이트헤드의 하나님-만들기 신정론(God-making, theogenetic theodicy)은 개인들의 비극적 경험이 우주의 영속적인 하나님-만들기 과정 속에서 긍정적으로 전환되고 객체적으로 불멸하게 된다는 사실을 통해 인간의 삶의 중요성을 옹호하는 일종의 존재론적 휴머니즘이다. 우리는 헤겔이 여기서 제3의 방향성을 제공할 수 있는지 관심하였다. 곧 그의 존재신학-만들기 신정론(ontotheological making, ontotheogenetic theodicy)은 이러한 하나님의 우주-만들기와 우주의 하나님-만들기를 하나의 통합적인 사회적 혹은 간주관적 드라마로 해석할 수 있을 것이라고 제안하였다. 플롯과 행동, 섭리와 창조성이 하나의 영의 존재신학적 테오드라마의 필수불가결한 단계들을 이룰 수도 있는 것이다. 절대정신 혹은 절대영으로서의 하나님은 유한한 영의 자기 인식의 과정을 통해서만 도달될 수 있으며, 이러한 유한한 영의 자기 인식 과정은 사회적 무한성으로서의 절대정신 혹은 절대영의 필수불가결한 순간을 형성하는 것이다.

첫째, 우리는 먼저 헤겔의 악의 개념부터 살펴보았다. 자연적 악에 대한 헤겔의 견해에 따르면 하나님은 자연의 힘을 징벌의 도구로 사용하지 않을 뿐만 아니라 자연적 악을 물리적 방식으로 극복하지도 않는다. 자연세계는 오직 종말론적으로 연기된 또 다른 세계의 도래를 통해 외적으로 극복될 수는 없으며, 그 본질 안에서 내재적으로 극복되어야 한다. 또 다른 저 세계와의 관계 속에서만 이 세계를 옹호할 수 있다면, 그것은 궁극적인 형태의 세계의 도구화에 지나지 않을 것이다. 또한 헤겔은 도덕적 악의 기원을 유한한 의식의 자기중심적인 허영에 있다고 보았으며, 그러한 자기중심성은 유한한 주체성을 보편성의 위치에 올려놓는다. 자신에 대한 고독한 자기 숭배 속에서 유한한 의식은 무한자를 유폐시킬 뿐 아니라 자신을 가짜 무한자로 위장하는 것이다. 아우구스티누스와 마찬가지로, 헤겔도 자연적인 악과 도덕적인 악의 궁극적인 형이상학적 원인을 영의 자기중심성에서 발견한다.

헤겔은 이러한 자기중심성으로서의 사변적 악 개념을 그 이중적 형태에서 분석한다. 첫째, 화이트헤드의 불필요한 사소함의 악에서처럼, 영은 자신의 자연적인 즉자성의 단계 속으로 후퇴하고 침잠함을 통해서 악해질 수 있다고 헤겔은 보았다. 자연적인 순진함의 동물원같은 에덴동산은 영으로서의 인류가 그대로 성장 없이 남아 있어서는 안 되는 곳이다. 고귀한 야만인이란 존재할 수 없다. 둘째, 화이트헤드의 파괴적인 부조화의 악과 마찬가지로, 영은 타자와의 분열과 소외에 고착되어짐으로 악하게 될 수도 있는 것이다. 자기를 외화시킬 수 있는 의사소통의 힘을 결핍하며, 이러한 이원론적 소외에 머무는 영은 타자 속에 있는 자신을 다시 인식하고 그러한 인식을 통해 타자와 화해하는 것에 실패하게 된다. 그것은 단지 역사의 상처를 무서워하고 회피할 뿐만 아니라 이 세계를 자신의 도덕적 잣대로 악하다고 이미 심판하며 새로운 도덕적 질서의 세계를 홀로 기다리는 아름답지만 고립된 영혼에 불과하다. 헤겔의 재판관과 죄인의 변증법에 따르면, 악은 분열과 소외의 고정성에 머물며 의사소통하지 않은 영의 자기중심성이기도 한 것이다.

영의 자기 전개의 과정에서 자연적 즉각성이라는 첫 번째 단계에 고착되거나 타자로부터의 소외와 고립이라는 두 번째 단계에 고착되는 것이 악의 구조적 비밀이라고 한다면, 이러한 악은 왜 발생하게 되는 것일까? 악의 기원에 대한 매우 집약적이고도 난해한 사유에서 헤겔은 하나님의 형이상학적 궁극성을 희생시키지 않고도 악의 기원의 문제를 풀 수 있기를 희망한다. 그러나 실제로 헤겔이 성공하였는지 그렇지 않은지는 해석자에 따라 평가가 달라질 것이다. 우선 그는 악이 절대자 바깥에 존재할 수는 없다고 본다. 절대자 바깥에 존재하는 어떤 것이 있다면 그것은 가짜 절대자이기 때문이다. 인간 혹은 타락한 천사라는 외적인 형태의 악의 기원을 제안하는 고전적인 신학과는 달리, 이런 면에서 테오고니(theogony)로서의 악의 기원이라는 헤겔의 생각은 매우 비전통적으로 보일 수도 있다. 하지만 우리는 보다 섬세히 하나님 안에 악의 기원이 존재한다는 것과 하나님이 그러한 기원적 악의 저자라고 인정하는 것과는 논리적으로 차이가 있음을 또한 주목해야 한다. 헤겔의 사유에서 악의 기원은 하나님 존재 안에 분명히 존재하며, 그러한 악은 일종의 '다행스러운 범죄'로서 미학적으로 극복이 된다. 다만 이러한 미학적 극복이 일어나는 장소가 단지 외재적인 우주가 아니라 하나님 존재 자체의 안이란 점이 고전적인 조화의 신정론과 다른 점일 것이다. 다시 말해 하나님 안에 악이 존재하는 것은 목적론적 이유를 가지는 것이고, 그 이유는 다름 아닌 전체로서의 존재신학적인 만들기에 기여한다는 것이다. 하지만 악의 기원적 저자가 누구인지, 그리고 그것이 하나님과 가지는 관계는 무엇인지에 대한 헤겔의 생각은 보다 불분명하여 보인다. 우리는 여기서 하나님이 악의 저자라고 해석할 수도 있고, 악의 가능성의 저자라고 해석할 수도 있다. 전자의 해석은 헤겔의 형이상학적 일원론을 강조하면서 테오고니로서의 하나님의 자기 전개의 과정을 위해 악이 논리적 필연성으로 발생하게 된다고 보는 것이다. 그렇다면 그야말로 하나님은 악의 저자이면서 동시에 악의 극복자인 것이다. 후자의 해석은 하나님의 선하심이라는 근본적인 신학적 문법을 유지하는 장점을 가지지만 악의 기원을 신비에 남겨두는 한계도 지닌다. 하나님이 자신의 안에 자유의 공간으로 세계를 만드셨고, 이러한 쪼개짐이 악의 가능성이라고 한다면, 그리고 세계의 창조가 곧 악의 창조와 동일한 것이 아니라고 한다면, 악의 가능성이 현실적 악으로 전환되는 근원적인 기원은 어디에 있는 것일까? 하나님 안에서 존재하는 악이 어떻게 그 가능성에서 현실성으로 전환되었는가? 필자는 헤겔이 이러한 측면에서 악의 기원에 대한 충분한 설명을 제공하지는 않았다고 본다.

악의 기원에 대한 불분명함과는 대조적으로 악의 극복에 대한 헤겔의 신정론은 보다 분명하고 논리적이다. 우리는 신정론에 대한 헤겔의 진술에 기초하여 세 가지 분석을 제공하였다. 곧 헤겔의 신정론은 그 형식에 있어 학문 혹은 철학의 인식이라는 형태를 가지며, 그 장소에 있어 역사라는 자리를 가지며, 그 실체적인 논리에 있어 존재신학이라는 논리를 가진다고 제안하였다. 헤겔은 학문만이 진정한 신정론이라고 본다. 헤겔이 라이프니츠의 신정론에 비판적이었던 이유도 그것이 악의 문제를 진정한 학문적이고 철학적인 형태에서 다루지 못했기 때문이다. 헤겔도 라이프니츠처럼 모든 것은 하나님의 뜻에 의해 이루어졌다고 말할 것이다. 하지만 헤겔은 그와 달리 어떻게 그것이 구체적으로 이루어졌는지 논리학, 자연철학, 정신철학이라는 자신의 전체 철학적 체계를 통해서 절대정신 혹은 절대영의 자기 전개의 과정을 그 모든 구체적 단계들에서 보여주려고 한다. 헤겔은 자신의 철학 전체를 하나님을 옹호하는 하나의 거대한 신정론으로 제시하고 있는 것이다.

악이 극복되는 자리로서 세계 역사가 세계의 궁극적인 재판소라고 헤겔은 또한 주장한다. 기독교 신앙은 역사가 단지 학살의 교수대만일 수는 없으며 또한 하나님에 의해 이성적으로 다스려진다고 고백한다. 따라서 하나님이 변증되고자 한다면 또 다른 세계에서가 아니라 바로 이 세계의 역사 안에서 변증되어야 한다는 것이다. 이러한 헤겔의 역사적 신정론은 종말론적 연기의 부정으로 볼 수 있다. 저 너머에서 불확실하지 않은 역사의 의미가 먼 미래에 도달하도록 기다리기보다 헤겔은 세계의 비극적 역사 한가운데서 해석학적인 의미 만들기의 과정을 선택한 것이다. 이러한 헤겔의 역사적 신정론의 과제는 이성적인 것이 현실적이고, 현실적인 것이 이성적이라는 것을 궁극적으로 보여주는 것이다. 그것은 현재라는 십자가에서 이성의 장미를 꺾는 것이다. 반대로 만약 역사가 오직 도래하는 천국에 의해서만 구원될 수 있다면, 왜 하나님은 처음부터 우리로 하여금 역사의 상처를 겪도록 하셨는지 분명하지 않게 될 것이다.

마지막으로 하나님 존재의 교리, 존재신학, 다시 말해 신학이 신정론의 핵심 논리로 제안되고 있다. 신학이 신정론인 것이다. 하지만 전체로서의 포괄적 삼위일체라는 헤겔의 존재신학적 하나님의 교리는 내재적 삼위일체, 자연, 그리고 영의 공동체를 모두 포함하는 매우 폭넓은 의미를 지닌다. 헤겔은 이러한 전체로서의 존재신학적 만들기 과정 안에서 악은 하나의 순례의 단계로서 극복된다고 본 것이다. 우리는 악이 우주에게는 '다행스러운 범죄'라고 여겼던 아우구스티누스의 우주-만들기의 신정론에서 시작해서 화이트헤드의 하나님-만들기라는 사변적 우회로를 거쳐서 마침내 이러한 우주-만들기와 하나님-만들기는 서로 다른 둘이 아니라 하나의 영의 하나님이라는 존재신학적 만들기라고 하는 헤겔의 포괄적 삼위일체에 도달하는 것이다. 하나님의 불변성에 대한 고전적인 사유와 달리 헤겔은 추상적 보편성으로서의 내재적 삼위일체 하나님이 자연과 역사를 통한 영의 자기 실현을 통해서 '세계와 함께 하는 하나님'이라고 하는 구체적 보편성이 되도록 자신을 변화시키고 자신을 채우고 자신을 완성시켜서 마침내 전체에 도달한다고 본다. 이런 면에서 화이트헤드와 헤겔 모두는 하나님의 진화론적 팽창을 믿었으며 우리의 삶이 이러한 과정에 본질적인 기여를 한다고도 믿었다. 하지만 하나님의 신성한 삶이 가지는 변증법적인 이성의 리듬 혹은 이성의 심층구조가 이러한 진화론적 팽창의 과정에서 결정주의적인 방식은 아니더라 하더라도 규범적인 방식으로 작용한다. 그래서 내재적 삼위일체의 규범적 논리가 세계 속에서 새롭게 재현되면서 구체적인 포괄적 삼위일체로 성장한다는 헤겔의 '테오' 드라마(theo-drama)와, 창조성의 형이상학적 민주주의에 기초한 하나님의 진화론적 팽창이라는 화이트헤드의 사유 사이에는 차이가 있는 것으로 보인다.

우리는 또한 이러한 헤겔의 신정론이 지닌 세 측면이 미학적 함의를 가지는지도 질문하였다. 인식과 개념적 사유에 대한 헤겔의 강조를 부정하지는 않았지만, 우리는 이러한 개념적 사유조차도 일종의 깊은 미학적 토대를 가질 수 있음을 보여주려고 하였다. 헤겔의 이른바 예술의 죽음에 대한 견해가 그의 미학적 다신론에 대한 구체적이고 제한적인 비판임을 확인한 후에, 우리는 헤겔의 포괄적 삼위일체로서의 존재신학적 만들기 과정이 그 심층적 저변에 있어 기독교의 구속사 이야기 구조가 지닌 미학적 순차성을 그대로 반영하고 있다고 제안하였다. 이런 의미에서 헤겔의 신정론은 기독교 종교의 철학적 해석인 것이다.

예술은 역사의 이콘이라고 제안되었다. 예술은 영의 자기 표현이라는 헤겔의 존재신학적 예술관을 고려할 때에, 예술적 소우주와 역사적 대우주 사이의 유비적 관계를 발견하려는 것은 적절한 시도라고 보인다. 윙엘의 주장처럼, 아름다움은 진리의 제유법이다. 바로 이것이 우리가 역사의 끝을 경험하지 않고도 영의 전체 역사적 과정을 부분적으로 예견할 수 있는 이유이다. 물론 이러한 예견은 논리적 확실성의 성격과는 거리가 있는 것이다. 그것은 일종의 희망의 유비이기 때문이다. 예술은 그 자신의 응축된 충만성을 통해서 어떻게 역사가 개방된 종결성을 가질 수 있는지를 심각하게 고려할 수 있는 통찰을 제공한다. 영은 종말론적인 연기 없이 역사를 항상 완성시킨다. 그러나 영은 이러한 완성된 역사의 끝을 항상 새롭게 열어서 또다른 완성을 향해 나아가는 것이다.

마지막으로 우리는 헤겔의 전체의 존재신학으로서의 신정론의 논리가 드라마라고 하는 미학적 장르를 통해 가장 적절하게 표현될 수 있다고 제안하였다. 드라마는 영의 아름다움을 그 가장 완성되고 가장 심오한 운동성 속에서 보여준다. 테오드라마의 무대인 역사에서 유한한 정신은 단지 무한한 정신에 조종당하는 인형이거나 무기력한 관객이 아니다. 서로가 서로에게서 벗어날 수 없는 심각한 운명이기 때문이다. 이성은 비극적 행동과 희극적 플롯을 하나의 생명의 화해라고 하는 아름다운 이야기로 역사의 순간순간마다 새롭고 즉흥적인 역동성을 가지고 엮어나가는 엄청난 지성을 보여준다. 이러한 영원한 창조, 영원한 생명, 영원한 정신의 드라마에 헤겔은 바로 하나님이라는 이름을 부여하는 것이다. 하나님은 우리가 하나님을 보는 바로 그 눈으로 하나님 자신을 보는 것이다. 우리가 세계 속에 영으로 존재한다는 헤겔주의적 책임감은 그래서 끔찍하도록 심각한 것이다. 화이트헤드에게서 우리는 역사 너머의 영원한 가치세계를 가질 수 있는 반면, 헤겔에게서 우리는 영원히 개방된 종결성으로서의 절대문화의 역사적 세계만을 가지기 때문이다.

여기까지가 우리가 《아름다움과 악》에서 걸어온 이야기이다. 되돌아보는 성찰을 통해 필자는 어떤 제안들에 있어서는 보다 확신을 가지는 반면, 또 다른 제안들에 대해서는 머뭇거리는 주저함을 가지게 된다. 이러한 확신과 주저함 사이에서 필자는 그것들의 이유에 대한 사적인 에필로그로 글을 마치고자 한다. 아름다움은 악을 극복하는가? 필자는 그렇다고 확신한다. 악의 존재에도 불구하고 아름다움에는 세계를 긍정하는 어떤 깊은 힘이 있다. 어쩌면 대조의 논리가 제안했던 것처럼 악이 존재하기에 아름다움의 긍정적 빛을 여기에 비추어볼 수 있는지도 모르겠다. 이것은 악이 우리에게 아름다움을 가져다준다고 말하는 것과는 다르다. 악은 단지 그것이 이미 파괴한 혹은 파괴하려고 위협하는 세계의 깨어지기 쉬운 아름다움을 보여주는 것이다. 우리는 어떻게 이 모든 삶의 공포와 슬픔에도 불구하고 생명의 설명할 수 없는 아름다움의 긍정을 이해할 수 있을까? 어떻게 우리는 악과 아름다움을 같이 바라볼 수 있을까?

첫째, 미학적 경험은 우리가 세계를 만나는 가장 원초적이면서 포괄적인 방법으로 거기에는 무언가 깊은 존재의 긍정이 들어있다고 필자는 믿는다. 세계를 보고, 만지고, 듣고, 냄새맡고, 맛보는 미학적 경험을 통해 우리는 존재의 자기인증적 투명성을 감지하게 되는 것이다. 이것은 사유보다 먼저 일어나는 미학적 계시의 사건이다. 미학적 감지는 이처럼 우리에게 계시처럼 주어진 존재의 첫 번째 투명성이다. 여기에 기초하여 존재의 개념적이고 논리적인 경험이라는 두 번째 투명성을 가지게 되는 것이다. 우리가 먼저 존재의 수여성을 만들어내는 것이 아니라 그것을 미학적인 경이로움 안에서 받아들이는 것이다. 우리는 세계를 두 가지 독특한 방식으로 경험한다. 곧 우리는 세계의 시인인 동시에 세계의 사상가이다. 그리고 우리의 미학적 경험은 궁극적으로는 세계에 대한 개념적이고 논리적이고 형이상학적인 경험으로 환원될 수 없을 뿐만 아니라 항상 그것을 선행하여 그 이전에 주어지는 것이다.

어쩌면 바움가르텐의 구분이 여기에서 도움을 줄 수도 있을 것 같다. 그에 따르면 우리는 세계에 대한 두 가지 종류의 투명성을 가진다. 하나는 철학과 학문이 가져다주는 논리적인 투명성이고, 다른 하나는 시와 예술이 가져다주는 미학적인 투명성이다. 논리적인 투명성이란 데카르트가 말한 적이 있는 "분명하고"(clear), "구분된"(distinct) 세계 경험을 가리키는 것으로 우리의 개념적 사유와 논리학을 가능케 한다. 논리적 투명성은 사물이 지니는 본질적 측면을 개념적 언어로서 정의내리고 묘사할 수 있는 힘을 통해 드러날 수 있다. 우리는 한 사물의 논리적 속성을 정의내림으로써 그것을 다른 사물로부터 구분하는 것이다. 이와는 대조적으로, 미학적 투명성은 "분명하고"(clear), "혼동된"(confused) 세계 경험을 가리킨다. 여기서 혼동이란 단지 마음의 무질서한 상태를 가리키는 조롱의 말이 아니다. 그것의 한자 "混同"과 영어 "con-fusion"에서 드러나듯 미학적 혼동이란 다양한 세계 경험의 요소들이 '함께'(同, con-) '섞여 있다'(混, fusion)는 존재론적이고 인식론적인 상태를 가리킨다. 우리는 세계를 일종의 미학적 연속체로서, 다시 말해 미학적 혼동으로 먼저 인식하는 것이다. 시인은 세계를 가장 생생하고 분명하게 우리에게 보여주곤 한다. 하지만 그는 A, B, C, D와 같은 세계의 여러 구분된 논리적 요소들을 통해 추상화하기보다는 그것들을 하나의 미학적 연속체로서, 미학적 혼동으로서 끌어안고 분명하게 경험함으로써 세계의 시적 표현을 가능케 하는 것이다. 시인에게 물은 H_2O로 해부되기 이전에 타는 목마름을 해갈해주는 아름다운 생명인 것이다. 다시 말해 존재의 투명성은 단지 논리적인 구분을 통해서만이 아니라 미학적인 함께 봄, 미학적인 혼동을 통해서도 가능한 것이다. 바로 그것이 우리가 철학과 시를 모두 가지는 이유이다.[1)]

다른 측면에서 접근하자면, 필자는 《아름다움과 악》에서 두 가지 다른 방법론적 주장을 제기하고자 시도하였다. 1) 세계 경험의 미학적 투명성은 그 논리적 투명성보다 더 시원적이라는 사실과, 그러나 2) 그러한 미학적 투명성은 논리적 투명성에 의해 비판적으로 보충되어야 한다는 주

---

1) Alexander Gottlieb Baumgarten, *Reflections on Poetry,* trans. K. Aschenbrenner and W. B. Holther (Berkeley and Los Angeles: University of California Press, 1954), 42.

장이 바로 그것이다. 어쩌면 계시의 사건과 신학의 과제 사이의 관계가 매우 일반적인 의미에서 이것과도 유사할 것이다. 논리와 신학은 계시처럼 우리에게 단지 덜컥 주어진 세계에 대한 미학적 경험 위에 토대하는 것일 뿐만 아니라, 나아가 그러한 논리와 신학은 우리가 첫 번째 존재의 미학적 투명성에 대해 자기 비판적이 될 수 있도록 만들어 준다. 미학적 바라봄은 우리를 직면하는 것의 수동적 끌어안음이라는 의미에서 개념적 사유와는 다른 것이다. 그리고 우리 앞에 놓여 있는 것은 존재의 아름다움 그리고 악의 슬픔, 곧 세계 자체이다. 그 고요하고 혼동된 암시를 통해 미학적 투명성은 우리의 보다 분석적이고 논리적인 사유의 구성에 어마어마한 영향력을 끼치곤 한다. 신학적으로 말하자면, 오직 계시적 사건으로서 세계를 미학적으로 바라본 이후에만 우리의 신학적 구성의 노력이 가능한 것이다. 하지만 문제는 우리가 세계를 '적합하게' 바라본다는 것을 어떻게 우리가 알 수 있는가다. 거짓 예언자들은 항상 존재하여 왔으며, 미학적 신정론들은 그 정의 자체에서 드러나듯 아름다움의 자기 인증적인 설득의 힘에 기대고 있다. 거짓 예언자들이 있듯 거짓된 아름다움이 있는 것이다. 우리는 신학적 사유의 나태함과 거짓된 아름다움과의 유순한 타협 안으로 자신이 떨어지는 것을 막아줄 어떤 비판적인 도구 혹은 비판적인 거리를 필요로 하는 것이다. 미학적 투명성은 만약 계속 융합된 혹은 혼동된 상태 그대로 남는다고 한다면, 그러한 투명성 자체로는 우리에게 중요한 비판적 사유의 주장들을 가져다 줄 수는 없을 것이다. 모든 소가 검게 보이는 밤은 평온하지만 그러한 평온함이 악의 문제에 대한 사유의 노동을 대신할 수는 없는 것이다. 따라서 미학적 감지의 통합하는 힘은 그러한 감지 안에서 작용하고 있는 독특한 논리에 대한 개별적 분석을 통해 보충되어야만 한다. 비판적 거리의 확보는 오직 이러한 방식으로만 가능하다. 모든 예술은 자기 인증적인 아름다움을 가지지만, 그렇다고 그것 모두가 신성함으로 여겨질 수는 없는 것이다. 악마적 아름다움도 분명 존재하며, 사유는 그 어두운 아름다움에 저항할 수 있는 용기도 필요로 하는 것이다. 쇤베르크의 오페라 「모세와 아론」은 이러한 이미지와 개념의 상호투쟁적이고 상호보충적인 성격을 잘 드러내주고 있다. 아론의 황금송아지가 미학적 우상에 불과하다는 모세의 비판과, 그러한 모세의 말의 힘이란 미학적 이미지 자체일 뿐이라는 아론의 항변은 미학과 논리의 환원될 수 없는 타자성과 타당성을 보여주고 있는 것이다.[2]

미학적 직관과 개념적 비판 사이의 상호성은 헤겔의 철학 전체의 체계 안에서도 발견된다. 우리는 하나님에 대한 미학적인 외적 표현, 종교적인 내적 표현, 철학적인 개념적 표현을 일종의 우열의 위계적 관계를 가진다고 가치 판단하는 것을 삼가고자 노력하였다. 청년 헤겔과 노년 헤겔도 이러한 문제에 있어서는 의견을 달리 하는 것으로 보인다. 예를 들어 우리는 미학적 이미지가 최초의 가장 원시적이고 즉각적이고 미발달된 표현양식이기 때문에 가장 덜 중요하다고 가치 판단할 수도 있을 것이다. 하지만 동시에 우리는 미학적 이미지가 사유에게 무언가 생각할 대상을 최초로 제공함으로써 사유의 토대를 제공하고 사유의 과정을 시작할 수 있게 한다는 의미에서 가장 중요한 표현 양식이라고 여길 수도 있다. 종교적 표상 혹은 마음 속의 내적 그림도 단지 예술과 철학의 중간에 어정쩡하게 위치한 중간적인 것이기에 가장 덜 중요하다고 여길 수도 있는 반면, 처음과 끝을 다리놓아 주는 필수적인 중재물로서 가장 중요하다고 여길 수도 있다. 철학적 개념도 처음 두 단계를 자신 속에 지양하고 포괄하고 있다는 측면에서 가장 중요하다고 여길 수 있는 반면, 그것이 지닌 거의 모든 내용은 예술과 종교의 이전 단계들에게 빚진

---

[2] 시내산에서 돌아온 모세를 묘사하며, 쇤베르크(Arnold Schoenberg)는 이미지 없는 초월적 하나님에 대한 유대교의 믿음과 반대로 신성한 이미지를 필요로 하는 인간의 미학적 욕구 사이의 갈등을 모세와 아론이라는 두 상징적 인물을 통해 이렇게 묘사하고 있다. "모세: 너의 이미지가 내 말 앞에서 사라졌다! 아론: 그렇지 않았다면 너의 말이 가지는, 하지만 네가 경멸하는 이미지의 놀라운 능력이 부정되었을 것이다. 그러나 나의 이미지를 파괴한 너의 말이라는 기적은 단지 이미지 그 자체일 뿐이다." 리차드 빌라데서/ 손호현 옮김,《신학적 미학: 상상력, 아름다움, 그리고 예술 속의 하나님》(서울: 한국신학연구소, 2001), 103.

것이라는 측면에서 가장 하찮은 것이라고 여길 수도 있는 것이다. 요컨대 '더 중요하다' 혹은 '덜 중요하다' 등의 기계적이고 경직된 사유를 하는 대신에 우리는 정신 혹은 영의 진리가 바로 이러한 요소들 사이의 '운동'에 있다는 헤겔의 진술을 문자적으로 심각하게 받아들이고자 한다. 헤겔이 말한 것처럼 예술은 문명의 최초의 스승이다. 화이트헤드는 개념적 단순성을 추구해야 하지만, 그런 이후에는 그것을 불신하고 다시 미학적 풍부함으로 돌아가야 한다고 했다. 아우구스티누스도 어쩌면 자신의 철학적 우화를 통해 필로소피아와 필로칼리아의 상호의존성을 보았을지도 모르겠다. 필자는 이처럼 다소 광범위하고 일반적인 의미에서, 미학과 논리는 종교적 담론 속에서 서로가 서로를 비판하고 풍부하게 할 수 있다는 결론을 신뢰한다.

미학과 논리 사이의 방법론적 상호성에 대한 이러한 신념은 필자의 연구의 전반적인 내용에도 반영되고 있다. 아우구스티누스의 미학적 상승의 방법, 화이트헤드의 미학적 가치의 형이상학적 일반화의 방법, 그리고 헤겔 철학의 미학적 토대 등을 강조하면서, 필자는 개념적 사유 안에 존재하는 미학적 경험의 우선성을 보여주고자 하였다. 예를 들어 우리는 우주와 그 속에 있는 악의 문제를 하나의 아름다운 그림과 그 속에 있는 어두운 색채의 그림자에 비유하는 것이 어떤 의미를 가지는지 직관적으로 이해하는 것처럼 보인다. 하지만 이러한 비유가 신정론의 맥락에서 정말 무엇을 의미하는가? 그러한 미학적 비유가 지니는 고유한 논리와 논리적 투명성이란 무엇인가? 우리는 신정론의 세 거인들을 분석하면서 그들 각각의 고유한 미학적 직관은 무엇이고 그것이 어떻게 그 자신의 신정론의 논리 속에서 체화되고 있는지를 보기 위해 분석철학에서 제기한 네 가지 신정론의 성공의 척도를 통해 평가하였다. 이러한 평가를 통해 필자는 아우구스티누스의 신정론의 논리가 하나님의 우주-만들기의 중요성에 기초하며, 화이트헤드의 논리가 우주의 하나님-만들기의 중요성에 기초하며, 그리고 헤겔의 논리가 이러한 두 가지 존재적 만들기와 신적 만들기가 본질적으로 하나의 존재신학적 만들기라는 통찰에 기초하고 있음을 밝힐 수 있었다. 그리고 필자의 주요한 관심으로 희비극적인 존재신학의 테오드라마로서의 헤겔의 미학적 신정론이 아우구스티누스의 조화의 미학적 신정론과 화이트헤드의 모험의 미학적 신정론을 긍정적인 방식으로 중재할 수 있는지의 가능성을 저울질 하였다. 이러한 중재의 관심에도 불구하고 필자는 여전히 신정론의 세 거인은 각각의 신학적 타당성과 장단점을 지니고 있으며, 그 자체로서 하나의 해답이 될 수도 있다는 가능성을 결코 배제하고자 의도하지는 않는다.

둘째로, 그러나 이제 주저함도 말하고자 한다. 필자는 악의 문제가 과연 하나님의 존재와 악의 존재 사이의 논리적인 공존가능성의 방어라는 형식에서 그 필연적 출발점을 가지는가의 문제와, 이러한 분석철학적 형식에서 구성된 네 가지 신정론의 성공에 대한 척도가 아우구스티누스, 화이트헤드, 헤겔의 서로 다른 세 가지 세계관을 평가하는 도구로 사용되는 것이 적절한가의 문제에 있어서는 보다 자신이 없는 것이 사실이다. 세계관의 지평이 달라지면 그 척도도 달라져야 하지만, 필자는 세 가지 입장의 대조적 비교를 위해서 동일한 척도들을 어쩌면 외부적으로 강제로 적용시킨 것인지도 모른다. 물론 이러한 문제 설정에 대해 몇몇 변명이 없는 것은 아니다. 우선 우리는 문제가 있는 곳에서 출발해야만 한다. 그리고 기독교의 주류 전통은 일종의 고전적 유신론을 제공하고 있으며, 이러한 전통 안에서 악의 문제는 위에서 언급한 전지전능하고 자비로운 하나님의 존재와 악의 존재가 어떻게 같이 공존할 수 있는가의 논리적 아포리아의 형태로 제기되고 있는 것이 사실이다. 따라서 이러한 고전적 유신론의 맥락에서 하나님과 악의 공존가능성이란 비합리적이고 부조리한 사유라는 맥키의 무신론적 도전에 대한 대응으로, 그것이 논리적으로 가능하다는 파이크와 플랜팅가의 변증과 아담스의 네 척도는 유용한 것으로 보인다. 하지만 이러한 논리분석철학의 입장에서의 옹호는 신과 악의 논리적 공존가능성이라는 아주 최소한의 핵심에 대한 옹호에 불과하기 때문에 추가적으로 보다 풍부한 내용을 지닌 신과 악의 형이상학적 공존가능성으로 발전되어야만 한다고 필자는 생각하였다. 바로 이런 이유에서 필자는 파이크의 미학적 신정론과 플랜팅가의 자유의지 옹호라는 논리적 뼈대에 아담스의 네 척도라는 매개체를 통해서 아우구스티누스, 화이트헤드, 그리고 헤겔의 완전하고 풍부하게 발전된 형이상학적 체계를 접목시켜보고자 시도한 것이다. 전지하고 전능하고 전선한 하나님의 존재와 악의 존재가 논리적으로 공존가능하다고 증명한 것은 단지 전지하고 전능하고 전선한 하나님의 존재를 옹호한 것이지 기독교가 말하는 사랑의 하나님을 증명한 것은 아직 아니기 때문이다. 기독교의 전통 안에 있는 세 사람을 이러한 동일한 논리적 뼈대를 통해 중재하려는 노력을 통해서 우리는 중요한 신학적 통찰을 얻게 되기도 하였다. 구원의 범위에 있어 우주적 구원과 개인적 구원이라는 구분은 아우구스티누스의 고전적인 유신론에서는 보다 분명한 의미를 지니지만, 헤겔이나 화이트헤드의 사유에는 쉽게 적용되기는 힘든 존재론적 기초를 가진다는 것이 드러났다. 즉 우주와 개인의 구분은 아주 극소적이거나 아주 극대적인 차원이 아니라 보통 우리가 생활에서 만나게 되는 중간 크기의 사물들의 차원에서만 의미있는 구분으로 작용할 수 있는 존재론적 한계를 가진다는 것이다. 화이트헤드와 헤겔의 통전적이고 유기체적인 사유에 이러한 고전적 존재론의 구분을 적용시키는 것이 반드시 정당한 것은 아닐 것이라는 회의를 통해서 고전적 존재론의 타당성 자체도 상대화되는 수확을 얻게 된 것이다. 또한 균형잡기와 미학적 승리라는 악의 극복 방식은 하나님을 전능하고 변하지 않고 사법적으로 판단하는 존재로 여긴 고전적 신학의 한계도 드러내어 주었다. 화이트헤드와 헤겔에게 이러한 균형잡기의 척도를 부여하려는 시도를 통해 그러한 시도 자체가 얼마나 현대의 시대정신과 신학정신에서 이질적인 것인가를 확인할 수 있었다. 이처럼 우리는 고전적 유신론에 뿌리를 두고 있는 분석철학의 네 유용한 척도를 통해서 서로 다른 형이상학적 세계관을 살펴봄으로써 그러한 고전적 유신론과 그 척도들의 한계들 또한 감지할 수 있었다. 이런 의미에서 아우구스티누스와 화이트헤드와 헤겔은 악의 문제에 대한 담론에 있어 중요한 하나의 단위를 형성할 수 있다고 필자는 생각한다.

하지만 이러한 논리적 출발점과 척도가 우리로 하여금 이 셋을 비교할 때 다른 두 출발점을 가질 수도 있었다는 가능성을 감추도록 하여서는 안 될 것이다. 아우구스티누스의 고전적 유신론 대신에 우리는 화이트헤드의 과정신학적 유신론이나 혹은 헤겔의 사변철학적 유신론에서 출발하였다면, 이 셋을 비교하는 전혀 다른 틀을 구성할 수도 있었을 것이다. 화이트헤드나 헤겔은 중간 크기의 사물들에 기초한 다소 기계적인 존재론이나 혹은 불변성과 전능성에 기초한 신학에 동의하지는 않는다. 따라서 또한 이러한 비교에 사용될 신정론의 성공의 척도도 달라졌을 것이다. 이런 측면에서 다양한 전통적 신정론을 과정신학의 관점에서 평가한 그리핀의 작품은 본 저작이 채우지 못한 부분에 대한 귀중한 공헌이라고 생각한다.[3] 우리는 헤겔 학자들이 또 다른 고유한 방식으로 신정론의 문제의 틀을 구성하고 그 성공의 척도를 제시하는 것을 기다려야 할 것이다.

셋째, 헤겔의 역사적 신정론이 우리의 포스트모던적 상황이 과연 필요로 하는 것일까? 이 질문에서 필자는 자신이 매우 어색한 위치에 놓여있는 것을 발견하게 된다. 앞서 언급했듯 만약 악의 문제가 어떤 논리적인 문제로 협소하게 정의될 수 있다면, 그것은 어떤 방식으로는 해결될 수 있는 것으로 보인다. 하지만 그러한 방식으로 옹호된 최소한의 속성 몇몇을 가진 전지, 전능, 전선한 신이 우리가 종교에서 말하는 하나님은 아니기에, 그러한 논리적 해결책은 그 스스로의 한계로 인해 보다 풍

---

[3] 그리핀은 "진정한 악"(genuine evil)이라는 과정신정론의 단일한 척도를 통해 성서, 플라톤, 아리스토텔레스, 플로티누스, 아우구스티누스, 토마스 아퀴나스, 스피노자, 루터, 칼빈, 라이프니츠, 칼 바르트, 존 힉, 제임스 로스, 패켄하임, 부르너, 인격적 관념주의 등의 다양한 신정론들을 평가한다. 하지만 아쉽게도 그리핀은 헤겔에 대한 분석은 제공하지 않고 있다. Griffin, *God, Power, and Evil*, 특히 악의 문제를 설정하고 있는 9페이지를 참조하라.

부한 형이상학적 체계를 찾게 된다고 제안하였다. 그리고 필자는 헤겔의 신정론이 악의 문제에 대해 어쩌면 가장 적절한 신학적 틀을 제공하고 있으며, 고전적 유신론보다도 더 뛰어나게 신정론의 성공에 대한 그것의 네 가지 척도를 충족시키거나 비판적으로 해체한다고 제안하였다. 보다 구체적으로, 균형잡기의 방법과 미학적 극복의 방법은 오직 후자만이 유효하다는 평가를 받게 되었고, 이러한 축소가 헤겔의 신정론의 설득력을 감소시키기보다는 오히려 도움이 된다고 보았다. 또한 악의 극복에 있어서의 개인적인 차원과 우주적인 차원이라는 것은 중간 크기의 사물들에 기초한 고전적 존재론에서는 없었던 새로운 철학적 깊이를 헤겔의 존재신학을 통해 부여받게 되었다고 주장하였다. 곧 하나님과 역사의 철저한 상호관계성에 대한 헤겔의 주장은 개인적-우주적 범위라는 구분이 단지 오성의 비판철학에 기초한 가짜 구분임을 보여준 것이다. 하지만, 그렇게 함을 통해서, 헤겔의 역사적 신정론은 해결될 수 없는 또 다른 철학적 혹은 형이상학적 난제를 발생시킨 것은 아닐까? 다시 말해 필자는 역사 내 절대문화의 성장에 기초하고 있는 헤겔의 신정론이 역사와 우주의 실제적 종말을 어떻게 대답할 수 있는지 확신하지 못한다. 필자는 아우구스티누스나 화이트헤드의 비역사적인 해결책을 일종의 대체적 보상의 논리라고 비판하며, 헤겔의 역사적 신정론을 보다 신학적으로 타당성을 가지는 것으로 평가하였다. 하지만 역사의 히로시마가 상징하듯 핵무기를 통한 종말의 가능성과 함께 살아가는, 그렇기에 헤겔과는 달리 이성에 대한 깊은 신뢰를 상실한, 우리의 포스트모던적 상황에서 더이상 역사적 신정론이 아니라 비역사적 신정론이 필요로 되는 것은 아닐까?

이런 정황에서 우리는 헤겔의 신정론이 역사의 문제를 단지 역사의 대답이라고 여기는 일종의 거대한 동어반복법에 지나지 않는다고 반문하고 싶을지도 모르겠다. 헤겔은 결국 역사 내 악의 문제를 단지 "이성이 세계를 통치하며, 세계의 역사는 따라서 이성적 과정이다"라는 질문의 대답으로의 환치를 통해 해결하고 있는 것은 아닐까?[40] 우리가 알고 싶었던 것은 과연 이성이 세계를 통치하는가이다. 물론 헤겔이 이런 지나치게 단순하게 해석된 형태로 대답한 것은 아니다. 전제로서 주어진 것처럼 보이는 바로 이 전제 자체는 헤겔의 철학적 체계 전체의 결과를 이미 전제하고 있기 때문이다. 하지만 우리는 역사의 무대를 지배하고 있는 비이성을 충분히 보지 않았을까? 만약 지금 이 순간 세계의 역사가 우리가 알고 있는 형태로는 종결이 된다면, 그래도 헤겔의 신정론은 설득력을 가질까? 다시 말해 필자가 묻고자 하는 것은 만약 절대문화의 자리로서 인류라는 종족이 멸종한다면, 여전히 헤겔의 신정론이 신학적으로 유효한가라는 것이다. 그리고 그러한 멸종의 가능성을 단지 지나친 공상으로 치부하기에는 세계의 비이성이 너무도 실제적으로 보인다. 인류의 멸종은 헤겔의 전체의 파괴를 가져오는 것일까? 그렇다면 헤겔의 신정론은 우리의 핵전쟁을 경험한 이후의 시대에는 더이상의 설득력을 가지지 못하는 것일까? 필자는 헤겔의 신정론이 대답하지 않는 어떤 것이 분명 여기에 존재한다고 본다. 헤겔은 추상적 보편성(성부, 내재적 삼위일체)이 자신을 전개시켜 일종의 구체적 보편성(성자, 세계)을 획득하게 되며, 이것은 다시 영이 영을 인식하는 자유와 화해의 정신적 공동체(성령, 포괄적 삼위일체)로 성장한다고 믿었다. 달리 말해, 인류가 바로 하나님이 그 자신을 구체화하는 자리인 것이다. 인간이 자신을 하나님의 되어감의 한 단계로 인식하는 바로 그 인간의 인식 속에서 하나님은 하나님 자신을 인식하게 되는 것이다. 바로 이것이 악의 개인적 극복과 우주적 극복의 구분을 극복하는 방식이다. 인간 개인은 우주적 전체 아니 존재신학적 전체의 바깥이지 않기 때문이다. 하지만 이러한 인간이 멸종으로 전체에서 떨어져 나간다면, 전체 자체도 멸종하는 것일까? 아우슈비츠 이후에 그리고 히로시마 이후에 이러한 인류의 멸종은 실존적으로나 기술적으로나 충분히 가능해 보인다. 헤겔은 겪지 않은 아우슈비츠와 히로시마 이후에 역사는 세계 내 이성을 증명하기보다는 그 부재를 증명하는 것처럼 보인다. 그렇다면 헤겔의 하나님은 세계 없이 존재할 수

---

4) Hegel, *Lectures on the Philosophy of World History*, 27.

있는 것일까? 세계 없이 하나님이 존재하던 때가 분명 있었다. 하지만 창조를 통해 하나님이 세계와의 철저한 존재론적 연대성을 가진 이후에, 그리고 그러한 세계의 영혼의 꽃으로 인류가 멸종한 이후에 하나님은 세계 없이 존재할 수 있을까? 아니면 인류의 죽음은 문자적으로 하나님의 죽음도 가져오는 것일까? 인류 없이는 영으로서의 하나님의 부활도 없는 것일까?[5]

우리는 최소한 네 가지 가능성을 가질 수 있는 것으로 보인다. 첫째는 여러 이유에서 인류의 멸종이라는 문제를 다루기를 거절하는 것이다. 우리는 사건의 추사유로서의 신정론이 아직 일어나지 않은 가능성에 대해 사유할 필요가 없다고 주장할 수도 있을 것이다. 혹은 아우슈비츠와 히로시마 이전에 살았던 헤겔에게 이러한 인류의 멸망과 절대문화의 붕괴의 가능성을 질문하는 것은 정당하지 않다고 항변할 수도 있을 것이다. 하지만 이러한 선택은 가장 만족스럽지 못하다. 헤겔은 "세계 없이 하나님은 하나님이 아니다"라고 결국 제안한 적이 있지 않은가?[6] 우리는 이러한 "세계 없이"의 실제적인 가능성에 직면하여 사유하여야 할 때가 온 것이다. 하나님이 세계라는 친구 없이 계신 적이 있었던 것처럼, 세계의 파괴 후에 하나님은 다시 고독한 존재로 돌아가는 것일까? 그렇다면 절대정신과 절대영의 간주관적 공동체로서의 하나님, 절대문

---

5) 이러한 인류 멸종의 가능성과 관련하여 데즈몬드의 다음과 같은 질문은 매우 상관이 있는 것으로 보인다. 그는 절대적 앎의 주체가 누구인지 혹은 무엇인지 물으며 다음과 같은 세 가지 가능성을 제시한다. "(1) 바로 이 한 명의 인간 존재, 곧 헤겔 혹은 이러한 사유의 과정을 반복하는 개인. (2) 인류 전체, 인간의 영(Geist)으로서의 영, 역사의 긴 여정이 마침내 자신의 오딧세이를 끝내고 자신을 발견하게 된 영, 자신 위의 초월성이 되었든 자신 바깥의 자연이 되었든 타자성 안에서의 유배로부터 돌아온 영. (3) 한 단일한 인간 개인 안에서 혹은 인류 전체 안에서 자기 자신을 알게 되는 궁극적인 힘으로서의 영 혹은 '하나님', 인류 안에서 자신을 알게 되는 이러한 자기 지식 안에서 자신을 '영으로서의 하나님'(GeistGod)으로 구체화하는 '하나님'." Desmond, *Hegel's God*, 73. 흥미로운 사실은 이러한 세 가능성 모두 인류 종족의 존재를 요구한다는 것이다.

6) Hegel, *Lectures on the Philosophy of Religion*, Volume 1, 308 n 97.

화에 자신을 구체화한 하나님은 어떻게 되는 것일까?

둘째로, 우리는 끔찍하게 무거운 역사에 대한 헤겔주의적 책임감을 짊어질 수도 있다. 어쩌면 도덕성과 행복이란 완전히 분리될 수 없다는 칸트의 요구를 헤겔이 거절한 것은 옳았을지도 모른다. 만약 이 둘이 완전히 분리될 수 없다고 한다면, 역사 안에서의 행복의 부재는 하나님의 뜻이 영원히 실패하는 것이 될 것이다. 어쩌면 보다 온전한 정의에 대한 소리 높은 요구가 사실 우리의 행복에 대한 요구에 불과하다면, 그러한 요구가 진정한 역사의 가치를 결정하는 것이 아닐지도 모른다. 어쩌면 우리와 역사 안에는 도덕률보다 더 근본적이고 가치 있는 무언가가 존재하는지도 모른다. 우리의 하나님에 대한 관계는 우리의 도덕적 존재에 국한될 수는 없다. 우리의 존재 전체가 하나님에게 관련되기 때문이다. 하나님이 자신을 세계화시키는 성육신의 행동 자체에서 우리의 세계적 존재도 하나님의 부분으로 신성화되어진 것이다. 바로 이러한 철저한 존재론적 연대성은 핵재난의 유무를 떠나서 역사를 이미 충분하게 의미있는 것으로 만든다. 앎의 불멸성이 반드시 시간적 지속을 요구하는 것은 아니기 때문이다. 그것은 영이 영을 아는 바로 거기에서 불멸하는 것이다. 헤겔의 역사적 신정론은 어떤 의미에서는 비극에 보다 상처받기 쉽다. 헤겔의 존재신학의 드라마는 그 끝이 개방된 종결성을 가진다고 앞에서 제안하였다. 비극적 종결의 가능성은 항상 현존한다. 화이트헤드의 신정론이 인류의 미래적 운명에 상관없이 실현되어진 가치의 객체적 불멸성을 무시간적인 하나님의 결과적 본성이라는 가치세계에서 최소한 보장할 수 있는 반면, 그리고 아우구스티누스의 신정론은 그러한 비극의 가능성을 전혀 제공하지 않는 반면, 헤겔의 존재신학적 연대성에 기초한 신정론은 하나님의 운명과 나아가 하나님의 생명까지도 인류의 역사 내 행동의 결과에 관련된다고 해석할 수도 있는 것이다. 여기서 비극의 가능성은 매우 실제적이며, 헤겔주의적인 책임감은 끔찍하게 무겁다. 왜냐하면 여기서 책임감의 문제는 단지 도덕적 의미를 넘어서 신학적 의미를 지니게 되기 때문이다.

셋째로, 혹은 우리는 초월적 하나님을 역사 속에 내재하게 만들고자 했던 헤겔의 노력에도 불구하고 다른 무시간적이고 비역사적인 신정론 모델의 가능성에 대해 개방적으로 남을 수 있을 것이다. 헤겔에 따르면 역사의 상처에 대한 비역사적인 대체적 만족이란 있을 수 없다. 하지만 이러한 주장은 역사를 넘어서는 대체적 승리의 가능성도 또한 없다는 것을 의미한다. 역사 안에서의 인간의 죽음이라는 점증하는 가능성으로 역사적 신정론의 신학적 정당성이 점점 설득력을 잃고 있는 상황에서 우리는 아우구스티누스적이고 화이트헤드적인 신정론의 모델, 그리고 다른 헤겔 이후의 사유들에게 계속적으로 개방적으로 남고자 할 수도 있을 것이다.

넷째, 마지막으로 어떠한 이론적 신정론도 리꾀르가 말한 실존적 애도의 필요성을 대체할 수는 없다고 선택할 수 있을 것이다. 오히려 사유는 애도를 요구한다. 하지만 애도는 다시 사유를 요구한다. 우리는 여기서 악의 문제가 지니는 두 다른 차원, 곧 유일신론의 논리적 아포리아의 차원과 실존적인 삶의 통곡의 차원을 구분하고자 하는 것이다. 본 연구는 오직 첫 번째의 이론적 차원만을 다루었을 뿐이지 두 번째의 구체적 애도의 가치에 대해서는 침묵하였다. 만약 악의 문제가 단지 어떤 이론적 문제라고 한다면 우리는 이런저런 여러 말할 거리를 가지고 있는 듯하다. 하지만 저녁뉴스의 가슴 저미는 슬픈 사연들은 이러한 이론적 거리두기의 가장 철저한 비평이 되곤 한다. 여기서의 적합한 태도는 사유하고 말하는 것이 아니라 희생자의 옆에서 통곡하는 것이리라. 하지만, 그럼에도 불구하고, 애도하고 통곡하는 우리의 인간적 능력도 어떤 부분에 있어서는 양육되어야 하는 것이 아닐까? 인간 존재의 집없음, 비극적 내버려짐, 잔혹함이라는 경험은 어쩌면 영의 문화 안에서 해석되고 양육된 인간의 실존적 경험이라고 한다면, 이러한 이론적 해석의 그물망 없이는 우리의 애도하는 능력도 또한 사라질 수 있지 않을까? 잔혹한 자연주의는 언제나 실제적인 가능성이기 때문이다. 그래서 애도의 능력은 어쩌면 단지 주어지는 것이 아니라 또한 끊임없이 연습되고 양육되어야 하는 것인지도 모른다. 이처럼 애도와 치유의 사역을 위해서 우리는 사유의 노동을 피할 수는 없는 것이다. 그러한 뼈아픈 사유의 노동이 우리를 지치게 하는 무감동이나 체념으로부터 보호해 줄 수도 있는 것이다.

결론적으로 필자는 인간됨의 무거움을 덜어줄 어떤 계시적인 힘이 아름다움에 존재할 수 있다는 조그만 신념으로 마치고자 한다. 아우구스티누스와 화이트헤드와 헤겔은 모두 자신의 방식으로 이러한 신성한 아름다움의 치유하는 능력을 설명하려 하였는지도 모른다. 하나님의 구원하시는 아름다움은 조화인가, 모험인가, 혹은 테오드라마인가? 아름다움이 아우구스티누스의 하나님의 아름다운 행동으로 이해되든, 화이트헤드의 하나님의 아름다운 존재로 이해되든, 혹은 헤겔의 하나님의 아름다운 행동으로서의 존재로서 이해되든, 그것이 신학적인 아름다움일 때 세계를 구원할 수 있을 것이다. 신정론은 신학이다. 하지만 우리는 아직 신학을 모르지 않는가?

> 주님 당신은 나의 위안이시며 나의 영원한 아버지이십니다. 하지만 저는 그 질서를 이해할 수 없는 시간 속에 흩어져 있습니다. 종잡을 수 없는 거친 사건의 폭풍들이 내 생각과 내 영혼의 가장 깊숙한 창자들을 갈기갈기 찢어버립니다. 당신의 사랑의 불로 깨끗이 정화되고 녹아져서 다시 당신 속으로 합류하는 그 날까지는 말입니다(아우구스티누스, 《고백록》, 11.29.39).

참고문헌

다석학회 엮음.《다석강의》. 서울: 현암사, 2006.
박영호.《진리의 사람 다석 류영모 (下)》. 서울: 두레, 2001.
박재순.《다석 유영모》. 서울: 현암사, 2008.
리차드 빌라데서.《신학적 미학: 상상력, 아름다움, 그리고 예술 속의 하나님》. 손호현 옮김. 서울: 한국신학연구소, 2001.
Adams, Marilyn McCord. *Horrendous Evils and the Goodness of God*. Ithaca and London: Cornell University Press, 1999.
Augustine. *Saint Augustine on Genesis: Two Books on Genesis against the Manichees and On The Liberal Interpretation of Genesis: An Unfinished Book*. Trans. Roland J. Teske. Washington, D.C.: The Catholic University of America Press, 1991.
Balthasar, Hans Urs von. *The Glory of the Lord: A Theological Aesthetics, vol. 1: Seeing the Form*. San Francisco: Ignatius Press, 1998.
_____. *The Glory of the Lord: A Theological Aesthetics, vol. 5: The Realm of Metaphysics in the Modern Age*. San Francisco: Ignatius Press, 1991.
Barineau, R. Maurice. The Theodicy of Alfred North Whitehead: A Logical and Ethical Vindication. Lanham and New York: University Press of America, Inc., 1991.
Baumgarten, Alexander Gottlieb. *Aesthetica*. Hildesheim: Georg Olms Verlagsbuchhandlung, 1961.
_____. *Reflections on Poetry*. Trans. K. Aschenbrenner and W. B. Holther. Berkeley and Los Angeles: University of California Press, 1954.
Bungay, Stephen. *Beauty and Truth: A Study of Hegel's Aesthetics*. Oxford: Oxford UP, 1984.
Butler, Clark and Christiane Seiler. trans. *Hegel: The Letters*. Bloomington: Indiana University Press, 1984.
Carter, Curtis L. "A Re-examination of the 'Death of Art' Interpretation of Hegel's Aesthetic." Ed. Warren E. Steinkraus and Kenneth I. Schmitz. *Art and Logic in Hegel's Philosophy*. New Jersey: Humanities Press, 1980, 92-93.
Desmond, William. *Art and the Absolute: A Study of Hegel's Aesthetics*. Albany: SUNY, 1986.
_____. *Beyond Hegel and Dialectic: Speculation, Cult, and Comedy*. Albany:

SUNY Press, 1992.
_____. "Evil and Dialectic." Ed. *David Kolb. New Perspectives on Hegel's Philosophy of Religion*. Albany: SUNY Press, 1992.
_____. *Hegel's God: A Counterfeit Double?* Burlington: Ashgate Publishing Company, 2003.
Ely, Stephen Lee. *The Religious Availability of Whitehead's God: A Critical Analysis*. Madison: The University of Wisconsin Press, 1942.
Fackenheim, Emil L. *The Religious Dimension in Hegel's Thought*. Bloomington & London: Indiana University Press, 1967.
Feuerbach, Ludwig. *The Essence of Christianity*. Trans. George Eliot. New York: Harper Touchbooks, 1957.
Griffin, David Ray. *God, Power, and Evil*. Philadelphia: Westminster Press, 1976.
Harris, H. S. *Hegel's Development: Toward the Sunlight, 1770-1801*. Oxford: Oxford University Press, 1972.
_____. *Hegel's Development: Night Thoughts (Jena 1801-1806)*. Oxford: Clarendon Press, 1983.
Hartshorne, Charles. *Creative Synthesis & Philosophic Method* (La Salle, Open Court, 1970.
_____. *Insights and Oversights of Great Thinkers: An Evaluation of Western Philosophy*. Albany: SUNY Press, 1983.
Hegel, G. W. F. *Philosophy of Right*. Trans. by T. M. Knox. Oxford: The Clarendon Press, 1952.
_____. *Philosophy of History*. Trans. J. Sibree. New York: Dover Publications, Inc., 1956.
_____. *Encyclopedia of Philosophy*. Trans. G. E. Mueller. New York: Philosophical Library, 1959.
_____. *Werke in zwanzig Bänden*. Ed. E. Moldenhauer and K. M. Michel. Frankfurt: Suhrkamp Verlag, 1969ff.
_____. *Philosophy of Nature*. Trans. A. V. Miller. Oxford: The Clarendon Press, 1970.
_____. *Philosophy of Mind, Being Part Three of the Encyclopaedia of the Philosophical Sciences (1830)*. Trans. William Wallace, together with the Zusatze in Boumann's text (1845), trans. A. V. Miller. Oxford: Clarendon Press, 1971.
_____. *Lectures on the Philosophy of World History, Introduction: Reason in*

History. Trans. H. B. Nisbet. Cambridge: Cambridge University Press, 1975.

_____. *Aesthetics: Lectures on Fine Art*. Trans. T. M. Knox, 2 vols. Oxford: The Clarendon Press, 1975.

_____. *Early Theological Writings*. Trans. T. M. Knox. Philadelphia: University of Pennsylvania Press, 1975.

_____. *Natural Law: The Scientific Ways of Treating Natural Law, Its Place in Moral Philosophy and Its Relation to the Positive Sciences of Law*. Trans. T. M. Knox. Philadelphia: University of Pennsylvania Press, 1975.

_____. *Faith & Knowledge*. Trans. Walter Cerf and H. S. Harris. Albany: State University of New York Press, 1977.

_____. *The Difference between Fichte's and Schelling's System of Philosophy*. Trans. H. S. Harris and Walter Cerf. Albany: State University of New York Press, 1977.

_____. *System of Ethical Life and First Philosophy of Spirit*. Trans. by H. S. Harris and T. M. Knox (Albany: State University of New York, 1979.

_____. *Phenomenology of Spirit*. Trans. A. V. Miller. Oxford: Oxford University Press, 1977.

_____. *Lectures on the Philosophy of Religion, Volume 1: Introduction and The Concept of Religion*. Ed. Peter C. Hodgson. Berkeley, Los Angeles, London: University of California Press, 1984.

_____. *Lectures on the Philosophy of Religion, Volume 2: Determinate Religion*. Berkeley: University of California Press, 1987.

_____. *Lectures on the Philosophy of Religion: Volume 3, The Consummate Religion*. Ed. Peter C. Hodgson. Berkeley: University of California Press, 1985.

_____. *The Encyclopaedia Logic: Part I of the Encyclopaedia of Philosophical Sciences with the Zusätze*. Trans. T. F. Geraets, W. A. Suchting, and H. S. Harris. Indianapolis and Cambridge: Hackett Publishing Company, Inc., 1991.

_____. *Lectures on the History of Philosophy, vol. 3: Medieval and Modern Philosophy*. Trans. E. S. Haldane and Frances H. Simson. Lincoln and London: University of Nebraska Press, 1995.

_____. *Science of Logic*. Trans. A.V. Miller. New York: Humanity Books, 1999.

Heidegger, Martin. *Essays in Metaphysics: Identity and Difference*. New York: Philosophical Library, 1960.

_____. *Hegel's Phenomenology of Spirit*. Trans. P. Emad and K. Maly. Bloomington & Indianapolis: Indiana University Press, 1994.

Hodgson, Peter C. *G. W. F. Hegel: Theologian of the Spirit*. Minneapolis: Fortress Press, 1997.

Hoffmeister, Johannes. ed. *Briefe: Von und An Hegel,* vol. 1. Hamburg: Meiner, 1952.

Houlgate, Stephen. *Freedom, Truth and History*. London and New York: Routledge, 1991.

Hyppolite, Jean. *Genesis and Structure of Hegel's Phenomenology of Spirit*. Evanston: Northwestern University Press, 1974.

Jaeschke, Walter. *Reason in Religion: The Foundations of Hegel's Philosophy of Religion*. Trans. by J. Michael Steward and Peter C. Hodgson. Berkeley: University of California Press, 1990.

Jüngel, Eberhard. "'Even the beautiful must die'—Beauty in the Light of Truth: Theological Observations on the Aesthetic Relation." Ed. J. B. Webster. *Theological Essays II.* Edinburgh: T & T Clark, 1995.

Kant, Immanuel. *Critique of Pure Reason*. Trans. Werner S. Pluhar. Indianapolis: Hackett Publishing Company, Inc., 1996.

_____. *Religion and Rational Theology*. Trans. A. W. Wood and G. Giovanni. Cambridge: Cambridge University Press, 1996.

Kaminsky, Jack. *Hegel on Art: An Interpretation of Hegel's Aesthetics*. Albany: State University of New York Press, 1962.

Kaufmann, Walter. *Hegel: Reinterpretation, Texts, and Commentary*. London: Weidenfeld and Nicholson, 1966.

Knox, T. M. "The Puzzle of Hegel's Aesthetics." Ed. Warren E. Steinkraus and Kenneth I. Schmitz. *Art and Logic in Hegel's Philosophy*. New Jersey: Humanities Press, 1980.

Leibniz, G. W. *Theodicy: Essays on the Goodness of God, the Freedom of Man and the Origin of Evil*. Ed. Austin Farrer and trans. E. M. Huggard. Chicago and La Salle, Illinois: Open Court, 1990.

Lovejoy, Arthur O. *The Great Chain of Being*. Cambridge, Massachusetts: Harvard University Press, 1936.

Löwith, Karl. *Meaning in History*. Chicago: The University of Chicago Press,

1949.

Lucas, George R. *Two Views of Freedom in Process Thought: A Study of Hegel and Whitehead*. Missoula, Montana: Scholars Press, 1979.

Maker, William. ed. *Hegel and Aesthetics*. New York: State University of New York Press, 2000.

Maritain, Jacques. *Creative Intuition in Art and Poetry*. New York: Pantheon Books, 1953.

O'Regan, Cyril. *The Heterodox Hegel*. Albany: SUNY Press, 1994.

Panikkar, Raimon. *The Cosmotheandric Experience: Emerging Religious Consciousness*. Maryknoll, N.Y., 1993.

Quash, J. B. "'Between the Brutally Given, and the Brutally, Brutally Free': Von Balthasar's Theology of Drama in Dialogue with Hegel." *Modern Theology* 13.3 (1997), 293-318.

Ricoeur, Paul. *The Symbolism of Evil*. Boston: Beacon Press, 1967.

_____. *The Conflict of Interpretations*. Evanston: Northwestern University Press, 1974.

Rorty, Richard. *Philosophy and the Mirror of Nature*. Princeton: Princeton University Press, 1979.

Sohn, Ho-Hyun. "Ontotheology: Its Meaning in Kant, Hegel, and Heidegger." Korea Journal of Christian Studies, vol. 51, 155-176.

Whitehead, Alfred North. *The Concept of Nature*. Cambridge: Cambridge University Press, 1920.

_____. Religion in the Making: Lowell Lectures, 1926. New York: The Macmillan Company, 1926.

_____. Adventures of Ideas. New York: The Macmillan Company, 1933.

_____. "Immortality." Ed. *Paul Arthur Schilpp. The Philosophy of Alfred North Whitehead*. 1941; New York: Tudor Publishing Company, 1951.

_____. *Process and Reality*. Corrected Edition. New York: The Free Press, 1978.

Whitney, Barry L. *Evil and the Process God*. Toronto: Edwin Mellen Press, 1985.

Wicks, Robert. *Hegel's Theory of Aesthetic Judgment*. New York: Peter Lang, 1994.

Williams, Robert R. *Recognition: Fichte and Hegel on the Other*. Albany: SUNY, 1992.

_____. "Theology and Tragedy." Ed. David Kolb. *New Perspectives on Hegel's Philosophy of Religion*. Albany: SUNY Press, 1992.